KB151316

교사가 이끄는 교실혁명
AI 디지털교과서 100% 활용하기

정제영 · 박준호 · 강주원 · 김동준 · 김진관
김효정 · 이성강 · 이성일 · 이혜림 · 장덕진

박영story

머리말

우리는 디지털 대전환과 인공지능 기술의 급격한 발전으로 인해 사회 전반에 걸쳐 근본적인 변화를 경험하고 있습니다. 이러한 기술의 진보는 우리의 일상생활뿐만 아니라 교육 분야에도 지대한 영향을 미치고 있습니다. 학교교육은 교육의 내용, 교육의 방식, 학습의 접근성, 그리고 교육 평가의 내용과 방식의 변화를 요구받고 있습니다.

이 책은 교사가 교육 환경 변화에 따른 정책의 대상이 되어서는 안 된다는 관점에서 기획되었습니다. 저자들은 처음 이 책을 기획할 때, 교사가 교육 혁신의 주체가 되어야 하며, 모든 학생이 자신의 진로에 따라 학습에 성공할 수 있도록 교육이 이루어져야 한다는 점에 공감했습니다. 디지털 기술의 발전으로 인해 AI 디지털교과서를 활용하는 것만이 아니라, 교육의 성과를 위해 다양한 방법과 도구를 활용해야 한다는 것이 핵심입니다. 바로 '교사의 주도성'이 가장 중요한 교육 혁신의 요인이라는 것입니다.

이 책은 교육부가 추진하고 있는 정책인 '교사가 이끄는 교실혁명'을 지원하여 교사가 주도적으로 수업 혁신을 이룰 수 있도록 돕는 것을 목표로 하고 있습니다. 즉, 디지털 전환의 소용돌이 속에서 교사들이 주도적으로 교육 혁신을 이끌어가는 방안을 모색하는 것을 지원합니다. 이에 책에서는 디지털 기술과 인공지능을 활용하여 학생들의 학습 경험을 향상시키고, 교사와 학생 간의 상호작용을 촉진하며, 개별 학습자의 요구에 맞춤화된 교육을 제공하는 방법을 담고 있습니다.

10명의 저자는 1명의 교수와 9명의 교사로 구성되어 있습니다. 교육은 이론과 실제가 어우러질 때 지속적인 혁신이 가능하다고 믿고 있습니다. 숲을 보면서 나무 하나, 줄기 하나, 잎과 꽃에 이르기까지 전체를 담고자 하는 큰 포부를 담아 저자를 구성하였습니다. 전체적으로 3개의 파트와 10개의 장으로 구성되어 있습니다.

Part 01의 Chapter 1은 정제영 교수가 집필하였습니다. 디지털 대전환과 인공지능 시대의 도래에 따라 미래를 위한 학교의 혁신 방향을 제시하고 있습니다. 부분적인 개선은 학교 시스템의 혁신을 가져오지 못한다는 역사의 교훈을 담아 전체적인 시스템적 접근을 강조하고 있습니다. 그리고 교사가 이끄는 맞춤형 교육, 즉 하이터치 하이테크 교육의 방향을 제시하였습니다.

Chapter 2는 이혜림 선생님이 교육부가 추진하고 있는 디지털 기반 교육 정책에 대해 집필하였습니다. 2025년 도입되는 AI 디지털교과서가 정착되기 위해 디지털 기반 교육혁신 선도학교 운영과 T.O.U.C.H교사단, 시범교육청을 운영하여 단계적, 자발적 확산을 모색하는 교육부의 정책적 추진 내용을 담고 있습니다. 디지털 기반 교육 혁신 정책의 성공을 위해 다음과 같은 시사점을 제시하였습니다. 첫째, 민간의 다양한 주체들과도 협력적 파트너십을 구축하여 디지털 기반 교육이 잘 정착하도록 하는 것이 중요합니다. 둘째, 디지털 기기의 과몰입과 과의존을 방지하고 학습에 올바르게 활용할 수 있도록 교수학습 지원방안도 마련되고 있습니다.

Chapter 3은 이성일 선생님이 디지털 기반 교육혁신을 위한 실천 방안을 집필하였습니다. AI 디지털교과서와 디지털 기반 교육혁신의 정착을 위해서는 디지털 전환을 위한 물리적 디지털 인프라가 구축되어야 하며, 디지털기기 활용에 대한 인식 변화도 필요합니다. 더불어 교사 역량 강화 및 학생들의 디지털 활용 능력이 향상되어야 AI·디지털 교육의 장점을 최대한 이끌어낼 수 있을 것입니다.

Chapter 4는 강주원 선생님이 디지털 기반 교육혁신 선도학교 운영 및 실제 사례에 대해 집필하였습니다. 디지털 기반 교육혁신 선도학교의 개념과 그 역할을 탐구하며, AI 코스웨어와 같은 혁신적인 교육 도구를 활용한 맞춤형 교육 방식을 선도하는 것입니다. 또한, AI 기술을 활용하여 학습 동기를 부여하고 학습 효과를 극대화하는 방법을 포함하여, 교육 현장에서 실제로 어떻게 적용되고 있는지에 대한 구체적인 사례가 중요합니다. 이를 통해 디지털 교육 혁신을 선도하는 학교가 나아가야 할 방향을 제시하였습니다.

Part 02의 Chapter 1은 박준호 선생님이 AI 디지털교과서를 활용한 수업 설계에 대해 집필하였습니다. AI 디지털교과서의 정의와 특성에 대해 설명하고, 기존 디지털교과서와의 차이점에 대해 설명하였습니다. AI 디지털교과서는 콘텐츠를 동적으로 조정하여 학생들과 수업 시간에 보다 다양한 상호작용을 할 수 있으며 학생에게 맞춤화된 학습 경험을 제공할 수 있습니다. AI 디지털교과서는 TPACK 프레임워크의 관점에서 교육의 패러다임을 바꾸는 새로운 도구가 될 것입니다.

Chapter 2는 김효정 선생님이 AI 디지털 교과서의 기술에 대한 이해와 적용에 대해 집필하였습니다. AI 디지털교과서는 여러 기반 학습론을 바탕으로 다양한 기술들을 반영하여 제작하고 있습니다. 인공지능 기술 뿐 아니라, 맞춤형 학습환경을 제공하기 위한 기술, 학습자의 학습정보 수집을 위한 기술, 맞춤형 설계를 위한 기술 등입니다. 학습 기능 외적으로 다양한 특성과 요구를 가진 학습자들의 원활한 학습지원을 위하여 보편적 학습설계를 위한 요소들이 기술적으로 준비되고 있으며, AI 디지털교과서의 연속성을 위한 지원 기능들도 개발되는 중입니다.

Chapter 3은 이성강 선생님이 AI 코스웨어 맵핑과 맞춤형 교육 사례를 집필하였습니다. AI 코스웨어는 기존의 학습 코스가 단순한 학습 단계를 제공하는 것과는 달리 AI 기술을 바탕으로 학생의 성취를 판단할 수 있는 여러 데이터를 활용합니다. 데이터 분석의 결과물은 교사가 학생들의 상황을 분석하고 맞춤형 학습을 설계하도록 돕습니다. 이처럼 AI 코스웨어를 활용한 개별 학생 맞춤형 교육의 선경험은 향후 AI 디지털교과서 도입 시에 높은 하이터치 하이테크를 함양한 교사를 양성하는 데 도움을 줄 수 있습니다.

Chapter 4는 김동준 선생님이 AI 디지털교과서를 활용한 프로젝트 학습에 대해 집필하였습니다. AI 디지털교과서를 활용한 맞춤형 수업모델 개발을 위해 교수·학습모델은 여러 가지 특징을 고려하여 기본모형, 예습모형, 복습모형, 집중케어모형 등으로 개발되어 제공하고 있습니다. 다음으로, 디지털 기술을 활용한 프로젝트 기반 학습(PBL)은 실제와 근접한 과제로 학습자 중심의 하이터치 수업이 구현되기 가장 좋은 방법 중 하나입니다.

Chapter 5는 장덕진 선생님이 AI 디지털교과서를 활용한 교수학습모델 설계와 HTHT의 실제에 대해 집필하였습니다. AI 디지털교과서를 활용한 맞춤형 교육의 구현과 교실 혁신에 대한 다양한 접근 방법과 실제 사례를 다루고 있습니다. 개별 학생의 학습 요구를 충족시키기 위한 교사의 교수학습 설계의 중요성과 함께, 기술의 도움을 받아 학생들의 참여를 유도하고 사회정서적 지지를 제공하는 교사의 역할을 예시를 바탕으로 알아봅니다. 학생들의 학습 과정을 모니터링하고, 이를 바탕으로 한 맞춤형 피드백 제공하는 과정을 통해 교사와 학생 간의 상호작용을 강화할 수 있는 AI 디지털교과서가 적용될 교육 현장의 모습을 상상해볼 수 있도록 내용을 구성하였습니다.

Part 03의 Chapter 1은 김진관 선생님이 미래교육을 위한 교사의 역량에 대해 집필하였습니다. 개별 맞춤형 인공지능 활용교육은 단순히 기술을 도입하는 차원이 아님을 강조하며, AI 디지털 도구 기반의 교육 혁신의 근원적 이유이자 궁극적 목표는 곧 수업의 혁신이므로 기술이 교육에 효과적으로 통합되는 방안을 모색하는 데 중점을 두어야 함을 강조하였습니다. 교육 혁신의 핵심이자 주체로서의 교사의 역할을 강조하며, AI 디지털교과서의 성공적 적용을 위한 제언을 통해 디지털 교육 대전환의 시대, 교사가 이끄는 교실 혁명의 방향성을 제공합니다. AI 디지털교과서를 활용한 교육 혁신은 기술의 도입을 넘어, 교사의 역량 강화, 교육과정과의 연계, 그리고 학습자 중심의 교육 환경 조성, 학생의 깊이 있는 학습과 역량함양에 특히 중점을 두어야 함을 강조하였습니다.

지금은 디지털 교육 대전환을 준비해야 할 골든타임입니다. 그러나 교실의 변화를 교육부의 정책만으로 이루어낼 수는 없습니다. 왜냐하면 실제 교실에서 수업을 진행하는 주체는 교사이기 때문입니다. 교사가 주체가 될 수 있는 방법은 따로 있는 것이 아닙니다. 가장 중요한 것은 교사의 주도성이고, 이를 지원하는 것입니다. 스스로 혁신하는 교사가 늘어날 때 대한민국의 교실에 변화가 생기고, 조그만 변화가 모여 혁명적 변화로 확산될 것으로 기대합니다.

교육 혁신에서 이론과 데이터에 기반한 정책의 수립은 매우 중요합니다. 하지만 이론만으로는 디테일이 부족하고, 성급한 일반화의 오류에 빠질 수 있습니다. 반면에 수업의 디테일만 강조하면 큰 방향을 놓칠 우려가 있습니다. 이론에 기반한 정책과 현장의 노력이 결합될 때 우리가 바라는 교실 혁명이 이루어질 수 있으리라 믿고 있습니다. 이 책이 교실혁명을 위한 작은 시작이 되기를 기대합니다.

이 책의 저자들은 교사가 이끄는 교실혁명을 함께 만들어가고자 하는 작은 소망으로 뜻을 모았습니다. 너무나 바쁘신 일정 중에도 열정적으로 함께 해주신 저자분들께 감사드리며, 언제나 한결같이 기획, 편집, 출판에 도움을 주신 박영스토리 대표님과 직원분들께 고마움을 전합니다. 디지털 교육 혁신을 소망하는 예비 교원과 현장 선생님들에게 조금이나마 도움이 되기를 희망합니다. 하지만 이 책은 완성형이 아니라 진행형입니다. 지속적으로 변화하는 환경과 기술에 맞추어 더욱 업그레이드해 나가기를 기대합니다.

2024년 4월

저자를 대표하여 **정 제 영**

차례

차례

PART 02 교사가 이끄는 교실혁명

차례

CHAPTER 3 AI 디지털교과서 도입 전 AI코스웨어 맵핑과 맞춤형 교육 사례 (이성강)

차례

교사가 이끄는 교실혁명
: AI 디지털교과서 100% 활용하기 초등편

PART

01

디지털 교육이 온다

① 디지털 교육 혁신의 필요성과 AI DT의 역할 (정제영)

② 디지털 기반 교육혁신 정책의 이해 (이혜림)

③ 디지털 기반 교육혁신을 위한 실천방안 (이성일)

④ 디지털 기반 교육혁신 선도학교 운영과 사례 (강주원)

CHAPTER 1

▶ 디지털 교육 혁신의 필요성과 AI DT의 역할

▶ 정제영

1 디지털 대전환과 인공지능 시대의 도래

우리 인류는 지금 역사의 대전환점에 서 있다. 디지털 기술의 급격한 발전과 함께 인공지능(AI)이 우리 삶의 모든 영역에 깊숙이 스며들고 있는 것이다. 이 는 단순히 기술적 변화를 넘어 경제, 사회, 문화 전반에 걸친 거대한 패러다임 의 전환을 예고하고 있다.

18세기 산업혁명 이후 인류는 기계의 힘으로 물질적 풍요를 이루었지만, 이 제 우리는 인공지능의 혁명을 통해 새로운 번영의 시대를 열어가고 있다. 인공 지능은 단순 반복적인 작업뿐만 아니라 창의적이고 복잡한 인지 과제까지 수 행할 수 있게 되었으며, 빅데이터 분석과 기계학습을 통해 스스로 진화하는 단 계에 이르렀다. 이는 마치 인류에게 새로운 두뇌가 장착된 것과 같은 변화라 할 수 있다.

디지털 대전환은 디지털 기술의 활용으로 비즈니스 모델이 확산되고 생산성이 향상되는 것을 의미한다. 초기에는 디지털 인프라 구축을 통한 전산화 단계에서 시작하여, 인터넷 상거래와 마케팅이 활발해진 디지털화 단계를 거쳐, 현재는 산업 전반을 혁신하는 디지털 대전환 단계에 이르렀다. 코로나19 팬데믹 이후에는 '디지털 우선(digital first)' 단계로 변화하여, 전 인류의 일상적 삶을 모두 바꿀 수 있는 '모든 영역의 디지털화(digital everywhere)' 라는 혁명적인 변화가 가속화되고 있다(송영근 외, 2022).

디지털 대전환의 핵심 요소는 클라우드 컴퓨팅, 빅데이터, 인공지능, 사물인터넷 등 신기술의 활용, 실험적 접근을 통한 조직문화의 변화, 데이터 기반의 의사결정 강조, 그리고 수요자 맞춤형 서비스의 확대 등으로 요약될 수 있다. 이러한 변화의 소용돌이 속에서 우리는 과거의 틀에서 벗어나 새로운 사고와 행동양식을 요구받고 있다. 디지털 네이티브로 불리는 새로운 세대는 이미 가상과 현실의 경계를 자유롭게 넘나들며 디지털 기술을 삶의 일부로 받아들이고 있다. 기업들도 디지털 트랜스포메이션을 통해 비즈니스 모델과 조직 문화를 혁신하고 있으며, 국가 차원에서도 디지털 경쟁력 확보가 최우선 과제로 부상하고 있다.

이러한 급격한 변화에 적응하고 이를 주도하기 위해서는 디지털 및 인공지능 소양이 필수적이다. 디지털 소양은 디지털 정보를 다루고, 디지털 기술을 활용하여 소통하고 창의적 산출물을 만들어내며, 디지털 세계에서 안전하고 윤리적으로 행동할 수 있는 종합적인 역량을 의미한다. 인공지능 소양은 인공지능의 기본 원리를 이해하고, 인공지능 기술을 활용하며, 인공지능이 야기하는 사회적·윤리적 문제를 비판적으로 사고할 수 있는 능력을 포함한다.

이러한 맥락에서 학교교육의 혁신은 선택이 아닌 필수가 되었다. 미래 사회를 이끌어갈 학생들에게 디지털 및 인공지능 소양을 갖추도록 하는 것은 교육의 핵심 과제이다. 이를 위해서는 단순히 기술 사용법을 가르치는 것을 넘어, 문제해결력, 창의력, 비판적 사고력, 의사소통 및 협업 능력 등 21세기 핵심 역량을 기를 수 있는 교육이 이루어져야 한다. 또한 교사들도 이러한 변화에 발맞춰 새로운 교수법과 평가 방식을 도입하고, 자신의 디지털 및 인공지능 소양을 지속적으로 업그레이드해야 한다. 나아가 학교는 유연하고 혁신적인 학습 생태계로 거듭나야 하며, 이를 위해 교육 정책과 제도, 인프라에도 근본적인 변화가 필요하다(정제영 외, 2021).

디지털 및 인공지능 소양은 단순히 기술에 대한 지식을 넘어, 우리의 사고방식과 행동양식, 그리고 가치관의 변화를 요구한다. 이는 미래 사회를 살아가는 데 있어 필수불가결한 핵심 역량으로, 교육과 직업 훈련, 그리고 평생학습을 통해 지속적으로 함양되어야 한다.

하지만 이러한 변화의 물결은 기회인 동시에 위기이기도 하다. 인공지능으로 인한 일자리 대체와 양극화 심화, 프라이버시와 보안 문제, 알고리즘의 편향성과 차별 등 우리가 직면한 과제들은 결코 가볍지 않다. 기술에 대한 맹신이 아닌 성찰과 지혜, 그리고 인간 중심의 가치관이 그 어느 때보다 필요한 시점이다.

디지털 대전환과 인공지능 시대는 이제 막 그 서막을 올렸다. 우리에게는 이 거대한 변화의 흐름을 주도하고 새로운 문명의 가치를 창조해 나갈 책임과 역할이 주어져 있다. 단순히 기술의 수혜자가 아닌 능동적인 창조자로서, 인간과 기계가 조화롭게 공존하며 모두가 행복할 수 있는 미래를 향해 나아가야 할 것이다. 우리가 어떤 선택을 하느냐에 따라 인류의 미래는 달라질 것이다. 지금이 시대의 우리에게 주어진 역사적 소명을 깊이 새기며, 지혜롭게 대전환의 길을 헤쳐나가야 할 때이다.

2 미래를 위한 학교의 혁신 방향

❶ 미래 교육을 위한 시스템적 접근

미래 교육을 고려할 때 시스템적 접근은 유용한 방법 중 하나이다. 여기서 시스템은 여러 부분이나 여러 요소의 총체를 나타내며, 이 개념은 사회과학에서 조직을 유기체로 간주하여 이해하는 데 활용되고 있다(윤정일 외, 2015). 시스템 이론은 초기에는 생물학적인 개념으로서 유기체를 설명하는 데 사용되었지만, 이후 사회과학에서는 조직을 유기체로 보는 관점에서 활용되어 왔다. 시스템 이론은 시스템적 사고로 알려져 있으며, 시스템 내부의 구조와 작동 원리를 이해하기 위한 중요한 사고 방식으로 간주된다(Sterman, 2001). 다시 말해, 시스템적 사고는 시스템 내부의 구조적 변화와 작동 원리를 직관적으로 이해하는 데 도움이 되며, 이는 시스템을 효과적으로 변화시키기 위한 전략을 찾아내는 데 기여한다(정제영, 2018).

시스템적 사고는 학교를 여러 하위 시스템으로 이루어진 총체로 인식하고, 학교교육이 이러한 하위 시스템 간의 변환 과정을 통해 이루어진다고 이해한다. 학교교육 시스템은 '투입-전환-산출'의 과정으로 나눌 수 있으며, 환경과 긴밀하게 상호작용하며, 예상된 결과와 실제 결과 간의 차이에 따라 피드백이 발생한다. '투입'은 학생, 교원, 교육재정, 교육정책, 교육여건 등과 같은 인적 자원과 물적 자원을 포함한다. '전환'은 교육과정과 교육평가를 기반으로 교수-학습 활동이 진행되는 단계이다. '산출'은 학생들의 학업 성취도, 학교 만족도, 학업 지속, 교육의 질 등을 포함한다(정제영, 2016).

모든 조직은 추구하는 목적을 가지며, 이를 달성하기 위한 중요한 전환 과정이 존재한다. 학교교육 시스템에서는 교수자와 학생 간의 '교수-학습 활동'이 이러한 핵심 전환 과정이라 할 수 있다. 특히, 학생 주도의 학습 활동이 강조되며, 학교교육 시스템의 모든 하위 시스템은 주로 학생의 학업 성취를 촉진하기 위해 구성되어 있다.

그러나 많은 교육정책은 단일한 원인과 결과에 초점을 맞추며, 전체 시스템을 고려하지 않는 경향이 있다. 이러한 정책은 결과를 예측하기 어렵게 하며, 원인을 파악하기 위해서는 학교교육 시스템을 총체적으로 이해하는 것이 필수적이다(김창욱, 김동환, 2006). 이를 통해 교육정책의 부작용을 이해하고 해결하기 위한 방안을 모색할 수 있다.

Sashkin과 Egermeier(1992)의 연구에서는 미국의 교육개혁 정책을 분석하고, 이러한 개혁 접근의 한계를 제시하였다. 그들은 교육개혁을 '부분적 변화(fix the parts)', '교원의 변화(fix the people)', '학교의 변화(fix the school)' 세 가지 접근으로 설명하였다. 그러나 이러한 접근 방법은 성공적이지 못했고, 대안으로 '시스템의 변화(fix the system)'를 제안하였다. 이는 시스템 내 한 부분의 변화가 다른 부분에도 영향을 미친다는 개념으로, 전체 시스템의 모든 부분에 동시에 주의를 기울여야 한다는 것을 강조한 것이다.

Senge(1990)가 제시한 시스템적 사고에 기반한 학습조직 이론은 기업 분야에서 시작하여 교육 분야로 확장되었으며, 학습자의 성취도 향상을 위해 시스템을 어떻게 설계할지에 대한 이론적 기반을 교육자들에게 제공하였다.

Banathy(1995)는 교육 분야에서 시스템적 사고에 대해 설명하며, 학교의 교수-학습 활동에서부터 조직 및 행정까지 하위 시스템이 복잡하게 연계되어 있으며, 이러한 하위 시스템 간의 깊은 상호 의존성을 이해하는 중요성을 강조하였다. Smith와 O'Day(1991)은 시스템적 변화를 위한 핵심 요소로 비전과 목표의 통합, 목표와 일치하는 일관된 교수 시스템, 학교 관리 시스템의 재구성을 강조하였다. Fullan(2010)은 학교의 개선을 위해 총체적인 시스템의 변화가 필요하다고 강조하며, 7가지 중요한 과제를 제시하였다. 이러한 과제는 모든 학생의 학습 가능성을 고려하고, 목표의 우선순위 설정, 강력한 리더십의 필요성, 집합적 역량 강화, 전략의 정교화, 인지적 책무성의 중요성, 모든 하위 시스템의 개선을 포함한다(정제영, 2017).

이러한 시스템적 사고는 미래 교육의 혁신에 있어서도 매우 중요한 역할을 할 것으로 예상된다. 특히 급격한 기술 변화와 사회 변화 속에서 교육 시스템이 적응하고 진화하기 위해서는 전체 시스템을 조망하는 통합적 관점이 필수적이다. 미래 교육은 단순히 지식 전달의 장이 아닌, 학생들의 창의성, 문제해결력, 협업 능력 등 21세기 핵심 역량을 기르는 장으로 거듭나야 한다. 이를 위해서는 교육과정, 교수학습 방법, 평가 체계 등 교육의 전 과정을 아우르는 총체적 변화가 요구된다.

예를 들어, 인공지능, 빅데이터, 가상현실 등 첨단 기술을 교육에 접목하기 위해서는 단순히 기술을 도입하는 것을 넘어, 이를 효과적으로 활용할 수 있는 교육과정과 교수학습 방법의 혁신, 나아가 학교의 조직 문화와 인프라의 변화까지 종합적으로 고려해야 한다. 또한 미래 사회에 요구되는 역량을 갖춘 인재를 양성하기 위해서는 학교교육뿐만 아니라 가정, 지역사회, 기업 등 다양한 교육 주체들 간의 유기적 협력 체계를 구축하는 것도 중요하다.

우리나라의 학교교육을 개선하기 위해서는 하위 시스템들을 효과적으로 최적화하고, 이를 전체 시스템의 개선으로 연결시키는 시스템적 사고가 필요하다. 과거 학교 수준에서 이루어지는 교육 혁신은 주로 부분 최적화 전략을 사용하여 한계를 가지고 있었으며, 이로 인해 학교의 교육은 다양한 성과를 거두었음에도 불구하고 근본적인 혁신을 이루어내지 못한 상황이다. 미래 교육 전략을 수립하기 위해서는 '시스템적 사고'가 필수적이며, 학교교육을 지원하는 다양한 요소들이 유기적이고 종합적으로 고려되어야 한다. 이는 교육과정의 개선, 교육평가의 개선, 교육시설의 개선뿐만 아니라 교원 정책의 변화, 학과 구조의 개선 등 시스템적인 관점에서 총체적 교육 혁신을 추진해야 함을 시사한다. 수업을 중심에 두고 학교의 시스템을 총체적으로 혁신해야 학생들의 학습 성과를 높일 수 있다는 것이다.

결론적으로, 미래 교육의 혁신을 위해서는 시스템적 사고에 기반한 총체적 접근이 필요하다. 교육 시스템의 각 구성 요소들을 개별적으로 다루는 것이 아니라, 이들 간의 상호작용과 역동성을 이해하고, 전체 시스템의 변화를 이끌어내는 통합적 전략이 요구된다. 이를 통해 우리는 급변하는 미래 사회에 적응하고 선도할 수 있는 창의적이고 혁신적인 인재를 양성할 수 있을 것이다. 교육 혁신의 핵심은 바로 시스템적 사고에 있다.

❷ 디지털 기술을 활용한 교육의 혁신 방향

21세기에 접어들면서 디지털 기술의 발전은 교육 분야에 큰 변화를 가져오고 있다. 인공지능, 빅데이터, 가상현실 등 첨단 기술은 교육의 방식과 내용,

그리고 학습 경험 자체를 혁신할 수 있는 잠재력을 지니고 있다. 이러한 기술을 효과적으로 활용한다면 개별 학습자의 특성과 필요에 맞춘 맞춤형 교육, 시공간의 제약을 뛰어넘는 유연한 학습, 그리고 실제적이고 창의적인 문제해결 능력의 함양 등을 실현할 수 있을 것이다.

국내·외에서 미래학교로의 전환을 위한 다양한 교육적 실험이 진행되고 있다. 우리나라에서는 근대식 학교교육의 한계를 극복하기 위한 교육 혁신이 다양한 이름으로 여러 학교에서 시도되고 있다. 해외에서도 국가별로 미래 교육을 위한 다양한 노력을 기울이고 있다. 국내외에서 시도되고 있는 다양한 미래학교 사례를 분석해보면 다음과 같은 공통적 노력이 이루어지고 있음을 확인할 수 있다.

먼저, 개인별 맞춤형 교육이 강조되고 있다. 교수-학습의 형태의 변화로서, 기존 한 명의 교사가 다수의 학생을 대상으로 강의식 수업을 진행하는 대량교육 시스템을 변화시키기 위해 노력하고 있다. 빅데이터 기반의 인공지능 기술을 활용하여 개인별 맞춤형 학습(one-to-one tutoring)을 구현하고자 시도하고 있다. 우리나라의 미래학교 시범학교들이 이에 해당한다. 오랫동안 학교는 대량교육시스템으로 운영되면서 사회구성원의 양성이라는 국가적 수준의 목표와 상급 학교의 진학이라는 개인 수준의 목표를 지향해 왔다. 하지만 미래학교의 방향은 학생의 개별적 성장과 지속적인 학습 경험의 축적, 삶에 적용되는 실제적 지식의 습득으로 변화하고 있다. 개인별 학습 시스템은 학습자 개인의 목표와 능력을 고려하여, 개인에게 최적화된 학습의 기회를 제공하는 것을 목적으로 한다.

예를 들어, 인공지능 기술을 활용한 적응형 학습(adaptive learning) 시스템은 학습자의 학습 스타일, 선행 지식, 학습 속도 등을 실시간으로 분석하여 개인에게 가장 적합한 학습 콘텐츠와 경로를 제시한다. 이를 통해 학습자는 자신의 수준과 속도에 맞는 학습을 할 수 있으며, 부족한 부분에 대해서는 추가적인 설명이나 연습 문제를 제공받을 수 있다. 나아가 학습 데이터의 축적과 분석을 통해 개인의 학습 패턴과 성과를 종합적으로 파악하고, 이를 바탕으로 최적의 학습 전략을 수립할 수 있게 된다.

다음으로, 다양한 수준의 학생들을 국가교육과정이라는 일정한 틀에 집어넣었던 교육과정이 개인별 학습의 속도와 수준에 맞추어 유연하게 적용하고 있다. 미래학교의 많은 성공적인 사례들은 학생들의 개별화된 미래 설계를 위해 최적의 학습 환경을 제공하고 있다. 학습의 과정에서 학생들 스스로가 지니고 있는 꿈과 재능, 진로에 맞는 학습 기회를 제공하는 것이 중요한 점이다. 이를 위해서 획일적인 교육과정에서 벗어나, 학생들의 개별적인 학습계획에 따라 유연하게 교육과정을 운영하는 것이 중요하다. 학생의 나이에 따라 교육내용을 결정하는 학년제의 틀에서 벗어나, 학습의 수준에 따라 유연하게 교육과정을 구성하는 무학년제 교육과정을 지향해야 한다.

이러한 맥락에서 디지털 기술은 개인별 맞춤 교육과정의 설계와 운영을 용이하게 한다. 온라인 학습 플랫폼을 통해 다양한 수준과 주제의 교육 콘텐츠를 제공하고, 학생들이 자신의 관심과 필요에 따라 학습 내용을 선택할 수 있도록 한다. 교사는 학생 개개인의 학습 계획과 진도를 모니터링하고, 적절한 피드백과 지원을 제공하는 역할을 수행한다. 이를 통해 학생들은 자기주도적으로 학습을 설계하고 관리하는 능력을 기를 수 있다.

또한, 교수·학습 과정은 교사가 주도하여 정해진 진도에 따라 지식을 전달하는 형태에서 벗어나서 개념적 지식 학습을 바탕으로 미래 사회에 필요한 핵심역량을 갖추도록 하는 창의적 학습으로 전환할 필요가 있다. 지식의 암기와 이해 중심의 학습 방법을 첨단 기술 기반의 하이테크 교육으로 모든 학생이 이해할 수 있도록 지원하고, 교사는 창의적 학습이 이루어질 수 있도록 고차원적 학습을 지도하도록 하는 것이 필요하다. 다양한 미래학교 사례에서 블렌디드 러닝이나 하이브리드 러닝의 방식을 활용하는 것을 볼 수 있는데 이는 모든 학생들이 기본적인 개념학습의 과정에서 개별화된 지원을 통해 성공적인 학습을 하도록 하는 것이다. 더욱 중요한 것은 교사가 '프로젝트 학습(PBL: project based learning)'이나 '문제기반 학습(PBL: problem based learning)'을 활용하여 고차원적인 학습이 이루어지도록 지도한다는 것이다.

디지털 기술은 이러한 창의적이고 협력적인 학습을 촉진하는 데 큰 역할을 할 수 있다. 가상현실(VR)이나 증강현실(AR) 기술을 활용하면 실제 세계와 유사한 경험을 제공하여 몰입감 있는 학습이 가능하다. 예를 들어 역사 수업에서 과거의 사건이나 인물을 가상현실로 체험하거나, 과학 수업에서 실험을 가상으로 수행해 볼 수 있다. 또한 온라인 협업 도구를 활용하여 학생들은 물리적 거리에 구애받지 않고 함께 프로젝트를 수행하고, 아이디어를 공유할 수 있다. 이를 통해 학생들은 실제적인 문제 해결 능력, 창의력, 의사소통 및 협업 능력 등 21세기의 핵심 역량을 기를 수 있다.

마지막으로, 학교에서 지식전달 수업이 아닌 프로젝트 학습 등이 이루어지기 위해서는 기존 총괄평가와 상대평가 중심에서 과정중심 평가, 개개인의 성취에 초점을 맞춘 절대평가로의 전환이 요구된다. 학습의 결과만이 학습이 아니라 학습 자체가 그 성과가 될 수 있다는 인식의 전환은 제도적 혁신과 더불어 교사, 학생, 학부모 모두에게 필요하다. 국가 교육과정을 전환하여 개인별 선택이 확대된 유연한 교육과정을 도입하기 위해서는 상대평가 중심의 기존 평가 방식이 개인별 평가 방식으로 전환되어야 한다.

디지털 기술은 학습 과정에 대한 다양한 데이터를 수집하고 분석할 수 있는 가능성을 제공한다. 온라인 학습 플랫폼에서 학생들의 학습 활동, 진도, 성과 등을 실시간으로 추적하고, 이를 바탕으로 개인별 성장과 발전을 평가할 수 있다. 또한 인공지능 기술을 활용하여 학생들의 과제나 시험 답안을 자동으로 채점하고, 개인별 피드백을 제공할 수 있다. 이를 통해 평가는 학습의 종착점이 아닌, 성장을 위한 출발점이자 나침반의 역할을 할 수 있게 된다.

결론적으로, 교육의 목적은 학생의 개별적 성장으로 전환되어야 한다. 표준화된 교육과정은 개인별 교육과정 및 무학년제로, 교사 주도의 지식전달 중심 교수·학습 과정은 학생 중심의 지식 기반 프로젝트 학습으로, 총괄평가와 상대평가 중심의 평가 방식은 과정중심 평가와 절대평가로 혁신되어야 할 것이다. 이와 같은 학교 시스템의 총체적 변화를 위해 교사는 학생을 평가하고 관리하는 주체가 아니라 개인별 학습을 독려하기 위한 학습의 조력자 혹은 설계자, 환경 조성의 역할로서 개별화된 학습 효과를 극대화시켜주는 역할로 변화가 필요하다. 학교의 공간 역시 미래교육을 위한 창의적 학습 공간으로 변화되어야 할 것이다.

이러한 교육 혁신의 과정에서 디지털 기술은 단순한 도구가 아닌, 변화를 가능케 하는 핵심 동인으로 작용할 것이다. 그러나 기술 자체가 교육을 변화시키는 것은 아니다. 중요한 것은 기술을 교육의 가치와 목적에 부합하는 방식으로 활용하고, 이를 통해 학생들의 성장과 발전을 이끌어내는 것이다. 이를 위해서는 교사의 역량 강화, 교육 제도와 정책의 유연성 확보, 그리고 사회 전반의 인식 변화가 뒷받침되어야 한다. 디지털 기술을 교육에 접목하는 것은 단순히 학교에 컴퓨터와 인터넷을 들여오는 것이 아니라, 교육의 본질을 재정립하고 학습자 중심의 교육 패러다임을 구현하는 종합적인 노력이 수반되어야 한다.

[표 1.1] 미래 학교를 위한 시스템적 접근

구분	대량교육 시스템 (Mass education system)	개인별 학습 시스템 (Personal learning system)
학교의 역할	• 사회 구성원의 양성 • 상급 학교의 진학	• 학생의 개별적 성장 • 지속적 학습 경험 축적
교육과정	• 표준화된 국가 교육과정	• 개인별 교육과정 • 무학년제
교수 · 학습과정	• 교사 주도 • 지식전달 중심	• 학생 중심 • 지식 기반의 프로젝트 학습
평가방식	• 총괄평가, 상대평가	• 과정중심 평가, 절대평가
교사의 역할	• 지식의 전달자 • 엄정한 평가자	• 개인별 학습 시스템 디자이너 • 학습의 조력자, 설계자
학교 공간	• 지식전달 편의형 • 효율적 관리 중심	• 창의적 학습촉진형 • 학습 효과 중심

3 교사가 이끄는 교실혁명의 방향

❶ 맞춤형 학습을 위한 변화 방향

Bloom(1984)의 '완전학습 이론'은 교육 심리학 분야에서 큰 영향력을 발휘해온 이론적 모델이다. 이 이론의 핵심은 모든 학습자가 주어진 학습 목표에 도달할 수 있으며, 이를 위해서는 개개인의 특성과 요구에 맞는 최적의 학습 조건을 제공해야 한다는 것이다. 완전학습 이론은 학습 시간과 학습 성취도 간의 관계, 숙달 학습의 중요성, 개별화 교수의 필요성 등을 강조한다.

완전학습 이론에 따르면, 학습자 간 성취도 차이의 상당 부분은 학습에 할애하는 시간의 차이에서 비롯된다. 전통적인 교육 체제에서는 모든 학습자에게 동일한 양의 학습 시간을 배정하고, 같은 시간 내에 학습 목표에 도달할 것을 요구한다. 그러나 각 학습자의 학습 속도와 습득 능력은 상이하므로, 이러한 획일적 접근은 다수의 학습자에게 불리하게 작용할 수 있다. 완전학습 이론은 이 문제를 해결하기 위해 학습에 소요되는 시간을 최소화하면서도 각 학습자에게 성공적인 학습에 필요한 충분한 시간을 제공할 것을 강조한다(정제영 외, 2024).

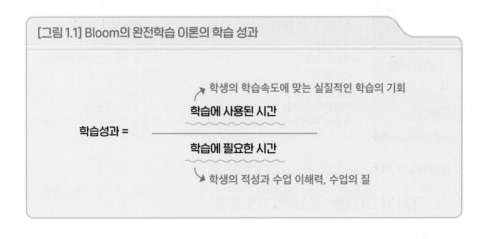

[그림 1.1] Bloom의 완전학습 이론의 학습 성과

이를 위해 완전학습 이론은 숙달 학습(mastery learning)의 개념을 도입한다. 숙달 학습은 특정 학습 내용을 완전히 이해하고 적용할 수 있는 수준에 이를 때까지 학습을 지속하는 것을 의미한다. 교육 내용은 위계적으로 구조화되며,

각 학습 단원은 명확한 학습 목표와 평가 기준을 수반한다. 학습자는 한 단원에 대한 숙달이 이루어진 후에야 다음 단원으로 진행할 수 있다. 이 과정에서 형성평가를 통해 학습자의 이해도를 점검하고, 필요에 따라 보충 학습이나 교정 피드백을 제공한다. 숙달 학습은 학습자가 자신의 속도에 맞추어 학습을 진행하고, 학습 결손을 누적시키지 않도록 함으로써 높은 성취 수준을 보장하는 데 기여한다.

완전학습 이론은 또한 개별화 교수(individualized instruction)의 중요성을 강조한다. 개별화 교수는 학습자 개인의 특성, 사전 지식, 학습 양식 등을 고려하여 맞춤형 학습 경험을 제공하는 것을 의미한다. 이는 학습 자료의 선택, 학습 활동의 설계, 피드백의 제공 등 교수-학습의 전 과정에서 이루어질 수 있다. 개별화 교수를 통해 학습자는 자신에게 가장 적합한 방식으로 학습에 임할 수 있으며, 이는 학습 동기와 참여도를 높이는 데 기여한다.

완전학습 이론의 실천을 위해서는 몇 가지 조건이 충족되어야 한다. 먼저, 교육 목표와 내용이 명확하게 정의되고 구조화되어야 한다. 또한 학습자의 특성과 요구를 진단할 수 있는 도구와 방법이 마련되어야 하며, 이를 기반으로 개별화된 교수가 이루어져야 한다. 나아가 학습자의 성취도를 지속적으로 모니터링하고 피드백을 제공할 수 있는 체계가 갖추어져야 한다.

완전학습 이론은 모든 학습자가 성공적인 학습을 경험할 수 있다는 긍정적 신념에 기반을 둔다. 이는 학습자 개인의 잠재력을 최대한 이끌어내고, 교육의 형평성을 제고하는 데 기여할 수 있다. 또한 개별화 교수와 숙달 학습의 강조는 학습자 중심 교육의 중요한 원리를 제공한다. 완전학습 이론은 이후 다양한 교수-학습 모델과 교육 프로그램의 개발에 영향을 미쳤으며, 오늘날에도 그 교육적 함의가 주목되고 있다.

완전학습을 실현하기 위한 방안으로 교육 분야에서는 첨단 기술의 활용이 높아지고 있다. 특히 AI 기반의 지능형 튜터링 시스템(ITS: Intelligent Tutoring System)은 학생들의 학습 데이터를 기반으로 맞춤형 교육을 지원할 수 있는 도구로 주목받고 있다. ITS는 각 학생의 수준을 진단하고, 맞춤형으로 학습을 지원하여 완전학습의 원칙을 실현할 수 있다(정제영 외, 2023a).

AI 기반의 ITS는 인공지능 기술을 활용하여 학습자 개개인에게 맞춤형 교육을 제공하는 시스템이다. ITS의 이론적 토대는 인지주의 학습이론, 구성주의 학습이론, 적응적 학습이론 등에서 찾아볼 수 있다. 인지주의 학습이론은 학습자의 인지 구조와 정보처리 과정에 주목하며, 구성주의 학습이론은 학습자가 능동적으로 지식을 구성해 나가는 과정을 중시한다. 한편 적응적 학습이론은 학습자의 특성과 수준에 맞게 교육 내용과 방법을 조정하는 접근법이다.

ITS는 일반적으로 도메인 모델, 학습자 모델, 교수 모델, 사용자 인터페이스의 네 가지 핵심 구성요소로 이루어진다. 도메인 모델은 교과 내용에 대한 지식을 표현하고 관리하는 모듈이며, 학습자 모델은 개별 학습자의 지식 상태와 학습의 수준을 파악하여 표현한다. 교수 모델은 학습자 모델을 바탕으로 최적화된 교수 전략을 수립하고 실행하는 역할을 담당하며, 사용자 인터페이스는 시스템과 학습자 간의 상호작용을 매개한다.

ITS의 대표적인 사례로는 카네기 튜터(Cognitive Tutor), 오토튜터(AutoTutor), 뉴튼(Knewton), 듀오링고(Duolingo) 등을 들 수 있다. Cognitive Tutor는 카네기멜론대학교에서 개발한 ITS로, 학습자의 문제 해결 과정을 분석하여 적응적 피드백을 제공함으로써 수학 학습을 지원한다. AutoTutor는 멤피스대학교에서 개발한 자연어 대화형 ITS로, 학습자와의 상호작용을 통해 개념 이해를 증진하고 오개념을 교정하는 데 활용된다. Knewton은 방대한 학습자 데이터를 분석하여 개인화된 학습 경로와 자료를 제공하는 적응적 학습 플랫폼이며, Duolingo는 학습자의 숙달도에 기반한 맞춤형 언어 학습 콘텐츠와 게임화 요소를 갖춘 모바일 앱이다.

❷ 하이터치 하이테크 교육

인공지능을 활용한 교육은 각 학생이 필요로 하는 수준의 학습을 지원함으로써 맞춤형 개별화 학습을 구현할 수 있는 역할을 한다. 미래 교육은 이러한 다양한 에듀테크를 활용하여 지식을 학습하고, 하이브리드 러닝을 통해 창의적 교육을 이루는 방향으로 나아갈 것으로 기대된다(정제영 외, 2023b). 이는 하이터치 하이테크 교육의 원칙과 AI 기술을 결합하여 교수자와 학생이 함께하는 교육 방법을 제안한다. 이러한 접근은 학생 중심의 학습을 장려하며, 생성형 AI 등 다양한 기술이 교수자를 지원하는 역할을 수행할 것으로 예상된다.

하이터치 하이테크(HTHT: High Touch High Tech) 교육은 첨단 기술을 활용하여 개인별 맞춤형 창의적 학습을 이끌어내는 방식으로 제안되었다(이주호, 정제영, 정영식, 2021). 하이터치 하이테크 교육은 교사가 주체가 되어 에듀테크 기술을 활용하여 개인별 맞춤형 지식교육을 하고, 이를 기반으로 창의적 활동으로 연결하는 수업을 의미한다. 하이테크(High Tech) 교육은 학생들의 학습 데이터를 기반으로 수준과 속도에 맞는 개별화된 맞춤형 지식 이해 교육을 구현하는 것이다. 하지만 지식을 이해하는 것만으로는 학습자의 주도성을 확보할 수 없고, 지식을 활용한 다양한 활동과 경험을 통해서 역량을 키울 수 있다. 교사가 주도하는 하이터치(High Touch) 교육은 프로젝트, 토론 등의 다양한 창의적 활동을 통해서 학생들의 동기를 자극하고, 지식을 활용한 경험을 하도록 이끌어주는 것이다. 하이터치 하이테크 교육이란 기술을 사용하여 지식 학습의 효율성을 높이되, 학생들의 주도성과 역량이 높아지도록 이끌어내는 수업의 혁신이라고 할 수 있다(정제영 외, 2023c).

하이터치 교육은 사전 학습, 본 수업, 후속 학습의 과정에서 학습자의 교육 성과를 이끌어내는 교사 주도의 교육 활동을 의미한다. 아무리 좋은 교육자료와 시스템이 있어도 학생의 학습 동기가 부족하다면 교육의 성과를 기대하기 어렵다. 개인별 목표를 설정하고 학습 계획을 수립하는 자기주도적 학습의 과정을 이끌어주는 역할이 무엇보다 중요하다. 이를 위해서는 개별 학생에 대한 정확한 진단 데이터가 필요한데 이를 AI 보조교사가 도와주는 것이다. 본 수업에서는 교사가 창의적 학습에 이를 수 있도록 지식을 바탕으로 '적용, 분석, 평가, 창조'의 고차원적 학습의 경험을 할 수 있도록 진행하는 것이 필요하다. 이를 위해 토론, 문제기반 학습, 프로젝트 학습 등의 다양한 창의적 교육 방법을 활용할 수 있다. 교수자는 이후의 후속 학습 과정에서 학생들이 학습의 결과를 이후의 학습에 이어갈 수 있도록 전이(transfer)될 수 있게 지원하는 역할을 수행해야 한다.

하이터치 하이테크 교육은 플립러닝의 방식을 활용하되 사전 학습에 동영상뿐 아니라 다양한 맞춤형 학습 시스템을 활용하는 것이다. 사전학습은 동영상을 통해서도 이루어질 수 있지만 인공지능과 빅데이터 기반의 지능형 튜터링 시스템(ITS)을 활용하면 지식의 이해와 암기에 더 큰 도움을 받을 수 있다. 사전학습의 과정에서 첨단 기술을 활용하여 맞춤형 교육을 구현하는 것을 하이테크 교육이라고 할 수 있다. 학습자의 수준을 정확하게 진단하여 완전 학습을 할 수 있도록 학습 기회를 제공하고 학습의 성과에 대해서도 확인할 수 있다. 이와 같이 하이테크 교육을 지원하는 다양한 시스템이 개발되고 있다.

하이터치 하이테크 교육을 구현하기 위해 학교는 기존 학습관리시스템(LMS)을 확장하여 ITS의 원리를 적용한 'AI 디지털교과서 시스템'으로 재설계할 필요가 있다. AI 디지털교과서는 다양한 방식으로 교사의 역할을 보조해 줄 수 있다. 교수자의 주요 역할인 '수업설계-교수-학습-평가-기록-피드백'의 과정에서 AI 디지털교과서의 도움을 받아 개별화된 교육 관리가 가능하다. 인공지능 활용 교육의 의미는 AI 디지털교과서를 활용하여 교수자가 주도하여 학생 개인별 맞춤형 학습을 수행하도록 하는 것이다.

우리나라에서 2025년부터 본격적으로 도입될 AI 디지털교과서가 우리 아이들의 학습 환경에 혁신적인 변화를 가져올 것으로 기대된다. 교육부가 제시한 'AI 디지털교과서 개발 가이드라인'에서 제시하고 있는 서비스는 학생, 교사, 학부모 모두를 위한 공통 서비스, 학생을 위한 서비스, 교사를 위한 서비스로 나누어 살펴볼 수 있다.

학생, 교사, 학부모를 위한 기능인 공통 서비스는 우선 대시보드를 통한 학습 데이터 분석이다. AI 디지털교과서는 대시보드를 통해 학생의 학습 데이터를 분석하고 제공한다. 이를 통해 학생의 학습 진도, 강점, 개선 필요 영역 등을 명확하게 파악할 수 있다. 교육 주체 간 소통 지원 서비스도 포함된다. 학생, 교사, 학부모 간의 효과적인 소통을 지원하여 교육과정에 대한 이해도를 높이고 협력을 강화한다. 그리고 모든 사용자가 하나의 플랫폼에서 통합 로그인을 통해 접근할 수 있어 사용의 편의성을 제공한다. 사용자 친화적인 UI/

UX를 통해 쉽고 편리한 사용자 인터페이스와 경험을 제공하며, UDL(Universal Design for Learning)과 다국어 지원을 통해 모든 사용자의 접근성을 보장하도록 하였다.

학생을 위한 서비스는 한 마디로 맞춤형 학습을 지원하는 'AI 튜터'를 지원하는 것이다. 이를 위해 AI 디지털교과서에는 학생의 학습 수준과 요구를 진단하고 분석하여, 학습에 필요한 지원을 제공한다. 개별 학생에게 가장 적합한 학습 경로와 콘텐츠를 추천하여, 맞춤형 학습 경험을 제공하는 것이다.

교사를 위한 서비스는 'AI 보조교사'를 지원하는 것이다. AI 보조교사는 교사가 수업을 더 효과적으로 설계하고, 학생들에게 맞춤형 교육을 제공하고, 맞춤형 평가 결과를 교사에게 제공하는 것이다. 교사는 학습 콘텐츠를 재구성하거나 추가하여 수업을 더욱 풍부하고 다양하게 만들 수 있다. 학생들의 학습 이력과 관련 데이터를 기반으로 학습을 관리하고 효과적인 교육 방안을 모색할 수 있다.

AI 디지털교과서의 서비스는 교육의 질을 향상시키고, 학습 과정을 더 개인화하며, 교육 공동체 간의 협력을 강화하는 데 기여할 수 있다. 특히 학부모는 자녀가 이러한 혁신적인 교육 환경에서 교과 내용을 습득하면서 올바른 디지털 리터러시 역량을 갖추는 것을 확인할 수 있다.

하이터치 하이테크 교육은 교사가 다양한 첨단 기술을 활용하여 학생 중심의 학습이 이루어지도록 하는 새로운 교육 방식을 의미한다. 학생들이 스스로 질문하고 타인과 생각을 적극적으로 교환하는 과정 속에서 자신의 생각을 학습 전에 비해 더욱 발전시키고 보다 깊은 이해에 도달할 수 있도록 교육을 운영할 수 있다. AI 디지털교과서는 하이터치 하이테크 교육의 과정에서 교사를 돕는 역할과 함께 학습자를 지원하는 역할도 수행할 수 있다는 점에서 미래교육의 중요한 도구로 활용될 수 있을 것이다.

이러한 하이터치 하이테크 교육을 성공적으로 구현하기 위해서는 무엇보다 교사의 역량이 중요하다. 교사는 첨단 기술을 교육적으로 활용할 수 있는 디지털 리터러시와 교수 설계 능력을 갖추어야 한다. 또한 학생 개개인의 특성과 필요를 깊이 이해하고, 이에 맞는 맞춤형 교육을 제공할 수 있어야 한다. 나아가 학생들의 창의성과 협력 능력, 문제해결력 등을 이끌어낼 수 있는 퍼실리테이터로서의 역량도 요구된다.

이를 위해서는 교사 양성 및 연수 과정에서 하이터치 하이테크 교육에 대한 체계적인 교육이 이루어져야 한다. 교사들이 첨단 기술을 교육에 활용하는 방법을 익히고, 이를 바탕으로 창의적인 교수학습 방법을 설계하고 실천할 수 있도록 지원해야 한다. 또한 교사들 간의 협력과 지식 공유를 활성화하여, 우수 사례를 확산하고 서로의 전문성을 높여갈 수 있는 토대를 마련해야 할 것이다.

더불어 하이터치 하이테크 교육이 원활히 이루어지기 위해서는 교육 인프라와 제도의 혁신도 뒷받침되어야 한다. 학교의 IT 인프라를 확충하고, AI 보조교사 시스템 등 첨단 교육 플랫폼을 구축하는 한편, 개별화 교육을 뒷받침할 수 있는 유연한 교육과정과 평가 체계도 마련되어야 한다. 나아가 이러한 변화를 지속적으로 추진하고 안착시키기 위한 교육 정책과 재정 지원 방안도 모색되어야 할 것이다.

무엇보다 하이터치 하이테크 교육의 궁극적 목적은 학생들의 성장과 발달에 있음을 잊어서는 안 된다. 첨단 기술은 학생들의 잠재력을 극대화하고, 그들의 다양성을 존중하며, 미래 사회에 필요한 역량을 기르는 데 기여해야 한다. 기술은 교육의 보조 수단이지, 주체가 되어서는 안 된다. 교사와 학생 간의 상호 작용, 배움의 즐거움, 인성 교육 등 교육의 본질적 가치는 기술 발전과 관계없이 늘 중심에 있어야 한다.

하이터치 하이테크 교육은 미래 교육의 한 모델로서 우리에게 많은 가능성과 과제를 동시에 제시하고 있다. 이것은 단순히 교실에 첨단 기술을 들여오는 것이 아니라, 교육 패러다임의 근본적인 변화를 의미한다. 교사와 학생, 학부모와 사회가 함께 이 변화의 방향과 속도에 대해 고민하고 합의해 나가야 할 것이다.

교육의 변화는 사회의 변화이자 미래의 변화이다. 하이터치 하이테크 교육이 우리 아이들이 더 나은 미래, 더 행복한 삶을 살아갈 수 있는 힘을 길러주는 교육이 되기를 기대해 본다. 첨단 기술의 발달이 인간 교육의 가치를 퇴색시키는 것이 아니라, 오히려 더욱 빛나게 하는 계기가 되어야 할 것이다. 하이터치 하이테크 교육, 그 속에서 우리는 교육의 새로운 지평을 열어갈 수 있을 것이다.

❸ 교사가 이끄는 교실혁명

국내외에서 미래학교로의 전환을 위한 다양한 교육적 실험이 진행되고 있다. 우리나라에서는 근대식 학교교육의 한계를 극복하기 위한 교육 혁신이 다양한 이름으로 여러 학교에서 시도되고 있다. 해외에서도 국가별로 미래 교육을 위한 다양한 노력을 기울이고 있다. 국내외에서 시도되고 있는 다양한 미래학교 사례를 분석해보면 개인별 맞춤형 교육 강조, 유연한 교육과정 운영, 창의적 학습으로의 전환, 과정중심 평가와 절대평가 도입 등의 공통적 노력이 이루어지고 있음을 확인할 수 있다.

이러한 변화의 중심에는 디지털 기술의 발전과 이를 교육에 활용하려는 노력이 자리잡고 있다. 인공지능, 빅데이터, 가상현실 등 첨단 기술은 개별 학습자의 특성과 필요에 맞는 맞춤형 교육, 시공간의 제약을 뛰어넘는 유연한 학습, 실제적이고 창의적인 문제해결 능력의 함양 등을 가능케 한다. 이러한 기술을 학교 교육에 효과적으로 융합한다면 모든 학생의 성장과 발전을 이끄는 혁신적인 교육을 실현할 수 있을 것이다.

그러나 중요한 것은 기술 그 자체가 아니라, 이를 교육의 본질적 가치를 구현하는 도구로 활용하는 것이다. 디지털 기술은 교사를 대체하는 것이 아니라 교사의 역량을 강화하고, 학생 개개인에 더 집중할 수 있도록 돕는 역할을 해야 한다. 또한 기술 활용이 단순히 지식 전달의 효율화에 그치는 것이 아니라, 학생들의 창의력, 문제해결력, 협업능력 등 고차원적 역량을 기르는 방향으로 나아가야 한다.

결국 디지털 기술을 활용한 교육 혁신의 핵심은 '사람'이다. 학생의 잠재력을 믿고 이를 최대한 이끌이내려는 교사, 자기주도적으로 학습하는 힘을 기르는 학생, 그리고 이를 뒷받침하는 학부모와 사회의 노력이 어우러질 때, 진정한 의미의 교육 혁신이 가능할 것이다. 우리에게 주어진 과제는 디지털 기술을 교육의 본질적 변화를 위한 촉매제로 삼아, 모든 아이들이 미래 사회를 살아갈 힘을 기를 수 있는 교육을 만드는 것이다. 디지털 기술은 그 길을 열어줄 열쇠가 될 것이다.

이 혁신의 중심에는 교사가 있다. 교사는 학생들과 가장 가까이에서 상호작용하며, 그들의 성장과 발전을 이끄는 핵심 주체이다. 따라서 교사의 역량과 전문성, 그리고 열정이 교실 혁명의 성패를 좌우한다고 해도 과언이 아니다.

2020년에는 코로나19로 인해 온라인 원격수업이 일상화되면서 교육에서 IT 기술의 활용에 대한 교수자들의 인식이 높아졌다. 그러나 수업 인정 기준이 주로 출석에 중점을 두어 다양한 소프트웨어 지원 부족 등의 한계가 있었다. 특히, 교원의 에듀테크 활용 역량이 중요하다. 클라우드 기반 교수학습 플랫폼과 에듀테크 시스템이 등장했지만, 교수자들이 이를 효과적으로 활용하는 것이 어려웠다.

에듀테크 시스템을 효과적으로 활용하려면 교수자들의 온라인 원격수업 능력을 강화하는 교육과 연수가 필요하다. 교수자들은 아직 에듀테크를 활용한 창의적 수업에 익숙하지 않아 두려움을 느끼며 시행착오를 겪고 있다. 교수자의 교육, 연수, 경험 공유, 문화 전파가 필요하다. 특히 교수자들이 에듀테크를 통해 다양한 수업과 학습 콘텐츠를 스스로 만들어 나갈 수 있도록 지원돼야 한다. 정부의 대규모 투자와 재정 지원이 필요하다.

코로나19 상황에서 온라인 원격수업 경험은 교수자의 성공적인 운영에 있어 가장 중요한 역할을 한 것으로 확인되었다. 교수자들은 에듀테크를 활용한 창의적 수업에 대한 지식, 긍정적 태도, 디지털 역량 등 종합적인 역량이 필요하다. 에듀테크를 활용한 창의적 수업을 위해서는 교실에서의 상호작용뿐만 아니라 온라인과 오프라인에서의 학생 상호작용, 온라인 튜터링 및 학습 퍼실리테이션 기법 등에 대한 새로운 교육 내용이 필요하다.

학교에서 에듀테크를 활용한 창의적 수업을 진행하기 위해서는 온라인과 오프라인을 넘나들 수 있는 하이브리드 수업 능력이 필요하다. 특히 포스트 코로나 시대에는 원격수업이 더욱 확대될 것이므로 효과적인 교육 계획과 운영이 필요하다. 미래의 학교 수업은 교실 수업, 현장학습, 플립러닝 등의 다양한 형태를 결합한 하이브리드 형태가 될 것으로 예상된다. 이를 위해서는 학교 차원에서 국내외 학교의 수업 혁신 사례를 토대로 가이드라인, 사례, 수업 모델 등을 제공하는 것이 필요하다.

코로나19 상황에서 경험한 온라인과 오프라인의 병행 수업에서 얻은 교수자들의 전문성과 자율성을 활용하여 미래 교육을 대비하는 것이 중요하다. 미래를 대비해 온라인과 오프라인 수업이 유연하게 혼합된 교육 체제를 구축해야 한다. 교원들이 가진 역량은 오프라인뿐만 아니라 온라인에서 학생들과 소통하는 능력을 높이는 것이 필요하다. 학부모, 학생, 교수자 등 현장의 어려움을 면밀하게 파악하고, 다양하고 분산된 플랫폼을 효율적으로 관리할 수 있는 능력이 요구된다.

이를 위해서는 무엇보다 교사의 디지털 리터러시와 에듀테크 활용 역량이 강화되어야 한다. 교사 양성 과정과 현직 교사 연수에서 디지털 기술과 교수법의 융합, 데이터 기반 교육, 개별화 학습 설계 등의 내용이 보강되어야 한다. 뿐만 아니라 교사들이 새로운 기술과 교육 방식을 시도하고 혁신할 수 있는 자율성과 유연성도 보장되어야 한다. 학교 현장에서 다양한 실험과 도전이 이루어질 수 있도록 제도적, 문화적 토양을 만드는 것이 중요하다.

한 분야의 전문성을 갖추고 있는 인재(expert)가 인공지능 기술로 대표되는 첨단 분야의 전문성을 갖추는 경우 이를 '인공지능 분야의 역량을 갖춘 분야별 전문가'라는 표현으로 'X with AI'라고 지칭한다. 교수자는 해당 교육 분야의 내용과 방법적 전문성을 갖추고 있는 교육전문가(EX: Educational Expert)라고 할 수 있는데, 이제는 인공지능 등 첨단 분야의 전문성을 결합하는 것이 필수적인 과제라고 볼 수 있다. '인공지능 분야의 역량을 갖춘 교육 전문가'라는 표현으로 'EX with AI'라고 표현하고 싶다. EX with AI가 바로 미래형 인재인 교육 분야의 'M자형 인재'라고 할 수 있다.

나아가 교사는 인공지능 기술을 활용하여 자신의 역량을 배가시킬 수 있다. 인간 교수자가 AI 보조교사를 잘 활용하여 도움을 받게 되면 이를 증강지능(augmented intelligence)과 같은 강력한 역량을 갖춘 EX with AI라고 할 수 있다. 교육과정의 재구성에서부터 수업 중에 개별화된 지식 이해와 전달, 평가에 있어서의 개별화된 접근과 평가 결과의 정리, 맞춤형 평가 결과의 기록을 위한 기초 자료 생성, 학생별로 필요로 하는 피드백의 기초 자료 제공 등의 역할을 인공지능에게 맡길 수 있을 것이다.

영화 '아이언맨'에서처럼 인간이 AI 보조교사를 활용하면 증강지능을 갖춘 강력한 역량을 발휘할 수 있다. 학교의 교수자들도 AI 보조교사의 지원을 받게 되면 지금보다는 더 뛰어난 교육적 역량을 발휘할 수 있을 것으로 기대된다. 인공지능 기술을 교육에 적극적으로 활용하되 창의적 교육은 교수자의 주도로 학생들과 함께 이루어져야 한다. 교수자는 에듀테크 기술을 활용한 하이테크 교육을 기반으로 학생별 개성에 맞는 하이터치 교육을 결합하여 미래교육을 완성할 수 있을 것이다. 모든 학생이 학습에 성공하고 각자의 역량을 키울 수 있는 교육이 미래교육의 지향점이다.

이러한 교사의 혁신적 노력이 교실을 변화시키고, 나아가 학교와 교육 전반의 변화를 이끌어 낼 수 있다. 교사가 주도하는 bottom-up 방식의 혁신은 top-down 방식의 정책 변화와 함께 시너지 효과를 낼 수 있다. 교육 당국과 학교 관리자는 이러한 교사들의 노력을 적극 지원하고 장려해야 한다. 교사의 창의성과 전문성이 발휘될 수 있는 자율적이고 협력적인 학교 문화를 조성하는 것이 중요하다.

미래 교육의 시작은 디지털 대전환과 함께 이루어졌으며, 미래 교육의 성공을 위해서는 교육부, 교육청뿐 아니라 학교의 구성원인 교직원, 학생, 학부모, 지역사회의 적극적인 협력과 노력이 필요하다. 방향을 고민하는 동시에 실행을 위한 참여와 협력이 중요하며, 첨단 기술을 효과적으로 활용해야 교육의 혁신을 구현할 수 있을 것이다.

결국 교실 혁명의 주체는 교사이다. 디지털 기술은 강력한 도구이지만, 이를 교육적으로 활용하고 학생들의 성장을 이끄는 것은 교사의 몫이다. 교사가 변화와 혁신의 주체가 되어 새로운 교육 패러다임을 만들어 갈 때, 우리 교육의 미래는 밝을 것이다.

물론 이 과정이 순탄하지만은 않을 것이다. 교사들은 새로운 역할과 책임에 대한 부담감을 느낄 수 있고, 기술 활용이나 교수법 혁신에 어려움을 겪을 수도 있다. 또한 학생들과 학부모들의 기대와 요구에 부응하는 것도 쉽지 않은 과제이다. 그러나 이러한 도전을 극복하고 전문성을 계발해 나가는 것이 교사의 사명이자 보람이다. 교사 스스로가 끊임없이 배우고 성장하는 모습을 보여줌으로써, 학생들에게도 평생학습의 중요성을 알려줄 수 있다. 또한 교사들 간의 협력과 네트워크를 통해 어려움을 함께 해결하고, 좋은 실천 사례를 공유할 수 있다.

무엇보다 교사는 학생들과의 관계와 소통에 기반하여 변화를 이끌어야 한다. 기술은 학생들과 교사의 상호작용을 대체할 수 없으며, 오히려 이를 더욱 풍부하고 의미 있게 만들어주는 도구가 될 수 있다. 학생 개개인의 관심사와 특성을 깊이 이해하고, 그들의 목소리에 귀 기울이는 교사의 따뜻한 시선이 결국 교육을 바꾸는 원동력이 될 것이다.

우리는 지금 교육의 대전환기를 맞이하고 있다. 산업사회의 패러다임에서 벗어나 미래 사회에 필요한 인재를 길러내야 하는 시대적 과제 앞에 서 있다. 이 변화의 중심에는 교사가 있다. 교사가 새로운 비전과 역량을 갖추고 변화를 선도할 때, 우리 교육은 미래를 향해 힘차게 전진할 수 있을 것이다.

교실의 작은 변화가 학교를 바꾸고, 더 나아가 사회를 변화시킬 수 있다는 믿음으로, 교사 한 명 한 명이 혁신의 주체가 되어야 한다. 그것이 바로 우리 아이들의 미래를 위한, 교사의 사명이자 희망이다. 교사가 이끄는 교실 혁명, 그 속에서 우리 교육의 새로운 지평이 열릴 것이다.

참고문헌

- 김창욱, 김동환(2006). 정책 부작용의 원인과 유형-시스템 사고에 입각한 분석. 제1회 복잡계컨퍼런스 '복잡계이론과 현실, 생산적 적용의 모색' 발표 논문. 삼성경제연구소 복잡계센터.
- 송영근, 박안선, 심진보(2022). 디지털 전환의 개념과 디지털 전환 R&D의 범위. 한국전자통신연구원.
- 윤정일, 송기창, 조동섭, 김병주(2015). 교육행정학 원론. 서울: 학지사.
- 이주호, 정제영, 정영식(2021). AI 교육혁명. 서울: 시원북스.
- 정제영 외(2021). 뉴 이퀄리브리엄 : 미래교육의 새로운 균형을 찾아서. 테크빌 교육.
- 정제영 외(2023a). AI융합교육개론. 박영스토리.
- 정제영 외(2023b). 이슈 중심의 교육학개론. 박영스토리.
- 정제영 외(2023c). 챗GPT 교육혁명. 포르체.
- 정제영 외(2024). 디지털 교육의 이해. 박영스토리.
- 정제영(2016). 지능정보사회에 대비한 학교교육 시스템 재설계 연구. 교육행정학연구, 34(4), 49-71.
- 정제영(2017). 4차 산업혁명 시대의 학교제도 개선 방안: 개인별 학습 시스템 구축을 중심으로. 교육정치학연구, 24(3), 53-72.
- 정제영(2018). 디지털 시대와 4차 산업혁명에 대비한 교육의 시대. 박영스토리.
- 정제영(2023). 2028 대학입시: 학교 교육에 집중하라. 포르체.
- Banathy, B. H. (1995). Developing a systems view of education. Educational Technology, 35(3), 53-57.
- Bloom, B. S. (1984). The 2 sigma problem: The search for methods of group instruction as effective as one-to-one tutoring. Educational researcher, 13(6), 4-16.
- Fullan, M. (2010). All systems go. Thousand Oaks, CA. : Corwin Press; Toronto: Ontario Principals Council.

· Sashkin, M., & Egermeier, J. (1992). School Change Models and Processes: A Review of Research and Practice. Paper presented at the Annual Meeting of the American Educational Research Association, San Francisco, CA, April 20-24, 1992.

· Senge, P. M. (1990). The fifth discipline. Doubleday/Currency.

· Smith, M. S., & O'Day, J. A. (1991). Systemic school reform. In The Politics of curriculum and testing, Politics of Education Association yearbook 1990, ed. Susan Fuhrman and Betty Malen, 233-267. London: Falmer Press.

· Sterman, J. D. (2001). System Dynamics Modeling: Tools for Learning in a Complex World. California Management Review, 43(4), 8-25.

▶ 디지털 기반 교육혁신 정책의 이해

▶ 이혜림

1 디지털 기반 교육혁신 정책 추진 배경

　2023년 2월 교육부에서는 "모두를 위한 맞춤 교육의 실현, 디지털 기반 교육혁신 방안"을 발표했다. 이에 따라 우리나라는 전 세계 최초로 "K-에듀"라는 이름의 인공지능 디지털교과서를 개발하고 있으며, 정부 주도하에 진행되고 있는 본 디지털 교육정책은 국내외 교육계의 이목을 집중시키고 있다.

　이러한 정책을 추진하게 된 배경은 크게 세 가지로 나누어지는데 첫째, 모두를 위한 맞춤 교육 필요, 둘째, 첨단 기술을 활용한 교육의 질 제고, 셋째, 디지털 대전환에 따른 공교육의 내용과 방식 전환 요구 증대이다.

❶ 모든 학생을 인재로 키우기 위한 맞춤 교육 필요

학교 현장에서 교사들은 학생별 성취도를 고려한 맞춤형 교육을 시행하기 위해 다방면으로 노력하고 있다. 그러나, 수십 년 동안 유지해 온 기존의 교육 환경에서는 교사 한 명이 다수의 학생을 대상으로 교육이 이루어지기 때문에 현실적으로는 평균 수준의 학생에 맞추어 수업이 진행된다.

이후 학기 중 수업이 계속됨에 따라 성취도가 높은 학생과 그렇지 못한 학생의 괴리는 점차 확대되는데, 일부 학생은 지속적 학습 결손으로 더 이상 수업을 따라가지 못하는 상황이 발생하게 된다. 이를 극복하기 위해서는 학생 개별적으로 결손된 내용을 파악해서 추후 지도가 필요하다. 다수가 함께하는 정규 수업 시간에는 느린 학습자를 위한 맞춤 지도가 어려우므로 통상 방과 후 보충 수업 및 과제 등을 통해 지도한다. 다만, 이 경우에도 교사 한 명이 다수의 학생에게 보충 교육을 하는 경우 그 효과가 현저하게 감소한다.

한편, 성취도가 높은 학생은 중위권 수준의 학생에 맞추어진 수업이 그들의 학습 욕구를 충족시키지 못할 수 있다. 상위권 학생은 맞춤형 심화 교육을 통해 학습에 대한 흥미를 유발하고 성취감을 향상할 수 있을 것이다.

한편, 최근 우리나라는 저출산 기조로 인해 인구가 계속 감소하고 있는데, 이는 학령인구 감소를 유발하므로 경제 분야뿐만 아니라 교육계에도 큰 영향을 미치고 있다. [그림 1.2]에서 보는 바와 같이 2024년 국내 학령인구는 714만 명으로, 10년 전인 2015년과 비교해서 약 180만 명이 줄어들었다.

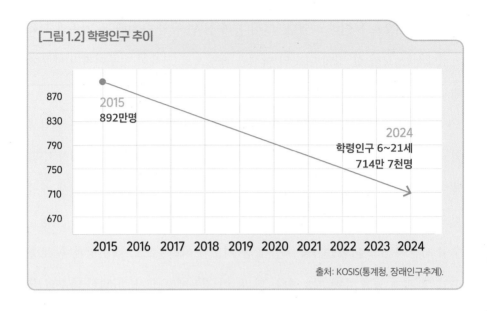

[그림 1.2] 학령인구 추이

2015
892만명

2024
학령인구 6~21세
714만 7천명

870
830
790
750
710
670

2015 2016 2017 2018 2019 2020 2021 2022 2023 2024

출처: KOSIS(통계청, 장래인구추계).

앞으로도 학령인구는 더 가파르게 감소할 것으로 예상되기 때문에 이에 대비한 교육정책 변화가 요구된다. 이에 따라 각 학생의 학습 역량과 선호 분야 등을 분석하고 그에 따른 맞춤형 교육을 제공함으로써 교실 내 모든 학생을 인재로 키우는 것에 대한 필요성이 대두되었다.

❷ 첨단 기술을 활용한 교육의 질 제고 가능

앞서 살펴본 바와 같이 현재 교육환경 아래에서는 교실 내 모든 학생에게 맞춤형 교육을 제공하는 것이 쉽지 않기 때문에, 인공지능(AI: Artificial Intelligence)과 가상현실(VR: Virtual Reality) 등 첨단 기술을 도입함으로써 빠른 시간에 맞춤형 교육을 실현할 수 있을 것이다.

코로나 팬데믹 기간 사회적 거리 두기 정책이 시행됨에 따라 사람들은 Zoom 등 디지털 커뮤니케이션 플랫폼을 통해 언제, 어디에서든지 교육받을 수 있는 새로운 경험을 하게 되었다. 교사와 학생이 교실에 함께 있지 않더라도 수업 및 과제 제출이 가능하게 된 것이다.

미국의 비영리 교육 서비스 중 하나인 칸 아카데미(Khan Academy)는 초·중·고교 수준의 수학, 화학, 물리학부터 컴퓨터공학, 금융, 역사, 예술까지 4000여 개의 동영상 강의를 제공하고 있으며, 미국 내 2만여 개 학급에서 교육 자료로 쓰이고 있다. 먼저 교사가 학습 내용을 수업하고 학생들에게 과제를 제시하면, 학생들은 능력에 따라 문제를 풀고 이해가 잘되지 않는 부분은 칸 아카데미의 영상을 시청하며 보충학습을 할 수 있다. 교사의 도움 없이 자기 주도적으로 결손된 수업 내용을 보완함으로써 정규 수업 시간 동안 맞춤형 교육이 이루어진 것이다.

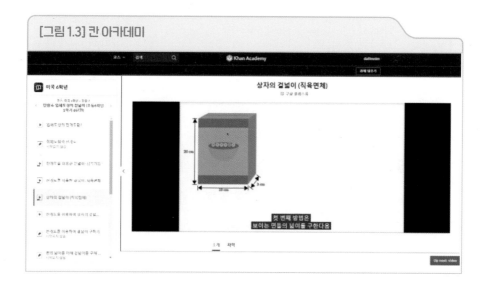

[그림 1.3] 칸 아카데미

또한, 학교 교육에 인공지능 기술을 도입하면 학생들의 수업 성취도를 데이터화하고 분석함으로써 보다 체계적으로 학생들을 관리할 수 있다. 지금까지는 교사가 시험 문제를 내고 채점을 통해 나온 총 점수를 바탕으로 수업 성취도를 가능했지만, 인공지능의 도움을 받을 경우 문제를 해결하는데 요구되는 학습 개념과 데이터로 입력된 학생의 답안을 문항별로 분석하는 것이 가능하다. 예를 들어 총점이 85점인 학생이 있다고 가정할 때 기존의 방식으로는 성취도가 좋다고 판단할 수 있지만, 실제로는 전반적으로 개념 이해가 부족하며 찍어서 맞춘 문제가 많았다는 것을 교사가 파악할 수 있도록 해준다.

[그림 1.4] 수학 AI 코스웨어 오답관리 화면

다섯 자리 수 알아보기

체감 난이도			AI오답관리		
상	중	하	맞힐 수 있지만 틀린 문제 ?	몰라서 틀린 문제 ?	찍어서 틀린 문제 ?
6 (55%)	3 (27%)	2 (18%)	5	5	1

※ AI분석은 1회 채점 기준으로 데이터 분석이 됩니다.
※ AI분석 기준 : 20문제 이상 문제를 풀면 AI가 학생의 능력치를 분석할 수 있어요.

출처: 스마트올 AI 학교수학.

특히, 외국어 교과의 경우 인공지능의 음성 인식 기능을 활용함으로써 학습 효과를 높일 수 있다. 학생의 발음과 억양을 분석하고 오디오나 텍스트 형식으로 피드백을 제공하여 어떤 부분을 개선해야 하는지 안내한다. 또한, 외국인과 직접 만나지 않고도 ChatGPT 등과 같은 생성형 언어 모델을 활용하여 학생이 인공지능과 외국어로 대화하는 경험을 제공할 수도 있다.

이처럼 첨단 기술을 학교 교육에 도입함으로써 기존의 교육 방식으로는 실현하기 어려웠던 학생별 맞춤형 교육을 가능하게 하고, 시간과 공간의 제약을 없애는 등 교육의 질을 제고할 수 있다.

③ 디지털 대전환에 따른 공교육의 변화 요구

민간 교육 분야에서는 디지털 기술을 활용한 인공지능 기반 학습 시스템을 개발하는 등 시대 흐름에 빠르게 대응하고 있다. 그러나 공교육 현장에서는 이러한 디지털 대전환에 대한 수용이 더딘 상황이다. 교사 역할의 축소 등을 이유로 인공지능 도입을 반대하는 구성원이 적지 않으며, 수십 년 동안 유지해 온 기존의 교육 시스템을 하루아침에 변화시키는 것이 쉽지 않기 때문이다. 또한, 디지털 기술을 활용하는 데 필요한 기반 시설과 교사들의 역량을 개발하는 것도 중요한 문제이다.

디지털 대전환 시대에 맞게 교육의 내용과 방식에 대한 근본적인 변화가 요구되는 상황에서 공교육에서도 과감한 변화와 노력이 필요하다는 요구가 늘고 있다. 교육의 내용과 방식을 디지털 전환시대에 맞춰 발전하여야 한다. 이를 위해서는 정부와 교육부, 학교, 교사, 학부모의 이해가 필요하며 민간의 기술 협력도 필요하다. 디지털 기술을 효과적으로 활용하여 교육의 질을 향상시키고, 모든 학생들이 발전할 수 있는 기회를 제공하는 것이 중요하다.

이러한 변화와 노력을 통해 공교육은 디지털 대전환 시대에 맞게 발전하고, 미래 세대에 보다 나은 교육을 제공할 수 있을 것이다.

2 대한민국 디지털 교육정책의 주요 목표와 방향

디지털 기반 교육혁신 정책의 기본 방향, 즉 목표는 교육 본질의 회복에 있다. 인공지능이 대체할 수 없는 인간 고유의 창의성과 비판적 사고력, 인성, 협업 능력을 키울 수 있도록 개념 및 문제해결 중심으로 교육을 강화해야 한다.

또한, 학생의 개별 역량을 고려한 맞춤 교육을 제공하고, 교사와 학생이 인간적으로 연결되는 체제를 구현하는 것이 디지털 교육정책의 방향이다.

> **기본 방향 : 교육 본질의 회복**
> - AI가 대체할 수 없는 인간의 고유한 창의성, 비판적 사고력, 인성, 협업 능력을 키울 수 있도록 개념 중심, 문제해결 중심 교육 강화
> - 모든 학생이 자신의 학습목표, 학습역량, 학습속도에 맞는 맞춤 교육을 받고, 교사와 학생이 인간적으로 연결되는 체제 구현

미래에는 그동안 사람이 맡아왔던 일자리를 점차 인공지능이 대체할 것으로 예상된다. 특정 분야에서는 인공지능이 보다 더 빠르고 정확하게 과업을 수행할 수 있기 때문에, 사람보다 역량이 뛰어날 수 있다. 이러한 부작용을 최소화하기 위해서는 인간 고유의 가치와 역량을 증명하는 것이 중요하다. 따라서, 창의성과 문제해결 능력과 같은 역량은 앞으로 더욱 중요해질 것이다.

따라서, 디지털 시대의 교육은 단순한 지식 전달에서 벗어나 학생들이 창의성을 바탕으로 각자의 방식으로 문제를 해결할 수 있는 능력을 키울 수 있도록 도움을 주는 데 초점을 맞추어야 한다. 디지털 시대에 예상되는 교실의 변화 모습은 다음과 같다.

❶ 학생은 자신의 역량과 속도에 맞는 맞춤 학습

학생은 교사의 수업과 AI 디지털교과서를 통해 자신의 역량과 속도에 맞는 맞춤 학습을 할 수 있다. AI 디지털교과서는 학생의 성취도를 정확하게 분석하고 그에 따른 자기 주도적 보충학습 방법을 제시하는 것이 가능하다.

자기 주도적 학습으로 지식습득을 한 이후에는 교실 내 다른 학생들과 함께 프로젝트 수행, 토론 등을 통해 보다 능동적으로 학습하는 방법을 배울 수 있다. 이러한 수업 활동을 통해 학생들은 자기표현, 상호 존중과 협력 등 사회적·정서적 역량을 갖출 수 있다.

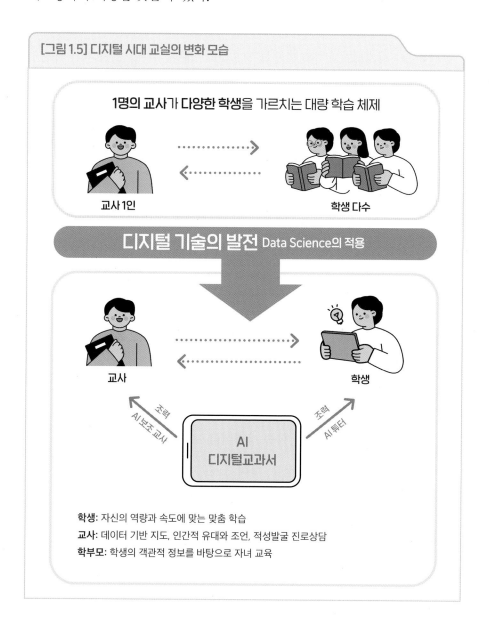

[그림 1.5] 디지털 시대 교실의 변화 모습

1명의 교사가 다양한 학생을 가르치는 대량 학습 체제

교사 1인

학생 다수

디지털 기술의 발전 Data Science의 적용

교사

학생

조력
AI 보조 교사

조력
AI 튜터

AI
디지털교과서

학생: 자신의 역량과 속도에 맞는 맞춤 학습
교사: 데이터 기반 지도, 인간적 유대와 조언, 적성발굴 진로상담
학부모: 학생의 객관적 정보를 바탕으로 자녀 교육

❷ 교사는 학습 멘토·코치, 사회·정서적 지도자 역할 확대

교사에 의한 일방적인 강의식 수업에서는 정해진 시간 동안 가르쳐야 할 내용을 최대한 많이 전달하기 위해 다양한 활동들을 할 여유가 없다. 또한, 학생들은 교사의 설명을 듣고 교과서의 내용을 이해하는 수동적인 방식으로 수업에 참여해 왔다.

반면에, AI 디지털교과서를 활용할 경우 기초 개념은 수업 전 교사가 과제로 내주면, 학생은 AI 디지털교과서를 활용하여 가정에서 자기 주도적으로 학습한다. 이후 수업 시간에는 사전에 습득한 지식을 바탕으로 팀 프로젝트를 수행하거나 토론 수업을 통해 지식의 범위를 넓히고 문제해결 능력을 키울 수 있게 된다.

이때 교사는 AI 디지털교과서가 분석한 각 학생의 학습 결과를 바탕으로 성과를 최대화할 수 있는 멘토·코치 역할과 학생의 사회적, 정서적 지도자 역할을 할 수 있다.

❸ 학부모는 학생의 객관적 정보를 바탕으로 자녀 교육

학부모는 자녀의 학업 성취도, 행동 및 태도, 사회적 관계 등 다양한 측면에 대한 객관적인 평가 결과를 파악할 수 있다. 이 정보를 바탕으로 자녀의 강점과 약점을 파악하고, 효과적인 학습 방법이나 보충학습이 필요한 부분을 확인할 수 있다. 그뿐만 아니라 출석률, 참여 정도, 과제 제출 여부 등을 통해 자녀의 학습 태도와 자기관리 능력을 확인할 수 있고, 가정에서 학습 습관을 개선하도록 지도할 수 있다.

이러한 객관적 정보를 토대로 학부모는 자녀의 교육 방향을 결정하고, 개별적인 지원 및 도움을 제공한다. 자녀의 발전을 위해서는 학교뿐만 아니라 가정에서도 올바른 방식으로 자녀의 성장을 지원하는 것이 중요하다.

3 디지털 기반 교육혁신 정책 추진 방향

이전에 살펴본 대한민국의 디지털 교육정책의 주요 목표에 따라 교육부는 크게 세 가지를 중점으로 추진 방향을 정했다.

❶ "모두를 위한 맞춤 교육"이라는 비전의 실현

디지털 교육의 목표는 모든 학생에게 맞춤 교육을 제공하는 것이다. 이것은 학생이 자신의 수준과 관심사를 고려한 특화된 교육을 받을 수 있는 것을 의미한다. 유튜브가 사용자의 과거 시청 기록을 바탕으로 관심 있을 것으로 예상되는 영상을 추천하듯이, 디지털 교육 시대에는 학생의 관심 분야와 성취도가 높은 학습 방법을 파악한 뒤 이에 따른 맞춤 교육이 가능할 것이다.

'모두를 위한 맞춤 교육'의 비전을 실현하기 위해서는 교사의 역할도 중요하다. 디지털 기반의 교육혁신이 반드시 교사 역할의 축소를 의미하는 것은 아니다. 인공지능 기술이 교사 역할의 일부를 보조하면 교사는 더 전문적이고 생산적인 역할에 집중할 수 있다. 앞으로 교사는 단순히 지식을 전달하는 역할에서 벗어나, 인공지능의 분석 결과를 바탕으로 학생들의 개별 역량을 고려한 학습 멘토 역할을 할 수 있다. 또한, 프로젝트 및 팀 기반 학습 활동 등을 통해 학생들이 서로 협력하고 문제해결 능력을 향상할 수 있도록 이끌어 주는 사회적, 정서적 지도자 역할을 담당하게 될 것이다.

이러한 변화는 학생들이 미래 사회에서 요구되는 지식과 역량을 더 효과적으로 갖출 수 있도록 도와줄 것이다. 따라서 '모두를 위한 맞춤 교육'은 학생들의 다양성을 인정하고 그들의 잠재력을 최대한 발휘할 수 있는 교육 체제를 구축하기 위한 중요한 방향성을 제시하고 있다.

❷ 디지털 기반 교육혁신 선도학교 및 선도교사단을 통한 단계적·자발적 확산

교육부는 디지털 기반 교육혁신 선도학교와 선도교사단을 통해 단계적이고 자발적으로 디지털 교육체계로 전환하고자 한다. 2023년부터 2024년까지 시범사업을 통해 일부 교육청과 학교, 교원을 중심으로 디지털 기반 교육혁신 선도학교 모델을 확립했다.

1) 디지털 기반 교육혁신 시범교육청

교육부는 2023년에는 7개 내외의 시범교육청을 운영하고 2024년에는 17개 시도교육청으로 확대할 계획이었으나 시범사업 공모 결과 16개의 시도교육청이 신청하였다. 교육감 보궐 선거 등 불가피한 사정으로 신청하지 못한 울산교육청 역시 참여할 뜻을 밝혀 17개 시도교육청 모두, 디지털 기반 교육혁신 사업을 시작하였다. 다만, 당초 7개 내외의 교육청을 디지털 기반 교육혁신 시범교육청으로 선정하기로 하였고, 시도별 역량과 준비도에 실질적 차이가 존재함을 고려하여 교육청별로 디지털 기반 교육혁신 선도학교의 수와 특별교부금 예산을 차등 배정하였다.

시범 교육청은 전담 조직 또는 특별팀(TF) 운영, 디지털 기반 교육혁신 선도학교 운영, 수업 혁신을 위한 교원 연수, 디지털 기반 구축, 시도 자율과제 등을 추진하게 되며, 교육부는 시범교육청에 대해 컨설팅, 연수, 협의회 운영 등을 지원하였다.

2) 디지털 기반 교육혁신 선도학교

그리고 2023년 17개 시·도 교육청에서는 총 351개의 디지털 기반 교육혁신 선도학교를 선정하였으며 2024년에는 추가로 700여 개가 더 늘어나 총 1000여 곳으로 확대되었다. 선도학교는 인공지능 코스웨어를 활용한 교수·학습법을 적용하며 교사의 역할 변화 등에 대한 성공모델을 만들어 다른 학교에 확산하는 역할을 한다.

선도 학교에는 학교당 5000만 원에서 8000만 원의 운영비가 지급되고, 스마트기기 보급과 무선망 확충 등 디지털 인프라 투자가 지원되기도 한다. 또 다양한 인공지능 코스웨어를 구입하여 교과목에 적용하며 교수학습 모델을 개발 보급하고 있다. 그 외에도 학생들의 교우 관계, 학급 경영, 학교 업무에 도움이 되는 에듀테크를 활용하여 디지털 기반 교육혁신의 변화를 선도적으로 운영하고 있다.

3) T.O.U.C.H 교사단

교육부는 디지털 기반 교육 전환에 관심이 많고 디지털 기반 교육혁신을 선도하는 핵심 교사 그룹인 T.O.U.C.H(터치, Teachers who Upgrade Class with High-tech) 교사단을 선발하여 연수를 진행하였다. 교육부에서 선발한 터치교사단은 디지털 선도학교 운영의 리더와 시도 교육청에서 디지털 기반 교육혁신을 선도하는 추천 교사로 선발되었으며, 1기는 초등 221명, 중학교 94명, 고등학교 76명, 특수 4명으로 총 395명이 활동 중이며, 2기는 약 700여 명이 선발되어 활동 중이다.

터치교사단 1기는 2023년 7~8월 집중 연수 과정을 이수하였고, 2기 역시 2024년 1~2월 연수를 이수하였다. 터치교사로 위촉된 선도교사는 디지털 교육혁신 정책 의견수렴에 참여하고, 다음 터치교사단 양성 연수의 강사로도 참여하여 동료 교사에게 디지털 기반 교육혁신에 대한 지식과 경험 사례를 확산시키고 있다.

❸ '정부 내'와 '민간'의 다양한 주체들과 협력적 파트너십 구축

디지털 기반 교육혁신을 위해 교육부는 민간의 다양한 주체들 간에 협력과 파트너십 촉진을 위한 여러 가지 노력을 기울이고 있다.

정부 내에서는 디지털플랫폼정부위원회, 과기부, 산업부, 행안부 등과 같은 주요 기관들과 협업체계를 구축하였다. 이러한 노력은 정부 기관들 간의 시너지가 만들어져 디지털 기반 교육혁신을 효과적으로 추진할 수 있다.

또한 민간 기관들과의 파트너십 역시 적극 추진되고 있다. 민간에서는 이미 다양한 학습 콘텐츠가 유통되고 있으며, 최근에는 AI 기반 학습 지원 프로그램도 확대 추세이다. 이를 공교육에 적합하게 개발 적용하고자 에듀테크 소프트랩을 운영하고 있다. 소프트랩에서는 에듀테크를 공교육에 맞게 검증, 개선하고, 이를 활용하는 수업 모델을 개발하는 등 협업체계가 이미 잘 구축되고 있다. 교육부는 교육의 디지털 전환이 본격화됨에 따라 22년, 에듀테크 소프트랩이 3개소에서 24년에는 9개소로 확대한다.

이전에는 공교육에 민간 기관이 들어오는 것이 터부시되었다면, 이제는 학계 전문가들과의 협력뿐만 아니라 한국디지털교육협회와 에듀테크산업협회 등의 산업 단체들과 파트너십을 구축하여 획기적으로 진행하고 있다. 이를 통해, 공공과 민간 부분의 전문성과 자원을 결합함으로써 디지털 기반 교육혁신에 대한 포괄적인 전략을 개발하고 실행할 수 있다.

이러한 노력에 더하여, 시범사업 및 AI 디지털교과서 개발의 성공적 운영을 위해 시도 교육감 협의회와 17개 시도교육청이 적극 협력하고 있으며, 교원 학습 공동체, 연구회 등과도 연계 협력체계를 구축 중이다.

이와 같은 방향으로 디지털 기반 교육혁신 방안 추진 로드맵이 진행되고 있다. 주요 과제는 크게 다섯 가지로 나눠볼 수 있다.

[그림 1.6] 디지털 기반 교육혁신 방안 추진 로드맵

구분	준비 (2023·2024년)	도입 (2025년)	확산 (2026년 이후)
2022 개정교육과정	적용 준비 지원	적용 (초3·4, 중1, 고1)	적용 ('26년: 초5·6, 중2, 고2 → '27년: 중3·고3)
AI디지털 교과서	개발 가이드라인, 데이터 표준 제공	적용 (초3·4, 중1, 고공통·일반선택과목)	적용 ('26년 : 초5·6, 중2 → '27년 : 중3)
		수학, 영어, 정보 + α	과목 추가
교원	T.O.U.C.H. 교원 ('23년: 400명 → '24년: 800명) 대상 교원의 40% 관리자 100% (2.4만명)	T.O.U.C.H 교원 1,500명 대상 교원의 70%	T.O.U.C.H 교원 2,000명('26년) 대상 교원의 100% ('26년)
디지털 인프라	디바이스 보급·점검 ('22.3. 기준 151만대)	1인 1 디바이스 초3·4, 중1, 고1	1인 1 디바이스 초5·6, 중2, 고2 ('26년) → 중3 ('27년)
	유·무선망 점검	모니터링 및 보완	모니터링 및 보완
현장 파트너십	시범 시·도교육청 ('23년: 7개 → '24년: 17개)	17개	17개
	선도학교 ('23년: 300교 → '24년: 700교)	추가 확대	추가 확대

4 디지털 교육체제로의 대전환을 위한 정책 추진 방안

❶ AI 기술 및 데이터 과학을 활용한 디지털교과서 개발

디지털 기반 교육혁신 방안에서 가장 큰 중심은 바로 AI 디지털교과서라고 해도 과언이 아니다. AI 기술과 데이터 과학을 활용한 디지털교과서를 개발하여 학생들의 더욱 효과적인 학습을 돕는 것을 목적으로 한다. 이때 AI 디지털교과서의 과목 특성에 따라 다양한 기술을 적용하되, 핵심적으로 적용되어야 하는 AI 기술은 과목별로 지정하는 것을 개발 방향으로 하였다. 여기에서 적용 가능 기술이란 지능형 튜터링 시스템(ITS), 메타버스, 확장현실(XR), 노코드 플랫폼, 대화형 AI, 음성인식, 필기 인식 등을 말한다.

1) AI 디지털교과서 도입과목

2025년 도입을 목표로 수학과 영어, 정보 그리고 특수교육 국어를 우선 도입하고, 2028년까지 국어, 사회, 역사, 과학, 기술·가정 등 단계적으로 확대하여 모든 과목 도입을 목표로 한다. 단, 발달단계와 과목 특성 등을 고려하여 초 1~2, 고등학교 선택과목, 예체능(음악·미술·체육), 도덕 교과는 제외하였다.

이때 교과목마다 적용 AI기술을 지정하였다. 예를 들어 수학은 AI 튜터링으로 개별 학습자에 따라 수준별 맞춤형 학습을 지원하고, 영어는 음성인식 기술을 활용하여 듣기와 말하기 중심의 교육이 실현될 수 있도록 하였다. 정보 교과에서는 교육과정 내에서 코딩 체험과 실습을 제공할 수 있도록 AI 디지털교과서 내에 실습 플랫폼이 들어가는 방향으로 개발 중이다. 그뿐만 아니라, 특수교육 대상 학생과 장애 교원을 위한 화면해설과 자막 기능, 다문화 학생을 위한 다국어 번역 기능도 지원한다.

[그림 1.7] AI 디지털교과서 적용 일정(안)(교육부, 2023.6.)

		구분	2025년	2026년	2027년	2028년	비고
초등학교	국정	국어	국어 ③ 국어 ④	국어 ⑤ 국어 ⑥	–		특수교육 기본 교육과정
		수학		수학 ③ 수학 ④	수학 ⑤ 수학 ⑥		
	검정	국어		국어 3-1 국어 3-2 국어 4-1 국어 4-2	국어 5-1 국어 5-2 국어 6-1 국어 6-2		공통 교육과정
		수학	수학 3-1 수학 3-2 수학 4-1 수학 4-2	수학 5-1 수학 5-2 수학 6-1 수학 6-2			
		영어	영어 3 영어 4	영어 5 영어 6	–		
		사회		사회 3-1 사회 3-2 사회 4-1 사회 4-2	사회 5-1 사회 5-2 사회 6-1 사회 6-2		
		과학		과학 3-1 과학 3-2 과학 4-1 과학 4-2	과학 5-1 과학 5-2 과학 6-1 과학 6-2		
		실과		실과 5 실과 6			
	인정	정보*	정보 3 정보 4	정보 5 정보 6	–		

*초등 '정보' AI 디지털교과서는 초3~6학년 교과, 창의적 체험활동, 학교 자율활동 시간에 활용할 수 있도록 개발

[검토 기준]
△ 개발사의 개발 부담 완화를 위해 개발 연도별(2024~2027) 신규 과목(국어, 역사, 기술·가정)과 기존 과목(사회, 과학, 영어)의 비중을 고려
△ 초등 정보는 학교장 개설 과목(인정)으로 개발하고, 특수교육교과(국어·수학·생활영어·정보통신활용)는 국정으로 개발
△ 디지털교과서 사용도가 높은 초등(2027년 완성)→ 중·고등(2028년 완성) 순으로 적용
△ 학생 발달 단계를 고려하여 초등 1~2학년군과 심미적 감성, 사회·정서 능력과 인성을 함양하는 과목(도덕, 음악, 미술, 체육)은 적용 대상에서 제외

[표기 안내]
△ 학년별로 분권하는 경우, 숫자로 표기(단, 고등학교의 경우는 학년 구분 없이 과목명대로 표기)
  (예) 특수교육 생활영어 1~3 ⇒ 특수교육 생활영어 교과서는 중학교 1~3, 고등학교 1~3학년의 세 학년 동안 사용할 수 있도록 개발
△ 학기별로 분권하는 경우, 숫자 조합으로 표기
  (예) 수학 3-1, 3-2, 4-1, 4-2, 5-1, 5-2, 6-1, 6-2
△ 정해진 학년이나 학기와 관계없이 분권하는 경우, 동그라미 숫자로 표기
  (예) 특수교육 국어 ③ ~ ⑥ ⇒ 특수교육 국어 교과서는 학년 구분 없이 4권으로 나누어 개발

구분		2025년	2026년	2027년	2028년	비고
중학교	국정 선택			생활영어 1 생활영어 2 생활영어 3	정보통신 1 정보통신 2 정보통신 3	특수교육 기본 교육과정
	검정 수학	수학 1	수학 2	수학 3		공통 교육과정
	검정 영어	영어 1	영어 2	영어 3		
	검정 정보	정보	-	-		
	검정 국어		국어 1-1 국어 1-2	국어 2-1 국어 2-2	국어 3-1 국어 3-2	
	검정 사회			사회 ① 사회 ②		
	검정 역사			역사 ① 역사 ②		
	검정 과학		과학 1	과학 2	과학 3	
	검정 기술·가정		기술·가정 ① 기술·가정 ②			
고등학교	국정 선택			생활영어 1 생활영어 2 생활영어 3	정보통산 1 정보통신 2 정보통신 3	특수교육 기본 교육과정
	검정 수학	공통수학 1 공통수학 2				공통 교육과정
	검정 영어	공통영어1 공통영어2				
	검정 정보	정보				
	검정 국어				공통국어 1 공통국어 2	
	검정 사회				통합사회 1 통합사회 2	
	검정 역사				한국사 1 한국사 2	
	검정 과학				통합과학 1 통합과학 2	
	기술·가정		기술·가정			
합계(책)		18책	34책	29책	17책	
		총 98책				

2) 적용 학년

AI 디지털교과서는 단계적으로 적용 학년을 확대할 예정이다. 2025년에는 초등학교 3학년과 4학년, 중학교 1학년, 고등학교 공통과 일반선택 과목을, 2026년에는 초등학교 5학년, 6학년, 중학교 2학년을, 2027년에는 중학교 3학년이 적용된다.

현장의 혼란을 최소화하기 위해 3년간은 AI 디지털교과서와 서책형 교과서를 병행하여 운영할 계획이다. 이후 운영 성과와 현장 의견을 고려하여 2028년 이후에는 AI 디지털교과서로 전면 전환도 검토 중이다.

3) 개발 방식

개발 방식은 역할을 분담하여 정부와 공공기관은 통합학습기록저장소를 구축하고, 과목별 디지털교과서는 민간에서 발행사별로 특색있는 AI 디지털교과서를 개발하도록 한다. 이때 발행사는 여건에 따라서 단독으로 개발할 수도 있지만, 콘텐츠는 발행사에서, AI 코스웨어나 음성인식 등 기술적인 것은 에듀테크 업체와 협업하여 개발할 수도 있다.

AI 디지털교과서의 쉬운 웹 접근성을 위해 웹 표준(HTML 등)을 개발하고, 별도 프로그램이 필요 없는 클라우드(SaaS) 기반 디지털교과서 플랫폼을 구축한다. 그리고 추후 국가와 지역단위의 학습분석 결과 등 학습 데이터를 교육청에 공유하여, 각 시도교육청에서 구축하고 있는 'AI 교수·학습 플랫폼' 사업과 연계하여 지원할 계획이다.

이렇게 AI 디지털교과서를 개발하는 과정에서 현장 의견도 충분히 반영할 예정이다. 현장에 보급 전에 교과서 기능과 서비스 안전성 테스트를 위해 현장 교사 중심으로 현장 적합성을 검토할 예정이다.

그 외에도 한국교육학술정보원에 AI 디지털교과서 통합 지원센터를 설치하여 운영 현황 모니터링과 상황 대응을 바로 하고, AI 디지털교과서 수정 보완 시스템을 구축하여 수정·보완할 사항이 요청될 때 즉시 검토 승인해서 교과서에 반영하도록 한다.

[그림 1.8] AI 디지털교과서 서비스 구성도

출처: 한국교육학술정보원, AI 디지털 교과서 개발 가이드라인.

② 역량을 갖춘 교원 양상을 위한 집중 연수

디지털 기반 교육혁신을 성공적으로 이끌기 위해서 가장 중요한 것은 교사라고 해도 과언이 아니다. 교육에서 주체가 되는 교사의 변화를 위해서는 교사 연수를 해야 한다. 이를 위해 크게 3 분류의 연수가 이루어지고 있다. 첫 번째는 터치교사단 연수이고, 두 번째는 AI 디지털교과서 적용 교과 교원 연수, 마지막으로 학교 관리자 대상 연수이다.

4) T.O.U.C.H 교사단 연수

T.O.U.C.H(터치 Teachers who Upgrade Class with High-tech) 교사단이란, 디지털 기반 교육혁신을 선도하는 핵심 교사 그룹이다. 디지털 기반 교육혁신을 위한 선도학교 운영 리더로 수업 실천을 통한 연구 및 사례 개발을 하며, AI 디지

털교과서 현장 준비도를 제고, 정책 의견 수렴, 디지털 기반 교육혁신 연수 온·오프라인 강사 활동 등을 하고 있다.

2023년 7~8월에 터치교사단 1기 연수를 통해 395명이, 2024년 1~2월에 터치교사단 2기 700명이 위촉되었다. 2025년에는 1,500명 위촉계획을 교육부에서 발표했다. 터치교사단 1기의 선발은 디지털 기반 교육혁신 선도학교 운영 담당자 300명과 그 외 학교급과 지역, 디지털교과서 적용 과목 등을 고려하여 시도교육청의 추천 교사 100명을 선발하였다. 터치교사단 2기 역시 디지털 선도학교 대표 교사 및 시도교육청 추천 교사로 700명을 선발하였다.

터치교사단의 연수 방식은 공공-민간 협력 운영 방식으로 한국교육학술정보원(KERIS) 주관의 기업, 대학 대상 공모를 통해 총연수 수행기관을 선정하였다.

터치교사단 1기 양성 연수는 약 2주간의 오프라인 부트 캠프 형식으로 총 45차시로 진행되었다. 1주 차는 5일 30차시 기본 과정으로 디지털 교육 역량에 대한 질의 응답형 수업 및 국내외 사례 분석, 디지털 교육 정책 토론, 디지털 기반 수업 혁신 방안 설계 실습 및 발표 등 참여형 연수로 모든 수행기관에서 공통의 교육과정을 운영하였다. 2주 차는 3일 15차시 특화 과정으로 AI, 빅데이터, 에듀 테크 전문가 등 기관별로 교육과정과 내용이 다르게 진행되었다.

터치교사단 2기 양성 연수는 온라인과 오프라인을 병행한 30차시 연수로 실습 과정인 대면 집합을 2박 3일로 진행하였다. 연수 주요 내용은 AI 디지털교과서 수업 역할 체험과 AI 디지털교과서 프로토타입 실습으로 이루어졌다.

[표 1.2] 터치교사단 연수 교육과정

순번	주요 내용	차시
1	AI 디지털교과서 수업 역할 체험	2
2	AI 디지털교과서 활용 실습	2
3	AI 디지털교과서 활용 방안 탐색 (자기주도학습, 협력학습, 코칭)	4
4	AI 디지털교과서 활용 수업 설계 프로젝트	6
5	디지털 기반 교육혁신을 위한 실천방안탐색	2
6	기타 부대 행사(연수 개회식/수료식 등)	1

5) AI 디지털교과서 적용 교과 교원 연수

2025년부터 AI 디지털교과서가 학교 현장에 도입됨에 따라, 현장 교사들이 디지털 대전환 시대 교사의 역할 변화 방향을 이해하고, AI 디지털교과서를 창의적, 효과적으로 수업 혁신에 활용하는 역량을 갖추기 위한 연수 지원이 필요하다. 특히 2025년은 2022 개정 교육과정과 AI 디지털교과서, 고교학점제, 성취평가제 등이 맞물려 공교육의 혁신적 변화가 일어나는 시기라고 해도 과언이 아니다. 교육부에서는 이를 '교실 혁명'이라 하고 교사가 AI 디지털교과서라는 촉매제를 활용하여 교육과정과 수업, 평가 전반에서 혁신하고자 대대적 교원 연수를 계획하였다.

디지털 기반 교육혁신을 위해 실질적인 교실 혁명이 일어나려면 단순히 AI 디지털교과서를 활용하는 연수만 해서는 안 된다. 교육과정에서 핵심역량과 목표에 대해 이해하고, 학습자 특성을 분석하여 학생 참여 수업과 평가를 설계하고, 평가를 통해 수업 효과성을 분석 후 성찰·보충·심화까지, 이 세 가지가 모두 잘 이루어질 때 수업의 변화가 일어난다. 2025년에 실질적인 교실 혁명이 일어날 수 있도록 주요 정책들과 교육과정·수업·평가 이 모든 것을 고려하는 것이 디지털 기반 교육혁신 교원 연수의 방향이다.

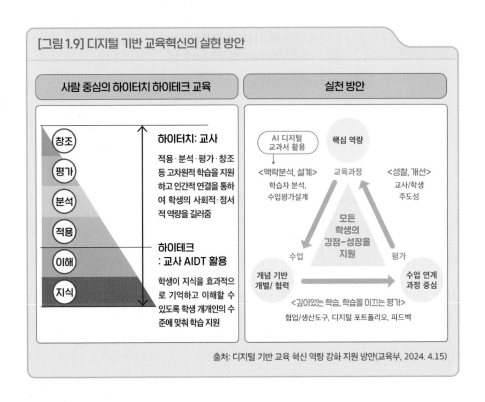

[그림 1.9] 디지털 기반 교육혁신의 실현 방안

출처: 디지털 기반 교육 혁신 역량 강화 지원 방안(교육부, 2024. 4.15)

2024년 15만 명을 시작으로 2025년 8.5만 명, 2026년 8.5만 명씩 32만 명을 대상으로 한다. 연수 방법은 디지털 기반 교육혁신에 필요한 교원 역량에 대해 자가 진단을 하고, 개인별 결과에 따라서 필요한 연수를 추천받는다. 추천받은 연수 중 선택하여 이수하면, 연수 이력을 디지털 배지로 인증하는 방식이다. 연수 운영은 원격 및 실시간 비대면 연수, 실습 연수, 교사 학습공동체 방식으로 진행될 예정이다.

6) 학교 관리자 대상 연수

마지막으로 학교 관리자 대상 연수이다. 디지털 기반 교육혁신을 위해 학교 관리자의 인식 개선도 중요하기 때문에 2024년까지 학교 관리자는 100% 연수하는 것을 목표로 하고 있다. 교육부 지원 아래 시·도교육청별로 자체 연수계획을 마련하여 학교 관리자 연수를 한다. 연수 방식은 교장·교감 자격연수나 초중등 교장협의회 연수회 등 기존 연수 과정과 연계하되, 필요시에는 특별연수를 할 예정이다.

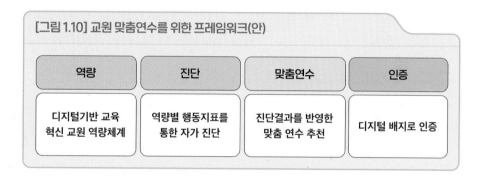

[그림 1.10] 교원 맞춤연수를 위한 프레임워크(안)

역량	진단	맞춤연수	인증
디지털기반 교육 혁신 교원 역량체계	역량별 행동지표를 통한 자가 진단	진단결과를 반영한 맞춤 연수 추천	디지털 배지로 인증

❸ 디지털 기술 활용 교수·학습 방법 개발

디지털 기반 교육혁신을 위한 AI 디지털교과서 개발뿐만 아니라 그 디지털 기술을 활용한 교수·학습모델 개발도 필요하다. 디지털 기술을 활용한 교수·학습모델은 학교급, 활용 방식, 적용 과정 및 교과목을 고려하여 다양하게 개발되고 있다.

KEDI가 디지털 교육지원센터로 지정되어 현장에 적합한 현실적이고 실질적인 모델을 위해 교사와 민간 전문가가 자문단이 되어 개발 및 보급한다.

디지털 기술 활용 교수학습 모델뿐만 아니라 디지털 기기의 과몰입과 과의

존을 방지하고 학습에 올바르게 활용할 수 있도록 교수학습 지원 방안도 마련한다.

디지털 기기를 활용하는 교육은 학습자의 수준을 진단하고 수준별 맞춤 콘텐츠를 제공하는 장점이 있지만, 학생들이 교사의 지도 아래에 올바르게 사용할 수 있는 교육도 함께 진행되어야 한다.

그래서 학생들의 기기 사용 지도법에 대한 교사 연수도 진행되어야 하는데, 디지털 교원 역량 연수 과정에 디지털 기기 과의존 예방 교육 등 올바른 디지털 기기 사용 지도 방법 내용을 포함한다. 디지털 기기의 용도를 바르게 이해하고, 이용 시간을 조절하며 바른 습관을 형성하는 등 학생의 디지털 기기 자율 조절력을 향상하기 위한 실천 교육법도 함께 제공한다.

또한, 유해 사이트와 유해 앱을 차단하고 원격으로 앱이나 프로그램을 일괄 관리할 수 있는 MDM(모바일 단말기 원격 통제 시스템, Mobile Device Management)를 설치하여 배포하도록 한다.

이러한 디지털 기기 활용의 안전성과 디지털 기기가 학습에 미치는 영향을 조사·분석하며 디지털 기술을 활용한 수업의 효과성은 높이고 디지털 기기 활용에 따른 역기능은 최소화하고자 한다.

❹ 시범교육청 중심 디지털 선도학교 운영

디지털 기반 교육혁신은 교육부와 교육청의 협업을 통해 추진하고 있다. 2023년, 7개의 시범 교육청을 선발하고 2024년에 17개의 교육청으로 확대할 계획이었지만, 모든 교육청의 적극적인 참여로 2023년부터 17개의 교육청에 특별교부금이 지원되었다.

인프라 구축비 등은 교육청 부담을 원칙으로 하고, 각 시도교육청에서 선발한 디지털 선도학교의 운영비는 특별교부금으로 지원한다. 시범교육청은 부교육감을 추진단장으로 임명하고, 디지털 교육 전담 부서를 지정 또는 신설하여 교육부와 밀접하게 협업을 추진하고 있다.

디지털 선도학교는 AI 디지털교과서를 도입하기 이전에 미리 AI 코스웨어를 활용하여 교수·학습 방법, 디지털 콘텐츠 활용, 교사의 역할 변화 등에 대해 성공적인 모델을 창출하고 확산하고자 하는 것에 운영 목표가 있다. 선도학교에서는 민간 에듀테크 기업의 AI 기반 코스웨어를 활용하여 맞춤 학습을 지원하며 디지털 수업 혁신을 선도하고자 한다.

이때 AI 코스웨어는 정규교과에서도 적용하지만, 늘봄학교와 방과후 학교 등에서도 적극 활용하도록 하였다. 2023년 선도학교 중 우수학교는 연구학교로 지정하고, 재정지원과 포상 등 다양한 인센티브를 제공하였다.

⑤ 디지털 인프라 확충

2025년 AI 디지털교과서가 학교에 도입되기 위해서는 디지털 인프라가 확충되어야 한다. 이를 위해 1인 1 디바이스 환경이 조성될 수 있도록 2024년 말까지는 지속 점검과 지원을 할 예정이다. 아울러, 이전에 보급된 디바이스에서도 AI 디지털교과서가 구동되는지 점검하고 개선 방안을 마련할 예정이다.

무선망은 한국지능정보사회진흥원(NIA), 시도교육청과 협력하여 학교 내 무선망 기능을 점검하고 필요한 경우 보완 및 확충을 하도록 검토하고 있다.

참고문헌

- 디지털 기반 교육혁신방안 (교육부, 2023.02.23).
- 디지털 기반 교육 혁신 역량 강화 지원 방안 (교육부, 2024.04.15).
- AI 디지털교과서 개발 가이드 라인(Keris, 2023.08.31).

CHAPTER 3

▶ 디지털 기반 교육혁신을 위한 실천방안

▶ 이성일

1 디지털 기반 교육혁신을 위한 도전과 전략

2025년 AI 디지털교과서가 순차적으로 도입이 되고, 이를 활용한 수업이 활발하게 이루어진다면 시시각각 변화하는 미래 사회에 맞춰 공교육이 사회에 큰 역할을 하고 미래 인재 육성에도 이바지를 할 것이다. 하지만 AI 디지털교과서 및 디지털 기반 교육혁신의 정착을 위해서는 여러 도전 과제의 해결과 새로운 전략이 필요하다. 이번 장에서는 디지털 기반 교육혁신을 막는 장애물을 살펴보고 이를 해결하기 위한 새로운 전략을 탐색한다. 더불어 이를 실행하기 위해 교사가 갖춰야 할 역량과 교사의 역할에 대해서 생각해 보자.

인류의 역사를 돌아보면 18세기 초 산업혁명을 시작으로 새로운 기술이 발견될 때마다 인간의 일상생활에 큰 변화를 가져왔다. 그중에서도 디지털 기술은 이전과는 다르게 우리가 사는 세상을 빠르게 변화시켰다. 특히 빅 데이터 분석, 인공지능, 로봇공학, 사물인터넷 등 새로운 기술 혁신을 바탕으로 4차 산업혁명의 시대가 왔다고 이야기한다. 이러한 기술은 사회, 경제를 비롯하여 의료, 직업, 환경 분야에도 여러 가지 방식으로 큰 영향을 미치고 있다. 코로나 19시기 비대면 문화의 확산과 챗GPT의 등장은 이러한 변화를 더욱 가속했다. 교육 분야 역시 디지털 기술의 발달로 많은 변화가 일어났다. 오랜 세월 동안 같은 공간, 같은 교과서를 가지고 교육하던 모습에서 시·공간의 제약을 받지 않고 수업에 참여하며 다양한 콘텐츠를 활용하고 제공하여 접근의 유연성을 높이는 방향으로 변하고 있다. 또한, 다양한 디지털 도구 및 인공지능을 효과적으로 활용하여 학생의 학습 과정을 여러모로 개선하며 맞춤형 학습을 지원할 수 있다. 하지만 대한민국의 교육 환경에서 디지털 기반 교육혁신을 일으키기 위해서는 넘어야 할 과제가 아직 많다. 학교 내 디지털 전환을 가로막는 장애물에는 어떤 것이 있을까?

❶ 디지털 전환을 위한 학교 물리적 인프라 구축

코로나 19시기 온라인 수업을 경험하면서 학교 내 디지털 인프라는 점점 나아지고 있다. 하지만 사회의 변화 흐름과 비교해보면 학교의 디지털 인프라는 부족한 점이 아주 많다. 부족한 디지털 인프라는 디지털 기반 교육혁신을 가로막는 장애물로 작용할 것이며, 무엇보다도 선결되어야 하는 과제이다.

'2023 디지털 교육백서'에 따르면 최근 3년간 학생 1인당 디지털기기 보유 대수는 2021년 0.25대, 2022년 0.34대, 2023년 0.57대로 꾸준히 증가하고 있으나 2025년 도입될 AI 디지털교과서의 폭넓은 활용을 위해서는 학생 1인당 1 디지털기기를 보유하여야 한다.

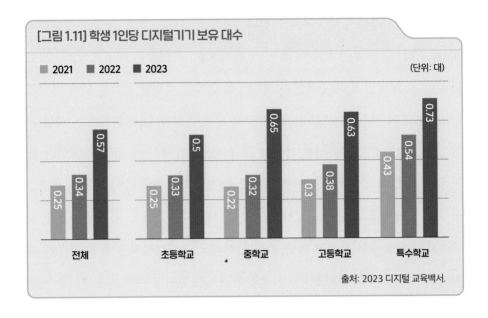

[그림 1.11] 학생 1인당 디지털기기 보유 대수

■ 2021　■ 2022　■ 2023　　　　　　　　　　　　　(단위: 대)

전체: 0.25 / 0.34 / 0.57
초등학교: 0.25 / 0.33 / 0.5
중학교: 0.22 / 0.32 / 0.65
고등학교: 0.3 / 0.38 / 0.63
특수학교: 0.43 / 0.54 / 0.73

출처: 2023 디지털 교육백서.

이를 위해서 서울시 교육청 등 일선 교육청에서 학생용 스마트기기 지원사업을 펼치고 있으나 많은 예산이 드는 탓에 지원 속도가 빠르지 않다. 특히 초등학교는 타 학교급보다 학생 1인당 디지털기기 보유 대수가 상대적으로 적어 AI 디지털교과서가 3~6학년에 모두 적용되는 2026년까지 빠르게 보유해야 한다. 이 문제가 해결되지 않으면 아무리 좋은 콘텐츠와 플랫폼이 있어도 학급 내 접근성이 떨어져 활용도가 낮아지게 되고 디지털 기초 소양을 함양하는 데도 어려움이 생길 것이다. 디지털기기의 보유뿐 아니라 지능형 과학실·수학교실처럼 전자칠판, 터치스크린, VR 등 첨단 기술을 활용한 교실 공간을 점진적으로 늘려 학생들이 협력적이고 창의적인 학습을 할 수 있도록 학교 공간의 변화가 필요한 시점이다.

더불어 학교의 통신속도도 원활해지고 안정성을 갖출 필요가 있다. 4단계 스쿨넷 사업과 학교 무선망 보급 사업으로 인해 이전보다 많이 발전했으나 아직도 20명이 넘는 학생들이 무선망을 활용하여 학습 콘텐츠나 플랫폼에 접속할 때 문제가 발생하는 경우가 빈번하다. 디지털기기를 활용한 수업 중 통신의 오류는 교사가 즉각적으로 대처하기 어렵고 수업 진행에 큰 어려움을 끼친다. 통신망의 불안정성이 해결되지 않으면 디지털기기를 활용한 수업으로의 전환에 큰 장애 요소가 될 것이다. 따라서 대용량 콘텐츠에 접속하더라도 누구나 쾌적한 환경에서 접속할 수 있도록 통신망 정비가 필요하며, 특히 노후화된 통신망 교체 및 무선망 안정화 작업은 학교에서 개별적으로 진행하는 것이 아니라 교육청의 지원을 통해 순차적으로 진행되어야 할 것이다.

보안 및 데이터 관리 체계와 지속적인 유지보수 역시 디지털 전환을 위해 반드시 구축되어야 하는 물리적 인프라이다. 디지털 기술의 활용이 증가하면서 학생들의 개인 정보와 학교의 기밀 정보에 대한 보안이 필수적이다. 따라서 보안 및 데이터 관리 시스템을 구축하여 학교, 학생이나 학부모가 안심하고 활용할 수 있는 기반을 마련하여야 한다. 그리고 빠르게 발전하는 디지털 기술에 대응하기 위해서는 물리적 인프라의 지속적인 업그레이드와 유지보수가 필요하다. 한 번 확보하고 마는 것이 아니라 변화하는 디지털 환경에 맞춰 학교의 인프라도 발전해야만 최신 기술을 필요에 따라 적시에 도입할 수 있으며 안정적으로 운영할 수 있을 것이다.

학생 1인당 1 디지털기기 보유, 원활하고 안정적인 통신망, 보안 및 데이터 관리 체계 및 지속적인 유지보수는 디지털 대전환을 위한 필수적인 인프라이며, 현재 학교가 해결해야 할 큰 과제이다. 인프라 구축은 많은 예산을 필요로 해서 주먹구구식의 계획보다는 장기적이고 지속적인 설계를 통해 해결해야 예산의 낭비도 줄이고 학교에 실질적인 도움이 될 것이다.

② 디지털기기 활용에 대한 인식 변화의 노력

우리의 삶은 이제 디지털과 떼려야 뗄 수 없는 관계에 놓여있다. 다양한 디지털 기술은 우리의 삶에 직간접적으로 영향을 주며 다양한 측면에서 우리의 생활을 풍요롭게 만들고 변화시켰다. 특히 코로나 19시기를 지나면서 디지털 기술은 인간의 소통을 확장했고, 비대면 주문, 재택근무 등 우리의 생활에 큰 영향을 주었다. 이러한 변화에 맞추어 2022 개정 교육과정에 언어, 수리 소양과 함께 디지털 소양을 강화하도록 하였고, 2022 개정 교육과정의 교과별 총론에도 다양한 디지털 기술을 활용하여 지도하고 평가에도 적용하도록 제시하고 있다.

> • **2022 개정 교육과정 바른생활과 교육과정 중 교수·학습 방법**
> '디지털 도구를 활용한 대면 학습과 비대면 학습 또는 둘을 연계한 학습을 활용할 수 있다. 이 과정에서 가상 현실, 증강 현실 등 학생의 탐구 대상을 확장할 수 있는 다양한 도구를 활용할 수 있다.'
>
> • **2022 개정 교육과정 국어과 교육과정 중 평가**
> '학습자의 발달 단계에 적합한 학습 플랫폼과 디지털 도구를 활용하여 학습자의 '국어' 성취기준 도달 과정을 상시로 확인하고 학습을 개선하기 위한 적절한 피드백을 제공할 수 있도록 평가를 계획하고 운용한다.'

하지만 학생 디지털기기 중독과 숏폼(길이가 짧은 형태의 콘텐츠)의 유행으로 인한 집중력 저하, 학생 문해력 문제가 큰 문제로 대두되면서 초등학교에서의 디지털기기 활용에 회의적인 시각이 교사와 학부모에게 여전히 존재하고 있다. 실제로 코로나19 시기 온라인 수업으로 인해 활용되었던 많은 디지털기기와 교실 무선망이 전면 등교 이후 활용되지 못하고 방치되는 경우가 많았다. 물론 디지털기기를 활용한 수업이 무조건 옳다고 할 수는 없다. 하지만 디지털·AI, 에듀테크를 활용한 학습의 장점이 존재하고, 이전보다 우리의 삶에 폭넓게 침투하는 디지털·AI의 물결을 학교 현장에서도 피할 수 없을 것이다. 따라서 학생 디지털 리터러시 교육을 강화하고 학생 맞춤형 학습에 활용하여 학습을 효과적으로 지원하고 학습 효율을 높이는 도구로 만들어야 한다. 이를 통해 디지털기기가 학생 개개인의 학습을 방해하는 요소가 아닌 학생의 창의성과 문제해결력을 신장시키는 데 도움을 주는 도구로 인식을 변화시켜야 한다.

이제 교사와 학부모는 디지털기기의 조건 없는 배제가 아닌 학습에 효율적으로 사용하는 방안을 함께 고민해보자. 2023년 필자는 인공지능(AI) 교육 선도학교와 디지털 기반 교육혁신 선도학교를 운영하며 교사와 학부모의 인식변화 및 활용 문화 확산을 하나의 핵심과제로 선정하였다. 정기적인 학교 내자율연수 및 수업 사례 나눔, 학부모가 직접 체험하고 참여하는 행사를 통해 디지털·AI 기술 활용의 필요성을 공유하였다. 이를 바탕으로 이제는 디지털 기반 교육혁신을 위해 더 많은 교사가 연구하고 활용하는 문화가 확산되어가고 있다. 이처럼 디지털 기반 교육혁신 선도학교나 리더 교원들이 모범이 되어 동료 교사와 학부모에게 좋은 사례를 자주 보여준다면 인식의 변화 시기를 앞당길 수 있을 것이다.

❸ 학생의 디지털 활용 능력 향상을 위한 교육 시행

요즘 초등학생들은 디지털기기에 둘러싸여 성장한 '디지털 네이티브' 세대라고 말할 수 있다. 3~4살 무렵부터 디지털기기와 친구처럼 지내고 온라인상의 다양한 콘텐츠를 이용하는 데 많은 시간을 보낸다. 이처럼 학생들의 디지털기기 사용 나이는 점점 낮아지고 있으나, 활용도를 깊게 살펴보면 게임, 유튜브, SNS에 국한된 경우가 많다. 이렇다 보니 학생들의 디지털 활용 능력은 예전보다 오히려 떨어지는 경우가 많으며 학생 간 편차도 심해 디지털 활용 능력에 관한 기준점을 잡기도 어렵다. 따라서 다양한 디지털 도구와 플랫폼을 효과적으로 활용하기 위해서는 학생들의 디지털 활용 능력 향상 교육이 필요하다.

디지털기기 활용 수업을 위해 필요한 학생 디지털 활용 능력(예시)

· 기본적인 한글/영문 타자 능력
· 디지털기기 활용 능력
· 온라인상의 다양한 정보를 검색하고 가공하기
· 자기 생각을 정리하고 문서로 작성하기/발표 자료 만들기
· 수집하거나 만든 자료를 공유하기
· 계산하기, 데이터를 입력하고 활용하여 그래프 그리기
· 알고리즘에 따라 코딩하기

인터넷과 매체의 발달로 우리는 다양한 정보를 손쉽게 접할 수 있게 되었다. 그러나 수많은 정보 속 과연 어떤 정보를 선택할지, 어떠한 정보를 믿을 수 있는지에 관한 판단은 더 어려워지고 있다. 또한, 가짜 뉴스를 비롯하여 허위 정보도 증가하여 여러 사회적 문제도 발생하고 있다. 이를 위해 디지털 콘텐츠에 대한 이해와 활용 능력, 디지털 기술을 비판적으로 수용하고 왜곡된 정보를 분별할 수 있도록 디지털 리터러시 교육이 필요하다. 인터넷이나 다양한 애플리케이션을 사용하는 데 그치지 않고 자신만의 콘텐츠를 주도적으로 생산하는

능력을 기르는 것이다. 점점 발달하는 인공지능에 대한 윤리교육도 같이하여 인공지능을 올바르게 활용하는 방법도 배워야 할 것이다.

❹ 디지털 기반 교육혁신을 위한 실천방안

디지털 기반 교육혁신을 선도하기 위해서는 한 가지 방법이 아닌 다각적인 접근을 통해 교사, 학생, 학부모, 교육 기관, 정부 등 다양한 주체들의 협력과 노력이 필요하다. 아래 기술할 실천방안들을 종합적으로 적용하여 디지털 기반 교육혁신을 지속해서 이끌어 나가고, 학생들의 학습 경험도 풍부하게 만들어 모두가 참여하는 배움이 일어날 것이다.

1) 교사의 디지털 리터러시 강화

디지털 기반 교육혁신의 선도를 위해 교사들에게 디지털 기술을 적극적으로 활용할 수 있는 능력을 갖추도록 연수 및 교육자료를 제공하고 학습 기회를 제공하여야 한다. 이러한 연수는 학교 내 선도 교사를 통한 자율연수, 멘토-멘티 역할을 통한 상호 교수를 비롯하여 선도학교와 교육청 주관의 다양한 연수 및 워크숍을 개최하여 교사가 디지털 기술을 수업에 활용하는 데 두려워하지 않고 콘텐츠 및 플랫폼을 활용할 기회의 장을 마련해야 한다.

2) AI 디지털교과서를 통한 학생 맞춤형 학습

AI 디지털교과서는 학생들의 학습 수준, 관심, 학습 스타일에 맞춘 개인화된 학습 경로를 설계하고 맞춤형 학습 콘텐츠를 제공할 수 있다. 이를 바탕으로 학습자 중심의 수업을 계획하여 학습을 지원하고 개인의 능력에 맞게 모두가 성장하도록 이끌어야 한다. 또한, 학생의 학습 이력 등 데이터 기반 학습 관리를 통해 학생 맞춤형 처방 및 피드백을 제공하여 학습 결손이 없이 모두가 성취기준에 도달하도록 지원한다.

3) 참여형 학습 환경 조성

학생들이 적극적으로 참여하고 협력할 수 있는 학습 환경을 조성한다. 온라인 협업 도구 등 다양한 에듀테크를 활용하여 학생들이 의견을 공유하며 학습에 참여하도록 하며, 토론, 프로젝트 학습, 거꾸로 학습 등 학생 간 상호작용과 참여를 촉진하는 교수·학습을 적용하여 디지털 기반 교육혁신을 실천하도록 한다.

4) 현실 세계 적용 및 시뮬레이션

학생들이 학습한 내용을 현실 세계에 적용할 수 있도록 AI 디지털교과서 외에도 가상현실(VR), 증강현실(AR) 등 학생의 탐구 대상을 확장할 수 있는 디지털 기술을 다양하게 활용한다. 이를 바탕으로 학생들이 실제 상황에서 문제를 해결하고 응용하는 과정을 체험하고 의사 결정 능력을 키울 수 있다.

5) 평가 방법의 혁신

전통적인 평가 방법에서 벗어나 다양한 형식의 평가를 도입한다. 온라인 퀴즈, 프로젝트 기반 평가, 온라인 포트폴리오, 학습자 및 학습 데이터 분석을 통한 개별 평가 등을 활용하여 학생들의 학습 성과를 여러모로 파악하고 피드백을 제공한다.

6) 디지털 교육 리더십 강화

터치 교사단을 비롯하여 학교의 리더들이 디지털 기반 교육혁신을 이끄는 임무를 수행할 수 있도록 지원하고, 이를 위한 리더십 역량을 강화한다. AI 디지털교과서 정책추진 및 연구, 영향평가에 참여하여 디지털 교육에 대한 비전과 전략을 개발하고, 선도학교 및 터치 교사단 커뮤니티/이웃 학교와의 협력을 통해 상호 교류 및 지속적인 발전을 추구한다.

2 디지털 기반 교육혁신을 위한 교사의 역할

앞서 디지털 기반 교육혁신을 위한 여러 가지 도전 과제를 살펴보고 실천하기 위한 전략을 살펴보았다. 실천방안들이 학교 현장에서 유의미하게 발현되려면 수업을 설계하고 가르치는 교사의 역할이 중요하다. 디지털 기반 교육혁신을 위한 AI 디지털교과서 활용 및 하이터치 하이테크 교육을 위한 교사의 역할은 무엇일까? 그리고 역할을 원활히 수행하기 위해 어떠한 역량이 필요할까?

❶ AI 디지털교과서 활용을 위한 교사의 역할

AI 디지털교과서가 도입되기 전, 디지털 기반 교육혁신 선도학교에서는 AI 코스웨어를 수업에 적용하여 활용방안을 연구하고 그 효과성을 검토하였다. 이 과정에서, 많은 선생님이 처음 드는 생각은 바로 '나의 역할은 무엇일까?'였을 것이다. 어디까지 AI에 맡겨야 하는지, 또는 교사가 모든 내용을 통제하고 조정할 수 있어야 하는지에 대해 고민이 많았을 것이다. AI 디지털교과서의 도입으로 교사의 역할은 기존의 교실 모습과 달리 많이 변할 것으로 예측된다.

1) 지식 전달자에서 학습 설계자로

기존의 수업 모습에서 교사는 핵심 개념을 가르치고 지식을 전달하는 역할이었다면 AI 디지털교과서를 활용한 수업에서는 학생의 학습을 설계하는 역할을 담당한다. AI 보조교사를 활용하여 학습 내용 및 학습자 특성을 분석하고, 학습자 관련 요구와 제한점을 도출한다. AI 학습데이터 분석 결과를 기반으로 학습자 개별 특성과 학습 수준을 반영한 개별 맞춤형 학습과제와 활동을 구성하고 학생 참여 중심 수업과 평가를 설계한다. 이를 위해서 교사는 대시보드가 제공하는 데이터를 분석하고 AI 보조교사와 협력하여 AI·디지털 기술을 올바르게 활용할 수 있어야 한다.

2) 사회·정서적 지도자

교사는 학생의 사회·정서적 변화를 관찰, 진단하여 안정적인 상담 및 조언을 제공한다. 학습자의 특성과 학습 수준에 대한 데이터에 기반하여 학습을 촉진하고, 학습 과정을 모니터링하고 맞춤화된 피드백을 제공한다. 학생의 학습 동기를 부여하여 학생 주도성을 갖춘 학생으로 성장하도록 이바지하는 것이 AI 디지털교과서 활용 시 새로운 교사의 역할이다.

3) 상호작용 촉진자

학생들의 모둠활동 시 이견을 조율하고 갈등을 중재하여 협업을 조정하여 학생 간 상호작용이 활발하게 일어나도록 유도한다. 학생들의 감정과 정서에 민감하게 반응하고, 필요한 경우 학생들에게 지원과 조언을 제공하여 학생 참여형 수업을 만들고, 학생 간 의사소통 속에서 배움이 활발하게 일어나도록 촉진하는 역할을 한다. 이러한 역할을 잘 수행한다면 학생의 인성은 물론 창의성까지 신장시킬 기회가 될 것이다.

4) 전문적 참여자

AI 디지털교과서 활용 속에서 하이터치 하이테크 역량을 증진할 수 있는 교사 교육 프로그램이나 교원 학습 공동체(전문 학습공동체)에 참가한다. 더불어 AI 디지털교과서 활용에 관한 현장 연구를 수행하여 AI·디지털 기술을 활용해 긍정적인 사회 변화에 이바지한다.

특히, 디지털 기반 교육혁신 선도학교 및 터치 교사단은 AI 디지털교과서 도입으로 변화하는 교사의 역할을 정립하고 다른 학교에 경험과 사례를 공유하여 디지털 교육 전화 문화를 확산시킨다. 학교의 비전에 따른 디지털 기반 교육혁신을 위해 학교 구성원의 다양한 아이디어를 모으고 성찰하며 학교의 변화를 주도한다. 학생의 교육 활동뿐만 아니라 디지털 기술을 활용한 학교 행정 업무 경감 사례를 상호 공유하여 학교 내외 디지털 대전환 문화를 확산시키는 역할을 수행한다.

❷ AI 디지털교과서 활용을 위한 교사의 역량 강화

학교 현장에 디지털 기술이 들어오면서 이를 활용한 교육의 필요성이 증가하였고, 디지털 기술을 교육에 효과적으로 접목하는 방안에 관한 연구가 활발하게 진행되었다. 그러나 기존의 디지털 활용 교육이 디지털기기의 보급과 사용에 집중한 나머지 디지털 기술과 교육내용과의 연결성이나 교사의 교육관을 제대로 반영하지 못했다는 문제점이 제기되었다(한국교육학술정보원, 2023). 이에 교수 학습 맥락을 고려한 교사 역량으로서의 디지털 기술 활용 역량에 대한 종합적인 시각이 필요하며, 이에 대한 종합적인 조망을 제공해주는 TPACK모형에 대해서는 2부 1장에서 자세히 안내될 것이다.

AI 디지털교과서의 도입으로 하이터치 하이테크 교육을 실현하기 위해 교사의 역량 강화는 필요조건이며, AI 디지털교과서의 및 하이터치 하이테크 교육의 실제 적용과 발전을 위해 교사는 다음과 같은 역량을 키우기 위해 노력해야 한다.

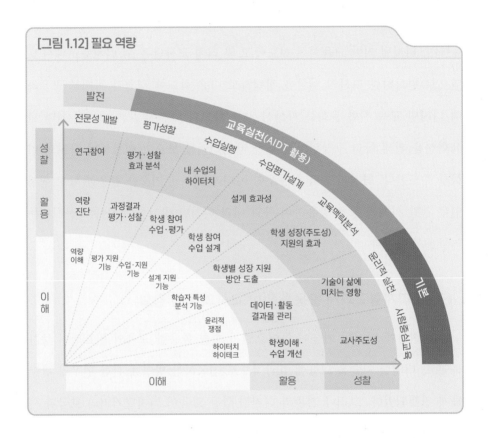

[그림 1.12] 필요 역량

3 AI 디지털교과서의 교육 현장 적용 전략 및 확장성

2023년 6월, 교육부는 AI 디지털교과서 추진방안을 발표하였다. 3대 교육개혁 과제인 디지털 교육혁신의 하나로 추진되는 AI 디지털교과서는 2025년 도입을 시작으로 2028년까지 점진적으로 확대될 예정이다. 여러 선행 연구를 통해 AI·디지털 기술을 바탕으로 기존 교육이 해결하지 못했던 난제를 해결할 수 있으며 교육과 기술의 결합으로 새로운 패러다임의 교육이 실현 가능함을 증명하였다. 과거에는 디지털기기가 학습 환경을 방해하는 요소로 여겨졌지만, 최근 이러한 인식이 변화하고 학습을 보다 효과적으로 지원하는 도구로 인식되고 있다. 이번 절에서는 AI·디지털 기술이 가진 잠재적 교육적 이점을 살펴보고 AI 디지털교과서가 교육 현장에 성공적으로 정착하기 위한 전략과 확장성에 관해 생각해 보자.

❶ AI 디지털교과서의 잠재적 교육적 이점

1) 학생 맞춤형 교육 실현

AI 디지털교과서는 학생 한 명 한 명이 중요한 초저출산 시대에 AI·디지털 기술을 활용해 교육격차를 완화하고 모두를 인재로 키우는 학생 맞춤교육을 실현할 수 있다(교육부, 2023). 인공지능(AI)이 잘하는 학생에게는 심화 문제를, 배움이 느린 학생에게는 보완할 과제를 제공하는 것처럼 개별 학생의 역량 및 학습 속도에 최적화된 맞춤형 교육이 가능하다. 기존의 교실과 수업에서는 수준별 맞춤형 교육의 실현이 어려웠으나, AI 디지털교과서의 도입으로 훨씬 수월해진 것이다. 또한, 학생은 다양한 학습 콘텐츠에 접근하고 AI 디지털교과서를 통해 개인화된 학습 경로를 제공받을 수 있어 학습 효율을 높일 수 있다. 모든 학생에게 같은 내용을 제시하는 기존의 교과서와 달리, 개별 학생에게 필요한 내용과 학습 난이도를 조절하여 제시해줌으로써 500만 학생을 위한 500만 개의 교과서가 만들어지는 것이다.

2) 시·공간의 한계 극복

2020년, 갑자기 찾아온 코로나19로 인해 학교는 개학 연기와 원격수업이라는 유례없는 상황을 맞게 되었다. 이 시기부터 빠르게 학교 현장에 스며든 에듀테크는 교실이라는 공간을 벗어나 각자의 공간에서 수업에 참여할 수 있도록 만들어 주었다. 온라인 협업 도구를 활용하여 학생들을 모둠 토의, 프로젝트 학습을 진행할 수 있었으며 발표 및 피드백 역시 온라인상에서 진행되었다. 2022년, 일상 회복이 되고 등교수업으로 전환되었으나 학교 현장에서 에듀테크는 사라지지 않고, 교실 안에서의 혼합 수업으로 자리를 잡았다. 하나의 주제에 대해 동시다발적으로 자신의 의견을 제시할 수 있으며 교사는 학생의 의견을 한눈에 파악할 수 있게 되었다. 또한 프로젝트나 학습과제에 언제든지 접근할 수 있어 기존의 수업과 발표방식이 가졌던 시간적 한계의 문제를 해결하고 능동적으로 학습에 참여하는 수업을 만들 수 있었다. AI 디지털교과서는 에듀테크 활용의 장점을 극대화하고, 산재하여 있던 플랫폼을 하나로 모았다. AI 디지털교과서를 통해 언제 어디서든 학습에 참여할 수 있고, 나아가 지역이나 국가를 초월하여 함께 프로젝트를 수행하고 정보를 공유할 수 있는 발판을 만든 것이다.

3) 창의성과 문제해결력 신장

AI 디지털교과서의 기술은 현실 세계와의 연결을 강화하는 역할을 한다. AI 디지털교과서에 포함된 증강 현실(AR)이나 가상 현실(VR)과 같은 기술을 활용하면 학생들은 추상적인 개념을 시각화하고 실제 상황에서 응용 능력을 향상해 문제해결력을 신장시킬 수 있다. 또한 온라인상의 다양한 콘텐츠 및 플랫폼을 체험하면서 문제를 해결하고 새로운 아이디어를 발전시키는 과정을 경험하게 된다. 코딩, 디지털 미디어 제작과 같은 활동을 통해 학생들은 디지털 생산자가 되어 자신의 창의성을 발휘하고 자기표현의 기회도 얻을 수 있을 것이다. AI 디지털교과서는 단순히 학습교재의 기능을 넘어 학생들의 학습 경험을 확장하고 미래를 준비하는 데 필요한 창의성과 문제 해결 역량을 함양하는 복합적인 도구가 될 것이다.

❷ AI 디지털교과서의 교육 현장 적용 전략

위에서 기술한 AI 디지털교과서의 잠재된 교육적 이점을 극대화하기 위해서는 실제 교육 현장에서의 적용 전략이 필요하다. AI 코스웨어를 처음 수업에 활용하고자 할 때 뚜렷한 전략이 없이 적용하다 인공지능(AI) 기술에 위임하거나, 교사가 모든 것을 조정하고 통제하려는 상황이 발생하는 것을 흔하게 볼 수 있다. 따라서 AI 디지털교과서의 성공적인 정착을 위해 고려할 점과 적용 전략을 생각해야 한다.

1) 디지털 소양 함양부터 시작하기

앞서 살펴본 것처럼 현재 초등학생들은 디지털 네이티브 세대이나 디지털 콘텐츠를 소비하는 것에 치우쳐 있고 디지털 생산자로서의 소양은 부족하다. 또한 학생 사이에 디지털 소양의 편차가 심해 하나의 기준을 세워 수업을 진행하기 어렵다. AI 디지털교과서의 활용은 단순한 스마트기기 활용 학습이 아니다. AI 디지털교과서를 바탕으로 설계된 맞춤형 학습을 통해 기본개념 및 지식을 습득하고, 토론, 토의, 프로젝트 학습 등의 수업에 능동적으로 참여하여 문제를 해결하고 창의적인 결과물을 도출해야 한다. 기본적인 디지털 소양 함양이 없다면 수업 외적으로 발생하는 문제들로 학습 진행의 어려움을 겪을 수 있고, 학생 간 편차로 인해 협업이 원활하지 않게 된다. 따라서 AI 디지털교과서의 적용을 위해 학생 디지털 소양 함양 교육을 필수적으로 먼저 진행해야 하며, 디지털 소양 함양이 함께 수반되었을 때 AI 디지털교과서의 교육적 이점이 극대화될 수 있을 것이다. 디지털 소양은 교육과정 성취 기준과 디지털 소양 교육을 위한 내용체계를 고려하여 수업을 적용하면 다양한 교과 수업 과정에서도 함양할 수 있다. 예를 들어 4학년 1학기 6단원 막대그래프를 배울 때 KOSIS 통계놀이터에서 여러 가지 막대그래프를 탐색해보고, EBS MATH의 이지통계를 활용하여 막대그래프를 그려보는 활동을 통해 자료를 수집하고 분석하는 통계 과정에서 디지털 도구를 사용하는 능력을 기를 수 있다([그림 1.13] 참고). 또한 2022 개정교육과정에서 적용되는 학교 자율시간을 디지털 소양 함양교육으로 구성하는 것도 함께 제안해본다.

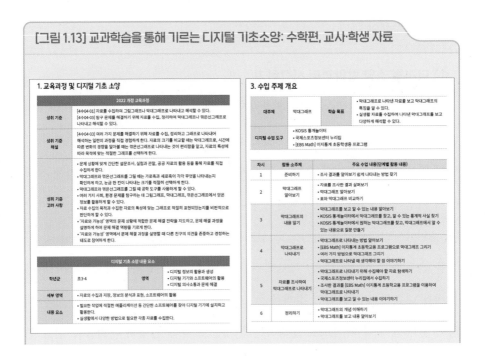

[그림 1.13] 교과학습을 통해 기르는 디지털 기초소양: 수학편, 교사·학생 자료

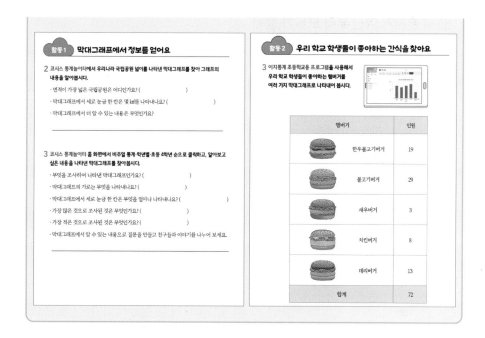

활동1 **막대그래프에서 정보를 얻어요**

2 코시스 통계놀이터에서 우리나라 국립공원 넓이를 나타낸 막대그래프를 찾아 그래프의 내용을 알아봅시다.

· 면적이 가장 넓은 국립공원은 어디인가요? (　　　　　)
· 막대그래프에서 세로 눈금 한 칸은 몇 넓이를 나타내나요? (　　　　　)
· 막대그래프에서 더 알 수 있는 내용은 무엇인가요?

　　　　　　　　　　　　　　　　　　　　　　　

3 코시스 통계놀이터 홈 화면에서 비주얼 통계·학년별·초등 4학년 순으로 클릭하고, 알아보고 싶은 내용을 나타낸 막대그래프를 찾아봅시다.

· 무엇을 조사하여 나타낸 막대그래프인가요? (　　　　　)
· 막대그래프의 가로는 무엇을 나타내나요? (　　　　　)
· 막대그래프에서 세로 눈금 한 칸은 무엇을 얼마나 나타내나요? (　　　　　)
· 가장 많은 것으로 조사된 것은 무엇인가요? (　　　　　)
· 가장 적은 것으로 조사된 것은 무엇인가요? (　　　　　)
· 막대그래프에서 알 수 있는 내용으로 질문을 만들고 친구들과 이야기를 나누어 보세요.

　　　　　　　　　　　　　　　　　　　　　　　

활동2 **우리 학교 학생들이 좋아하는 간식을 찾아요**

3 이지통계 초등학교용 프로그램을 사용해서 우리 학교 학생들이 좋아하는 햄버거를 여러 가지 막대그래프로 나타내어 봅시다.

햄버거	인원
한우불고기버거	19
불고기버거	29
새우버거	3
치킨버거	8
데리버거	13
합계	72

2) 학생 진단은 필수, 데이터에 기반한 수업 설계하기

AI 디지털교과서가 학생에게 최적화된 경로를 제공하고 맞춤형 교육을 진행하기 위해서는 학습자의 데이터 확보가 선행되어야 한다. 따라서 수업을 진행하기 전에 학생의 진단은 반드시 실시하여 데이터에 기반한 수업을 설계해야 한다. 학습자 진단은 학생 개인은 물론 학급 전체의 데이터도 함께 분석하고 교과목의 특성도 고려해야 한다. 이렇게 분석한 내용을 바탕으로 최적의 수업 모형을 선택하고, 학습 단계를 설계하여 제공한다면 학생 개개인의 역량을 극대화할 수 있는 방향으로 이끌 수 있을 것이다. 물론, 학습 진단 데이터 분석 및 수업 설계가 쉬운 일은 아니다. 이럴 때는 AI 보조교사의 도움과 함께 교사의 재구성을 추가해 수업을 설계하고 그 방법을 루틴화 시킨다면 큰 어려움 없이 학습데이터에 기반한 수업을 계획할 수 있을 것이다.

3) 나 혼자가 아닌 우리 모두가 함께

지금 사회는 공유 오피스, 공유 자전거, 공유 주차장 등 공유의 시대라고 말할 수 있다. AI 디지털교과서의 효과적인 적용을 위해서는 학교에서도 공유의 문화가 필요하다. 디지털 기반 교육혁신 및 디지털 대전환은 교사 혼자서 연구하여 만들 수 있는 것이 아니다. 학교 안/학교 간 교원 학습공동체를 활용하여 수업 사례를 나누고 함께 피드백하며 더 나은 전략을 탐색해야 한다. 성공 사례뿐 아니라 실패 사례도 함께 공유하여 수업 진행 시 어려운 점을 함께 고민하고 해결 방안을 찾아본다면 모두가 함께 성장하고 발전하는 기회를 만들 수 있을 것이다. 디지털 기반 교육혁신은 우리 모두가 함께 이루는 것이다. 동료 교사 간 공유 문화를 활성화한다면 AI 디지털교과서의 성공적인 정착에 큰 도움이 될 것이다. 교육청 등 교육 기관에서는 선생님들의 공유 문화 확산을 위해 워크숍, 지원자료 제작 등 다양한 교류의 장을 만들어 지원해야 한다.

❸ AI 디지털교과서의 확장성

AI 디지털교과서를 통해 학습 데이터를 수집하고 학생 맞춤형 수업을 설계하여 학습자 수준 및 특성에 적합한 수업을 운영할 수 있다. 학습자의 데이터를 기반으로 만들어지기 때문에 수업뿐 아니라 다양한 영역에서도 AI 디지털교과서의 내용을 활용할 수 있지 않을까? AI 디지털교과서의 확장성에 대해 생각해 보자.

1) 교육과정 - 수업 - 평가 - 기록의 일체화

'교육과정-수업-평가-기록 일체화'란 학생의 전인적 성장을 목표로, 교과 교육과정을 성취기준 중심으로 재구성하여, 학생 참여형 수업, 배움 중심 수업을 실행하고, 학습 활동 과정을 관찰하여 평가한 결과를 바탕으로 학생의 성장을 촉진하는 피드백을 하고 과목별 세부능력 및 특기사항을 성장 중심으로 기록하여 진로·진학 자료를 생성하는 일을 말한다. '교육과정-수업-평가-기록 일체화'의 흐름을 정리하면 [그림 1.14]와 같다. (이명섭 외, 2017)

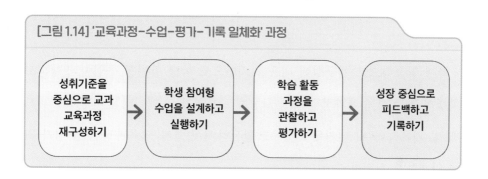

[그림 1.14] '교육과정-수업-평가-기록 일체화' 과정

성취기준을 중심으로 교과 교육과정 재구성하기 → 학생 참여형 수업을 설계하고 실행하기 → 학습 활동 과정을 관찰하고 평가하기 → 성장 중심으로 피드백하고 기록하기

2022 개정 교육과정에서는 교육과정의 자율성을 확대하여 교사 교육과정을 운영하도록 하고 있다. 이때 '교육과정-수업-평가-기록 일체화'는 교사 교육과정을 운영하는 데 핵심적인 요소가 될 것이다. 이를 실현하기 위해 기존의 방법으로는 교육과정을 재구성하고 수업을 실행, 관찰, 기록하는 데 많은 시간이 소모되어 운영하는 데 어려움이 존재하였다. 하지만 AI 디지털교과서의 도입으로 교사 교육과정을 쉽게 설계할 수 있고 '교육과정-수업-평가-기록 일체화'도 AI 디지털교과서를 활용하는 과정에서 데이터를 저장하여 자연스럽게 달성할 수 있다. 위의 흐름을 AI 디지털교과서를 활용한 상황으로 변형해 보면 [그림 1.15]와 같다.

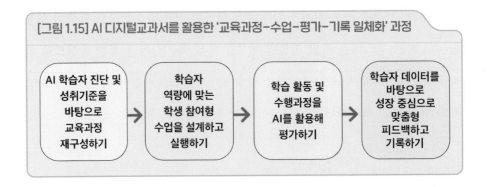

[그림 1.15] AI 디지털교과서를 활용한 '교육과정-수업-평가-기록 일체화' 과정

AI 학습자 진단 및 성취기준을 바탕으로 교육과정 재구성하기 → 학습자 역량에 맞는 학생 참여형 수업을 설계하고 실행하기 → 학습 활동 및 수행과정을 AI를 활용해 평가하기 → 학습자 데이터를 바탕으로 성장 중심형 맞춤형 피드백하고 기록하기

학생 맞춤형으로 재구성된 내용을 기반으로 학생 참여형 수업이 진행되고 학생의 활동 및 수행과정을 AI를 활용해 평가하고 그 데이터를 바탕으로 피드백 및 기록하면 AI 디지털교과서를 활용하여 손쉽게 '교육과정-수업-평가-기록 일체화'를 실현할 수 있다.

2) 데이터 기반 학부모 상담

학부모는 교사, 학생과 더불어 학교 교육에서 큰 역할을 하는 주체이다. 특히, 초등학교에서는 학생과의 상담만큼 학부모와 상담 및 소통이 중요하다. 이를 위해 많은 교사가 학생들의 학업 성취 및 행동 특성을 기록하고 보관하여 학부모 상담에 활용하고 있다. 하지만 매번 학생들의 학업 성취, 교과 흥미 등을 기록하여 자료화하는 것은 쉬운 일이 아니다.

AI 디지털교과서의 핵심 중 하나는 대시보드이다. 학생의 학습 이력, 성취도를 비롯하여 다양한 요소들을 학생별로 정리하여 한눈에 쉽게 볼 수 있다. AI 디지털교과서를 활용하면 교사는 따로 학생의 활동을 기록하지 않아도 수업 과정에서 학생의 활동이 자동으로 기록, 저장되고 누적된 데이터를 바탕으로 유의미한 내용을 도출할 수 있게 된다. 이러한 데이터를 바탕으로 학부모 상담에 활용한다면 학생의 지도에 필요한 사항을 더 명확하게 전달할 수 있고, 가정에서 연계 지도하여 할 부분을 안내하여 학생의 성장을 위해 함께 협력할 수 있을 것이다. 학부모 역시 AI 디지털교과서를 통해 학생의 학습 상황을 전달받을 수 있고, 자녀 지도에 필요한 사항을 받을 수 있어 자녀를 더 깊이 이해할 수 있게 된다.

3) 학교 단위 데이터 구축 시스템 개발

매년 신학기가 되면 학생들의 진단 활동이 이루어진다. 진단 활동을 통해 배움이 느린 학생을 선별하고 기초학력 향상을 위해 학교에서 다양한 활동을 진행한다. 하지만 이런 진단 활동은 학생을 깊게 이해하기에는 한계가 있으며, 학습 성향, 관심도 등 정서적인 측면은 더욱 파악하기 힘들다.

하지만 AI 디지털교과서를 활용하면 학생들의 학습 현황은 물론 정서적인 측면까지 데이터화 할 수 있고 이를 바탕으로 체계적인 지원이 가능하다. 즉, AI 디지털교과서 활용으로 얻은 학습데이터는 학생의 성장에 큰 도움이 되는 밑거름이 되는 것이다. 이런 학생 데이터가 1년 단위로 사라지는 것이 아니라 학교 단위 데이터 구축 시스템을 개발하여 누적해 간다면 상급 학년으로 올라갔을 때 연계 교육이 쉽게 가능해진다. 교사는 이전 학년의 기록을 바탕으로 학생에 대한 이해도를 높이고, 학습 수준을 파악하여 맞춤형 학습 설계에 큰 도움이 될 것이다. 또한, 정서적 지원이 필요한 부분을 찾아 학습 시 도움을 주어 학생의 성장을 방해하는 요소를 제거할 수도 있다. 특히, 고학년으로 올라갈수록 학기 초 학생과의 학습 상담이 어려워지는 상황에서 학교 단위 데이터 구축 시스템으로 얻은 이전 학년의 정보는 학생의 1년을 계획하는 데 많은 도움이 될 것이다.

· 참고문헌

- 서유미(2023). 2023 디지털 교육백서. 한국교육학술정보원.
- 교육부(2022). 교육부 고시 제2022-33호 [별책 15] 바른 생활, 슬기로운 생활, 즐거운 생활 교육과정. 교육부.
- 교육부(2022). 교육부 고시 제2022-33호 [별책 5] 국어과 교육과정. 교육부.
- 계보경, 유재욱(2023). 2022 디지털 교육 동향 심층호 8호 - 교사의 디지털 교육 역량 프레임워크 및 역량 강화 전략. 한국교육학술정보원.
- 교육부(2023). 교육부 보도자료-인공지능(AI) 디지털교과서로 1:1 맞춤 교육시대 연다. 교육부
- 한국과학창의재단(2024). 교과학습을 통해 기르는 디지털 기초소양 수학편. 한국과학창의재단
- 이명섭 외(2017). 교육과정-수업-평가-기록 일체화: 실천편. 에듀니티.

CHAPTER 4

▶ 디지털 기반 교육혁신 선도학교 운영과 사례

▶ 강주원

1 디지털 기반 교육혁신 선도학교 운영과 사례연구

AI 디지털교과서(AI DT)의 등장은 교육과정 운영에 새로운 가능성을 제시하며, 학습 방식과 교육 환경에 중대한 변화를 가져오고 있다. 4장에서는 이러한 변화의 최전선에 있는 디지털 기반 교육혁신 선도학교의 운영 방식과 구체적인 사례를 탐구함으로써, AI 디지털교과서가 실제 교육 현장에서 어떻게 통합되어 활용되고 있는지 알아보고자 한다.

먼저, 디지털 기반 교육혁신 선도학교의 개념과 그 중요성을 재조명하고자 한다. 교육부의 선정 기준과 지원 체계를 통해, 디지털 기반 교육혁신 선도학교가 지향하는 교육 혁신의 방향성을 탐색한다. 실제 선도학교 운영에 필요한 AI 코스웨어 선정 및 이를 활용한 교육 프로그램의 설계와 운영 과정을 세밀하게 들여다 본다.

또한, AI 코스웨어를 통해 실현된 몇 가지 구체적인 교육 혁신 사례들을 소개하고자 한다. AI를 활용한 맞춤형 학습 경로의 제공, 메타버스, 게이미피케이션[1] 등의 몰입형 기술을 활용한 창의적 학습 활동의 개발, 그리고 학생들의 학습 동기 부여를 위한 다양한 접근 방법이 포함된다. 실제 운영 사례를 통해, 디지털 기술이 학습 성과를 어떻게 향상시키고, 학생들의 교육 경험을 어떻게 변화시키고 있는지를 들여다 보고자 한다.

이러한 사례 연구를 통해 우리는 디지털 기반 교육혁신 선도학교가 당면한 도전 과제와 기회에 대해서도 심층적으로 탐구할 수 있다. 통합의 과정에서 발생하는 교육적, 기술적, 그리고 운영적인 어려움들을 살펴보고, 이를 극복하기 위한 학교들의 노력과 전략을 공유하고자 한다.

❶ 디지털 기반 교육혁신 선도학교 선정 및 운영 방식

디지털 기반 교육혁신 선도학교는 미래 교육 환경을 선도하며, 디지털과 AI 기술을 활용한 맞춤형 학습 방법을 개발 및 적용하는 데 중점을 둔다. 이러한 학교들의 운영은 다음과 같은 과정을 통해 이루어진다.

1) 선정 과정 및 절차

먼저, 디지털 기반 교육혁신 선도학교 정책 운영은 다음과 같은 과정으로 진행된다(교육부, 2023).

---

1 게이미피케이션은 인공지능(AI) 기술을 바탕으로 한 교육 콘텐츠와 시스템 내에 게임의 요소와 메커니즘을 통합하여 학습자의 참여와 동기를 증진시키고, 학습 효과를 극대화하는 기법을 의미한다. 이러한 접근 방식에서 게임 요소는 포인트, 뱃지, 리더보드, 도전 과제, 역할 수행 게임(RPG) 요소 등과 같이 학습자가 목표 달성을 위해 동기를 부여받고, 지속적으로 학습에 참여하도록 유도하는 데 사용된다(배유나, 2021).

[그림 1.16] 디지털 기반 교육혁신 선도학교 정책 운영 과정

1단계: 협의 및 대책 마련

- 교육부와 시도교육청 간 공동 태스크포스(T/F) 구성
- 시도별 교육 여건 진단 및 운영상 어려움에 대한 극복방안 협의

2단계: 운영 계획 수립 및 선도학교 지정

- 교육청별로 디지털 기반 교육혁신 선도학교 운영 계획 및 디지털 교육 전환 추진계획 수립
- 학교별 디지털 기반 교육혁신 선도학교 운영 계획을 바탕으로 선도학교 선발

3단계: 운영 준비 및 교원 연수

- 학교별 운영 계획 수립(예산 계획 포함) 및 준비 상황 점검
- 선도학교 교원을 위한 연수 프로그램 운영(T.O.U.C.H. 교사단* 연수 프로그램)

* 터치교사단(T.O.U.C.H.)은 'Teachers who Upgrade Class with High-tech'의 약자로, 디지털 기술을 활용하여 수업을 혁신하고, 2025년 도입할 인공지능 디지털교과서를 활용한 수업 변화를 선도하는 교사 그룹이다. 디지털 기반 교육혁신 선도학교 대표 교사와 시도교육청 추천 교사로 구성되어 있다.

4단계: 선도학교 운영 및 성과 공유

- 디지털 기반 교육혁신 선도학교 운영 시작 및 연중 지속
- 운영 사례 및 성과 공유

이러한 단계를 거쳐 관련 정책을 운영하고, 특히 2단계의 선도학교 지정과 관련하여 각 시도 교육청 및 교육지원청은 지역 여건을 고려하여 희망교를 대상으로 '디지털 기반 교육혁신 선도학교 운영 계획'을 제출받아 자체 선정·심사 위원회를 구성하여 심사 후 선정한다(경기도교육청, 2023).

디지털 기반 교육혁신 선도학교의 운영 요건은 다음과 같다.

- 디지털 기반 교육 혁신에 의지와 역량을 갖춘 학교
- 디지털 기반 수업 혁신을 선도할 수 있는 우수 교원을 보유하고, 학교 관리자가 디지털 교육 전환에 대한 높은 이해도와 의지, 역량을 갖추었으며, '디지털 교육전환추진팀'을 구성한 학교
- 디지털 기반 교육혁신 추진 역량이 누적된 학교

이러한 운영 요건을 갖춘 학교에 한하여 자체 선정기준을 마련하고 심사하여 선정한다. 다음은 2024 신규 디지털 기반 교육혁신 선도학교 선정 기준 예시(안) 이다.

[표 1.3] 2024 신규 디지털 기반 교육혁신 선도학교 선정 기준

구분	평가영역	평가내용	배점
운영 과제 수행 능력 (20)	운영 수행 인프라	학교 여건이 운영 과제 추진에 적합한가? • 참여 비율 및 참여 학생 1인 1스마트기기 등 수업 환경 조성 • 디지털 관련 선도학교(AI 활용 맞춤형 교육 시범학교, 학교 내 디지털교육 클래스 등)를 포함한 기존 운영 경험이 있는 학교	10
	조직원의 참여도	인적 구성이 운영 과제 추진에 적합한가? • 디지털 교육전환추진팀 구성 • 전문적 학습공동체 운영 현황 등	10
추진 의지 및 방향 (20)	운영 주제 및 목표 설정	운영 주제 및 목표가 적절하고 참신성이 있는가? • 디지털 기반 교육혁신 방향과 연계한 학교 운영과제 설정 • 디지털 기반 교육혁신 선도학교의 역할 이해	20
운영 계획 (50)	운영 과제 설정	운영 과제가 타당성과 논리적 일관성이 있는가? • 운영 과제의 타당성 • 운영 과제의 논리적 일관성 등	10
	운영 과제별 실행 계획	운영 추진계획의 실천성이 적정한가? • 운영 과제별 실행 계획의 구체성 등	10

구분	평가영역	평가내용	배점
운영 계획 (50)	교육과정 연계	운영 과제 및 실행이 교육과정과 연계되어 있는가? • 디지털 기반 수업 혁신 계획을 포함한 운영과제의 교육과정 연계성 등	20
	공유 및 확산	지역 거점 학교로서 사례 및 성과 공유 계획이 적절한가? • 지역 거점 학교로서 사례 나눔 및 성과 공유 계획의 구체성 등	10
예산 집행 계획 (10)	예산 집행 계획	예산 집행 계획이 합리적이고 적정한가? • 예산 규모의 적정성 등 • 예산 집행 계획의 합리성 및 적정성 등	10
계			100

출처: (경기도교육청)2024년 디지털 기반 교육혁신 선도학교 운영계획 발췌.

2) 운영 목표 및 방식

디지털 기반 교육혁신 선도학교는 AI 코스웨어를 활용한 교수·학습 방법, 디지털 콘텐츠 활용, 교사의 역할 변화 등에 대한 성공적인 모델을 창출하고 확산하는 것을 목표로 한다. 이를 위해, 민간 에듀테크 기업의 AI 기반 코스웨어를 활용하여 맞춤 학습을 지원하며, 디지털 수업 혁신을 선도한다. 정규 교과 및 늘봄학교, 방과후학교 등에서 코스웨어의 활용을 적극 권장한다.

3) 지원 및 인센티브

선도학교 운영을 지원하기 위해, 인프라 구축비는 교육청이 부담하며, 운영비는 교육부 예산과 특별교부금으로 지원된다. 또한, 선도학교를 연구학교로 지정하거나 재정 지원 및 포상 등 다양한 인센티브가 제공된다.

4) 예산 편성 및 활용(각 시도 교육청별 상이-2024년 경기도교육청 기준)

디지털 기반 교육혁신 선도학교의 예산 편성 및 활용 계획은 다음과 같다. 예산은 사업의 목적 범위 내에서 자율적으로 사용할 수 있으며, '학교 회계 예산 편성 및 집행 지침'을 준수하여야 한다. 예산은 '학교 운영비'와 통합 관리되지 않도록 별도로 구분하여 관리된다.

주요 예산 배정 영역은 다음과 같다.

> - 에듀테크 구매 및 사용료: AI 기반 코스웨어 사용료 등 에듀테크 관련 구매 비용.
> - 디지털 튜터 인건비: 디지털 기반 수업을 지원하는 테크 매니저 및 기타 기술 지원 인력에 대한 인건비.
> - 교원 역량 강화: 교원의 디지털 교육 역량을 강화하는 데 필요한 비용.

디지털 기반 교육혁신 선도학교 사업의 특성을 고려하여 교과별로 필요한 AI 기반 코스웨어를 적기에 구매 및 적용하여 수업 혁신을 선도할 수 있도록 예산을 적절하게 편성하여 집행할 필요가 있다.

예산 집행에서는 다음과 같은 지침을 따른다.

> - 교육 운영비: AI 코스웨어 운영비, 교육활동 운영, 교육용 재료비 등을 자율적으로 편성.
> - 디지털 튜터 인건비: 디지털 튜터 운영에 필요한 인건비를 포함하여 편성.
> - 업무 추진비: 협의회비 등 식대성 경비를 편성.
> - 자산 취득비: 사업 목적을 위해 필요한 경우에 한하여 자산성 물품 및 소프트웨어 구매 비용 편성.

학교는 이러한 예산관련 지침을 준수하며, 일회성 행사 추진비 지출을 지양하고, 사업과 직접적인 관련이 없는 경비의 편성을 피해야 한다. 예산관련 정확한 세부 지침은 당해 배부되는 시도 교육청별 디지털 기반 교육혁신 선도학교 운영 계획을 참고한다.

5) AI 코스웨어 선정 기준

AI 코스웨어 선정에 있어서는 학교 현장의 요구와 학습자의 특성을 고려한 다양한 기준이 적용된다.

코스웨어 선정을 위해 다음과 같은 일반적인 선정기준 및 절차를 가진다.

- AI코스웨어 핵심요소: 선도학교에서는 데이터 분석 기능, AI튜터 기능, 학생용 및 교사용 대시보드 등을 포함한 AI코스웨어의 핵심요소를 기반으로 코스웨어를 선정한다. 또한 평가 시스템(AI 기반 진단평가, 형성평가)은 수업에 직접 적용할 수 있어야 하며 이는 교수학습 운영의 효율성과 효과성을 극대화하는 데 중요하다.
- 합리적인 가격과 도입 절차: 코스웨어 선정 시, 합리적인 가격 설정과 정부 조달 시스템(S2B) 등록 여부도 고려된다. 또한 코스웨어 제공 업체와 계약 총금액이 2,000만 원 이하일 경우 1인 수의계약을 통해 활용 기간, 계약 계정에 따라 공급 단가 조정이 가능하다. 이를 통해 학교에서는 경제적 부담 없이 최적의 코스웨어를 선택할 수 있다.
- 학교 디지털 기기와의 호환성: 선택된 코스웨어는 학교에서 사용 중인 디지털 기기와의 호환성을 확보해야 한다. 코스웨어 앱 및 웹은 학생과 교사에게 물리적, 정서적 안정성을 제공해야 하며 이는 교수학습의 원활한 진행을 위해 필수적이다.
- 앱 구동의 안정성 및 지속적 업데이트: 코스웨어의 안정적인 구동 및 정기적인 업데이트는 교육 콘텐츠의 최신성과 신뢰성을 유지하는 데 필수적이다.
- 교실 수업에서의 활용성: 교육 콘텐츠는 교실 수업에 쉽게 통합될 수 있어야 하며, 학생들의 학습 동기를 유발할 수 있는 요소를 포함해야 한다.

- 초등학생의 특성에 맞는 UI 및 학습 동기유발 요소: 특히 초등학생을 대상으로 할 경우, 사용자 인터페이스(UI)는 학생들의 특성을 반영하여 설계되어야 하며, 학습 동기를 유발할 수 있는 다양한 요소가 포함되어야 한다.

이와 같은 기준을 통해 선정된 AI 코스웨어는 디지털 기반 교육혁신 선도학교에서 학생들에게 맞춤형 학습 경험을 제공하는 데 중요한 역할을 하게 된다.

6) 코스웨어 선정 참고자료

(1) 공공서비스 활용

교육 현장에서는 다음과 같은 공공 AI 연계 학습 시스템을 활용할 수 있다.

- 똑똑! 수학 탐험대: 게임형 초등 수학 수업 지원시스템으로, 수학에 대한 흥미와 호기심을 생겨나게 하는 재미있는 게임형태의 학습을 제공한다. 인공지능 알고리즘을 활용해 학생들의 수학 학습 데이터를 분석하고, 이를 바탕으로 현재 수준을 진단하며, 향후 학습 성취를 예측하는 한편, 학습 결과를 분석해 학습자 수준을 고려한 개별 맞춤형 학습 활동을 제공한다.
- EBS AI 펭톡: EBS에서 제공하는 인공지능 기반의 영어 학습 플랫폼이다. 이 서비스는 EBS의 인기 캐릭터인 펭수를 활용하여 어린이가 흥미롭게 영어 자기주도 학습을 할 수 있도록 설계되어 있다.
- EBSi 인공지능 단추: EBS에서 제공하는 인공지능 기반의 학습진단 시스템이다. 학생의 학습 수준을 설정하면, 그에 맞는 문제가 추천되고, 내신, 기출, 수능에서 출제된 문제나 필요한 문제를 풀어볼 수 있다.

(2) 에듀테크 소프트랩 실증 참여 서비스 활용

에듀테크 소프트랩은 최신 에듀테크 기술의 교육 현장 적용 가능성을 실증하는 프로그램이다. 주요 에듀테크 소프트랩 웹사이트 주소는 다음과 같다.

- 경기에듀테크소프트랩: https://www.edutechlab.kr
- 대구에듀테크소프트랩: https://dgedutechlab.or.kr
- 광주에듀테크소프트랩: https://gjedutechlab.or.kr

이 소프트랩들은 실증 연구를 통해 교육 현장에 적용 가능한 AI 기반 프로그램을 제공한다.

(3) (사)디지털교육협회 AI코스웨어 서비스 목록 안내

선도학교에서 활용 가능한 AI 코스웨어의 정보는 (사)한국디지털교육협회에서 제공한다. 해당 협회는 다음 주소에서 접근할 수 있다.

- (사)한국디지털교육협회:
  www.kefa.or.kr ([KEFA소식]-[공지사항] 관련 정보 업데이트)
- AI 코스웨어 서비스 목록:
  https://www.kefa.or.kr/bbs/board.php?tbl=bbs41
- *단, 서비스 목록의 내용은 해당 에듀테크 기업들이 직접 제공한 정보를 입력한 내용이다.

디지털 기반 교육혁신 선도학교는 AI 활용 등 첨단 기술을 통해 교육의 질을 제고하고, 모든 학생에게 맞춤형 교육을 제공함으로써 학생 개개인의 잠재력을 최대한 발휘할 수 있도록 돕는다. 이를 통해 학생들은 미래 사회에서 요구하는 다양한 역량을 갖추고, 교육 환경의 변화에 적응하는 데 필요한 기술과 지식을 습득할 수 있게 된다.

❷ 디지털 기반 교육혁신 선도학교 주요 활동

디지털 기반 교육혁신 선도학교는 교육 현장에 AI 기술과 디지털 자원을 적극적으로 도입함으로써 학습과 교육 방법의 혁신을 주도하고 있다. 이러한 학교들에서 전개되는 주요 활동들은 다음과 같은 과제들로 구성되며, 각 운영 과제는 학생 중심의 맞춤형 교육을 실현하고 교육 공동체의 디지털 역량을 강화하는 데 목적을 둔다.

1) AI 코스웨어 활용 수업 개발 및 운영

디지털 기반 교육혁신 선도학교에서는 AI 코스웨어나 AI 디지털교과서를 활용하여 학생들에게 개인화된 학습 경험을 제공한다. 이러한 수업은 학생들의 학습 수준, 선호도, 학습 스타일에 맞춰 다양한 학습 콘텐츠와 경로를 제공함으로써 학습의 효과를 높인다. AI 코스웨어를 통해 학생들은 자신의 학습 수준과 속도에 맞춰 학습할 수 있다. 예를 들어, AI가 학생의 답변과 학습 진행 상황을 개별적으로 분석하여 그에 맞는 학습 자료를 제공한다. 또한 AI 튜터를 활용하여 학생들이 수업 상황 중 어려움을 겪거나 궁금한 사항이 있으면 질문을 통해 즉각적인 피드백을 받는다. AI 코스웨어는 동영상 강의, 상호작용 게임, 시뮬레이션 등 다양한 형태의 콘텐츠를 제공하여 학습자의 참여를 유도하고 학습 효과를 높인다. 이러한 상호작용은 학습 동기를 부여하고, 학습 과정에 대한 학생의 관심을 증가시킨다.

2) 기초학력 제고

디지털 기반 교육혁신 선도학교에서는 AI 코스웨어를 통한 기초학력 진단
및 학생 맞춤형 개선 프로그램을 제공한다. AI 기술을 활용하여 개별 학생의
학습 수준을 정확히 파악하고, 이에 맞는 맞춤형 학습 콘텐츠와 AI 튜터를 활
용하여 자기주도적 학습이 가능하도록 한다. 교사는 학생 맞춤형 교과 보충 수
업을 진행하고 학생들의 부족한 부분을 정확하게 진단, 해소할 수 있도록 도움
을 제공한다. 이 과정에서 학생들은 자신의 학습 진도에 맞는 과제를 수행하
며, 학습 격차를 해소해 나간다.

3) 교사 디지털 역량 강화

 디지털 기반 교육혁신 선도학교는 AI와 디지털 기술을 전통적인 교수-학습 과정에 통합하고, 전문적 학습 공동체를 운영하여 교사의 교수-학습 설계 및 관리 능력을 향상시키는 것을 목표로 한다. 이러한 접근은 교사의 역할 변화를 촉진하고, 교육 공동체 구성원 간의 협력적 학습과 전문성 신장을 도모하며, 결과적으로 학습자 중심의 교육 환경을 실현한다. 이를 위하여, 각 선도학교는 T.O.U.C.H. 교사단을 핵심적인 역량 개발 주체로 설정하고, 이들을 중심으로 체계적인 연수 프로그램을 개발 및 운영한다. 해당 연수 프로그램은 AI 코스웨어의 효과적 활용, 디지털 교육 자료의 개발, AI 기반의 혁신적 교수법 등에 중점을 두어, 교육 공동체 구성원들이 디지털 교육 환경에서 학생들을 보다 효과적으로 지도하고 지원할 수 있는 역량을 갖추도록 한다. 이 과정에서 교사들은 디지털 기술의 교육적 적용뿐만 아니라, 학습 데이터 분석을 통한 맞춤형 학습 지원, 온라인 및 하이브리드[2] 학습 환경을 설계하고 운영하는 방법 등에 대해 이해하게 된다. 또한, AI 코스웨어를 활용한 교수-학습 방법은 교사와 학생 모두에게 새로운 학습 동기를 부여하며, 학생들의 창의적 사고와 문제 해결 능력을 신장시키는 데 기여한다. 이러한 교원 연수와 전문적 학습 공동체 과정을

---

2 하이브리드 학습 환경은 전통적인 교실 수업과 온라인 수업을 결합한 형태의 학습 환경이다. 전통적인 교실 수업은 학생들이 교실에 모여서 교사와 대면으로 수업을 진행한다. 반면에 온라인 수업은 인터넷을 통해 학생들이 집이나 다른 장소에서 수업을 들을 수 있다. 하이브리드 학습 환경은 두 가지 형태의 수업을 결합하여, 학생들이 교실에서 수업을 들으면서 동시에 온라인으로 보충 학습을 하거나, 온라인으로 수업을 들으면서 동시에 교실에서 토론이나 실습을 진행할 수 있도록 한다. 이를 통해 학생들은 보다 유연하고 다양한 방식으로 학습을 할 수 있고, 교사들은 학생들의 학습 상황을 보다 정확하게 파악하고 맞춤형으로 지도할 수 있다.

통해, 전통적인 교사 중심의 교육 방식에서 벗어나 학생 중심의, 탐구 기반의, 협력적인 학습 환경을 조성하는 데 필요한 전략과 기술을 습득한다. 이는 교육 현장에서의 교사의 역할을 재정의하고, 학습자에게 보다 깊이 있는 학습 경험을 제공하는 데 중요한 변화를 가져온다.

> **사례**
>
> E 초등학교는 '디지털 교육 혁신 워크숍'을 주최하여 교사들의 디지털 역량을 강화하였다. 이 워크숍에서 교사들은 AI 기술을 활용한 교육 방법, 학습 환경의 혁신적 구성, 그리고 미래 교육에 적합한 디지털 학습 자료 개발에 대해 깊이 있는 탐색을 진행하였다. 참여한 교사들은 이 경험을 통해 개인적인 AI 디지털 활용 기술을 향상시키고, 자신의 교실에서 AI 코스웨어와 다양한 디지털 도구들을 효과적으로 적용할 수 있는 방안을 모색할 수 있게 되었다. 이 워크숍은 교사들에게 혁신적인 교수-학습 방법을 실제 수업에 적용하는 데 필요한 실질적인 지식과 도구를 제공함으로써, 교육 현장에서 디지털 전환을 가속화하는 데 기여하였다.

4) 학생 디지털 역량 강화 및 시민교육

학생들의 디지털 역량 강화와 디지털 시민교육은 디지털 기반 교육혁신 선도학교 운영에서 중요한 교육 목표 중 하나이다. 이를 위해, 학생들은 디지털 관련 동아리 활동, 정보 과목 교육, 창의적 체험활동 등을 통해 디지털 도구를 효과적으로 사용하는 방법과 정보를 안전하게 탐색하고 평가하는 방법을 배운다. 교사들은 학생들에게 온라인 정보를 검색, 선택, 사용하는 데 필요한 기술과 전략을 제공하여, 그들이 인터넷상의 정보를 비판적으로 분석하고, 이를 학습과 탐구에 유용하게 적용할 수 있도록 돕는다.

또한, 디지털 시민 교육을 통해 학생들은 온라인 공간에서의 윤리적이고 책임감 있는 행동을 배우게 된다. 이러한 교육은 디지털 매체의 책임감 있는 사용, 인터넷 안전, 개인 정보 보호 등을 포함해, 학생들로 하여금 디지털 세계에서 올바른 시민으로서의 역할과 책임을 이해하도록 한다. 학생들은 디지털 세계의 다양한 위험으로부터 스스로를 보호하는 방법과 온라인상의 소통 중 발생할 수 있는 윤리적 문제에 대해 논의하며 학습한다.

> **사례**
>
> S 초등학교에서는 '미래교육 체험 페스티벌'이라는 학생 디지털 동아리를 운영했다. 이 페스티벌은 디지털 혁신과 미래교육 관련 다양한 체험 기회를 제공함으로써, 학생들이 디지털 역량을 강화하고 4차 산업혁명 시대에 필요한 시각을 넓힐 수 있는 기회를 마련해 주었다. 동아리별로 학생들이 직접 부스를 운영하고, 자율적으로 참여하는 체험활동을 통해 학생 주도의 교육 축제문화를 경험할 수 있도록 하였다. 이러한 접근은 학생들이 주체적으로 학습에 참여하며 자신의 디지털 역량을 발전시킬 수 있는 환경을 조성하였다.

5) AI 디지털교과서 활용 교수학습 모형 개발 및 적용

AI 디지털교과서와 코스웨어가 발전하면서 이를 실제 교수학습과 통합 적용하는 수업 모형의 개발이 디지털 기반 교육혁신 선도학교 운영에 중요한 과제로 제시되고 있다. 학생의 개별적인 요구와 다양성을 충족시키기 위한 맞춤형 학습의 중요성이 점점 더 부각되고 있는데 이러한 배경하에 디퍼러닝, 협력학습, 플립러닝, 온라인 학습 등 학습자 중심의 교육을 지향하는 새로운 교수 설계 모형이 등장하였다. 디퍼러닝은 학생들이 비판적 사고, 문제 해결 능력, 협력학습, 자기주도학습에 적극 참여하여 학습 내용을 심층적으로 이해하고, 이를 현실 세계의 문제 해결에 적용하는 학습 방식을 의미한다. 2023년 교육부에서 발표한 "디지털 기반 교육 혁신 방안"에 따르면, 에듀테크를 활용한 교수-학습 모델은 사전활동을 통해 학생들의 학습 수준을 파악하고, 그에 적합한 학생 중심 활동을 제공하여 능동적인 학습을 촉진하는 기본 모형을 포함하여, 예습 모형, 복습 모형, 집중 케어 모형 등 다양한 형태로 제안하였다.

이러한 교수-학습 모델의 기본 구성은 사전 학습을 통한 사전 진단 평가 및 필요한 보완 조치(진단 평가-피드백, 진단 결과), 교실 수업, 형성 평가, 수준별 과제 제공으로 이루어진다. 이 과정을 통해, 학생들은 자신의 학습 수준에 맞는 개별화된 학습 경험을 가짐으로써 더 향상된 학습 이해도를 달성할 수 있게 된다.

사례

P 초등학교에서는 '집중케어 모형'을 적용하여 학습 부진 학생을 대상으로 방과 후 '똑똑 수학탐험대'를 활용하여 수업을 진행하였다. 사전 진단평가를 통해 학생의 도형영역의 학습 부진을 판단하고 이를 기반으로 온라인 보충학습 및 튜터링 방법을 설계하여 학생 맞춤형 학습을 지원하였다. 차시별 순차적으로 학습을 진행하고 성취도 평가를 통해 AI 학습 분석을 실시하고 학생의 학습 이해 수준을 점검하였다. 이를 바탕으로 학생 학습 성취도 향상 확인과 부족한 부분에 대한 맞춤형 피드백이 가능하였다.

③ 디지털 기반 교육혁신 선도학교 운영 우수사례(KERIS, 2023)

1) 울산 D초등학교 '온(On)&온(溫)으로 하나되기'

D초등학교에서는 6학년 학생들을 대상으로 AI 코스웨어를 활용해 '소수의 나눗셈' 주제로 11차시의 수업을 진행하였다. 프로그램의 핵심은 AI 코스웨어 도입 전, 학습한 내용에 대한 진단 평가를 통해 학생들의 학습 수준을 파악하고, 이를 바탕으로 교사가 개별 코칭 및 개념 중심의 보충 학습을 제공하였다. 수업은 교사와 함께하는 개념 학습으로 시작되며, 수업 후에는 AI 코스웨어를 통한 개념별 유형 학습 풀이가 이루어진다. 특히, 학습 결과의 우수함을 확인할 수 있는 '초록불을 만들어요' 활동을 통해 학생들은 문제 해결하며 자신의 학습 성과를 직접 확인할 수 있고, 이 과정에서 학습 동기가 부여된다. 초록 아이콘을 받지 못한 학생은 오답을 다시 풀이하는 AI 클리닉과 교사 피드백을 제공하였다.

교사는 AI 코스웨어의 교사용 대시보드를 활용해 학생별 학습 상태를 실시간으로 모니터링하며, 필요한 학생에게는 맞춤형 학습 지도를 제공하여 수업 참여도를 높였다. 우수학생에게는 추가적인 심화 학습 기회를 제공하여 학습의 깊이를 더하였다.

이러한 수업 운영은 학생들의 개별 학습 요구를 충족시키는 동시에 교사와 학생 간의 인간적인 연결을 강화하는 데 중점을 둔다. AI 코스웨어의 활용은 학습 내용의 사전 진단, 실시간 학습 상황 모니터링, 개별 맞춤 학습 지원 등 교육-학습 과정 전반에 걸쳐 큰 이점을 제공한다.

D초등학교의 사례는 디지털 기반 교육혁신 선도학교 운영의 우수 사례로서, AI를 활용한 수업 설계 및 실행 과정에서 나타난 노하우와 학습 효과를 교육

공동체에 공유하며, 디지털 교육 혁신을 통한 학생 중심의 맞춤형 교육 실현을 위한 중요한 지침을 제시하였다.

2) 대구 W초등학교 '나를 위한 맞춤형 학습'

W초등학교에서는 학생들이 자신만의 학습 경로를 탐색하며 자기 주도성을 키워나갈 수 있는 기회를 제공했다. 이 프로그램의 핵심은 AI 코스웨어의 활용으로, 학생들은 다각형의 둘레와 넓이를 구하는 방법을 탐구하며 수학적 개념을 깊이 있게 이해할 수 있었다. 학생들은 선수 학습 단계에서 AI의 진단을 통해 자신의 학습 수준을 명확히 파악하고, 이를 바탕으로 교사와 함께 개별 맞춤형 학습 계획을 수립했다.

이 과정에서 교사의 역할은 더욱 중요해졌다. AI가 제공하는 데이터를 해석하고 학생들에게 가장 적합한 학습 방향을 제시하는 것은 물론, 학습 과정에서 학생들이 겪는 어려움을 파악하고 적시에 개입하여 지도했다. 이러한 상호작용은 학생들로 하여금 수학에 대한 이해도를 높이는 것은 물론, 학습에 대한 자신감을 심어주었다.

W초등학교의 사례에서 우리가 얻을 수 있는 교훈은 분명하다. AI 코스웨어와 같은 기술의 적절한 활용은 학생 개개인의 학습 경험을 풍부하게 할 수 있으며, 교사와 학생 간의 상호작용을 강화하여 교육의 질을 높일 수 있다는 점이다. 이러한 접근은 학생들이 자신의 학습 과정을 주도하며, 학습에 대한 책임감과 자기 주도성을 키우는 데 큰 도움을 준다.

3) 경북 M초등학교 'AI 코스웨어 활용 LEAD 모형으로 자기주도적 학습자 기르기'

M초등학교에서는 학습 과정의 각 단계에서 학생들이 스스로 학습의 주체가 될 수 있도록 이끌었다. LEAD 모형은 살펴보기(Look), 맞춤형 수업(Encourage), 평가하기(Aware), 피드백하기(Develop)의 네 단계로 구성되어 있으며, 학생들이 수업을 주도적으로 이끌어 나갈 수 있도록 설계되었다. 이 모델은 학생들에게 새로운 학습 단원을 시작하기 전에 자신의 학습 상태를 점검하고, 수업 과정에서 스스로 학습 목표를 설정하며, 학습의 결과를 스스로 평가하고, 필요한 피드백을 통해 학습을 조정하는 과정을 포함한다.

이 프로그램을 통해 M초등학교 학생들은 수학과 영어 교과에서 자신의 학습을 스스로 이끌어가는 경험을 했다. AI 코스웨어의 진단 평가를 통해 자신의 학습 수준을 파악하고, 이에 맞는 맞춤형 학습 콘텐츠로 학습 결손을 보완하는 과정에서 학생들은 자신의 학습 과정을 스스로 설계하고 조정하는 능력을 기를 수 있었다.

이와 같은 학습 모델의 적용은 학생들에게 학습의 주도권을 부여함으로써, 학습에 대한 동기를 부여하고 학습 과정에 대한 이해와 자기 효능감을 향상시키는 결과를 가져왔다. 또한, 교사와 학생 간의 상호작용이 학습 과정 전반에 걸쳐 이루어짐으로써, 보다 효과적인 학습 지원이 가능해졌다는 점에서 의미가 크다.

이러한 사례는 디지털 기반 교육혁신 선도학교가 나아가야 할 방향을 제시한다. 기술의 활용은 교육의 질을 높이고, 학생들에게 맞춤형 학습 경험을 제공할 뿐만 아니라, 교사와 학생 간의 상호작용을 강화하여 교육 과정의 모든 단계에서 학생들의 학습을 지원하는 중요한 역할을 할 수 있다.

4) 경북 S초등학교 'AI 코스웨어를 활용한 글쓰기 능력 신장'

S초등학교에서는 국어 수업 시간을 활용해 AI 코스웨어를 도입하여 학생들의 글쓰기 능력을 키우는 데 중점을 두었다. 이 프로그램의 핵심 아이디어는 학생들이 자신의 생각과 경험을 글로 표현하는 과정에서 AI의 기술적 지원을 받아 보다 풍부하고 정교한 글을 완성할 수 있도록 하는 것이었다. 학생들은 제주도 수학여행 등의 다양한 경험에 대해 글을 쓰고, AI 코스웨어를 통해 첨삭과 분석을 받으며, 교사의 추가적인 지도를 받았다.

이러한 접근 방식은 학생들이 글쓰기 과정에서 겪는 다양한 어려움을 보다 효과적으로 극복할 수 있게 도왔다. AI 코스웨어의 첨삭은 띄어쓰기, 맞춤법 등의 기초적인 오류부터 문장 구성, 표현의 다양성 등 보다 복잡한 측면까지 포괄하여, 학생들이 자신의 글에 대해 깊이 있게 고민하고 개선할 수 있는 기회를 제공했다. 또한, 교사와 학생 간의 글쓰기에 대한 대화와 피드백 과정은 학생들이 글쓰기를 더욱 즐기고 가치 있게 여기게 만들었다.

5) 경기 S초등학교 '아이사랑(A.I S.A.R.A.N.G) 맞춤형 교육'

S초등학교에서는 AI 코스웨어를 활용한 '아이사랑(A.I S.A.R.A.N.G) 맞춤형 교육' 프로그램을 통해 전 학년의 학습 격차 해소와 학습 자존감 향상에 주력했다. 이 프로그램은 학생 개개인의 학습 수준과 필요에 맞춰 AI가 제공하는 맞춤형 학습 콘텐츠를 활용하여, 각 학생이 자신의 속도로 학습할 수 있도록 지원했다. 1학년부터 Sequence(반복), 2학년 Algorithm(컴퓨팅사고력), 3학년 Reality(현실성), 4학년 Amusement(놀이), 5학년 iNternalization(내면화), 6학년

Gamification(게임형 문제해결)을 통해 학년 수준에 맞게 각각의 요소를 중심으로 AI 맞춤형 프로그램을 구성하여 운영하였다.

프로그램 운영을 통해 정규 교과 학습뿐만 아니라 다양한 창의적 디지털 활동을 통해 학생들의 창의력과 문제 해결 능력을 함께 키워나갔다. 학교는 AI 맞춤형 학습 서비스를 학년 운영과 연계하여 교실 현장에서의 적용을 강화하였으며, 학생들의 참여와 동기 부여를 위해 다양한 보상 체계를 마련했다. 이러한 접근은 학생들이 학습 과정에서 능동적으로 참여하게 만들었고, 학습에 대한 긍정적인 태도를 형성하는 데 크게 기여했다.

6) 경기 C초등학교 '모든 교과 수업에 AI 디지털 입히기'

C초등학교에서는 국어, 수학, 과학 등 다양한 교과목에 AI 코스웨어를 통합적으로 도입하여 교육과정 전반에 걸쳐 디지털 기술의 활용을 강화했다. 학생들은 AI 코스웨어를 통해 수업 내용을 사전에 파악하고, 교사는 AI의 모니터링 기능을 활용하여 학생들의 학습 상황을 실시간으로 파악하고 적절한 피드백을 제공했다.

이 프로그램은 학생들에게 수업 내용에 대한 이해를 돕고, 교사와 학생 간의 상호작용을 촉진하는 데 중점을 두었다. 교사가 재구성한 수업 자료와 AI 코스웨어의 보완을 통해 학생들은 보다 적극적으로 수업에 참여할 수 있었고, 학습 결과의 질적 향상을 경험할 수 있었다. C초등학교의 사례는 AI 기술을 효과적으로 활용하여 교육의 질을 높이고, 학생들의 학습 경험을 풍부하게 하는 방법을 보여준 사례이다.

7) 충북 C초등학교 '괜찮아요, 선생님도 할 수 있어요'

C초등학교에서는 'P.L.A.Y.' 모형을 도입하여 AI 코스웨어 활용 프로그램을 운영하였다. 이 모형은 AI 진단평가로 시작해, 학습 결손의 출발점을 교정하고, 교실 수업 및 수준별 학습을 통해 학습의 개별화를 실현하였다. 교사는 주요 개념을 설명하고 AI 평가를 통해 학생들의 이해도를 확인하는 '2-스텝' 수업 모형을 활용하여, 학생 개개인에게 적합한 학습 경험을 제공하였다.

이 프로그램을 통해 C초는 AI 코스웨어의 활용이 교사들에게도 긍정적인 변화를 가져왔음을 확인했다. 처음에는 디지털 기술에 대한 부담감을 가진 교사들도, 학생들의 긍정적인 반응과 학습 성과를 목격하며 디지털 교육에 대한 자신감을 얻게 되었다. 학부모들 역시 AI 코스웨어를 활용한 맞춤 수업의 효과를 높이 평가하며, 학교 교육에 대한 만족도가 크게 향상되었음을 확인할 수 있었다.

8) 충남 H초등학교 'AI 코스웨어 활용 학습데이터 분석을 통한 맞춤형 영어 학습 지원'

H초등학교에서는 5학년 학생들을 대상으로 영어 읽기와 쓰기 활동에 AI 코스웨어를 적용했다. 학생들은 AI 코스웨어를 통해 단어 연습, 문장 연습, 문장 녹음 등의 과제를 수행하고, AI가 생성한 영작 문제를 해결했다. 교사는 이를 통해 학생들의 학습상태를 체계적으로 파악하고, 학습 진행을 지원했다.

H초의 이러한 접근은 학생들이 자신의 학습 과정과 결과를 데이터를 통해 명확하게 인지할 수 있게 만들었다. 학생들은 AI 분석을 통해 자신의 강점과 약점을 파악하고, 개선 방안에 대해 교사와 논의할 수 있었다. 교사 역시 수업 설계와 학습 지도에 AI 코스웨어를 활용함으로써, 보다 효율적이고 효과적인 방식으로 학생 개별의 학습 요구에 응답할 수 있었다.

9) 경기 E초등학교 '미래를 준비하는 디지털 교육'

E초등학교는 교육의 디지털 교육 주체인 교사의 역량 강화에 초점을 맞추며, AI 디지털 관련 전문적학습공동체 활성화 및 관련 교원 연수 프로그램을 제시하였다. 인천광역시교육청 교육과학정보원 교원 워크숍을 통해 디지털 교육 관련 연수, 선도학교 운영 노하우 공유, 선도학교 운영을 위한 구성원 간의 협력 및 구체적 계획 수립 등의 활동을 진행했다. 이를 통해 교사들은 AI 활용 교육 커리큘럼, 디지털 학습 도구 활용, 협력적 학습 방안 등에 대한 심도 있는 이해를 바탕으로 학교 내 디지털 교육 환경 개선 및 AI 디지털 교수-학습 발전을 위한 구체적인 방안을 모색하였다.

이러한 노력을 통해 선도학교 운영 주체인 교사들의 전문적 역량을 기르고 학교 내 AI 디지털 교육이 보다 활성화되는 계기를 마련할 수 있었다. 이러한 교사들의 전문성 함양은 보다 창의적이고 혁신적인 AI 디지털 활용 수업의 발전에 큰 역할을 하였고, 수업에 참여하는 학생들의 학습 효과와 참여도에도 긍정적인 결과를 확인하였다. 교사들의 전문성 개발과 협력을 통해 구축된 디지털 교육 환경은 학생들에게 미래 사회에 필요한 디지털 역량과 창의적 문제 해결 능력을 갖추도록 하는 데 매우 중요한 요소임을 확인할 수 있었다.

이 사례들은 디지털 기반 교육혁신 선도학교들이 AI 코스웨어를 활용하여 학습의 개별화, 교육의 질 향상, 교사와 학생의 상호작용 강화 등 다양한 교육적 목표를 달성할 수 있음을 보여준다. 각 학교의 창의적인 접근과 실행은 향후 디지털 교육 환경에서의 교육 혁신을 위한 영감과 운영을 위한 지침을 제공할 것이다.

④ 선도학교 운영 중 발생 문제점과 극복 노하우

1) 기술적 장벽

디지털 기반 교육혁신의 실현 과정에서 기술적 장벽은 주요한 도전 요소가 된다. 이 장벽은 교사와 학생들의 디지털 기술 활용 능력의 부족, 필요한 교육 기술 인프라의 미비, 그리고 기술적 오류나 호환성 문제에서 비롯된다.

극복 노하우

- 교사 및 학생 대상 기술 교육 강화: 디지털 기술에 대한 이해와 활용 능력을 높이기 위하여, 정기적인 디지털 리터러시 및 ICT 교육을 실시한다. 이 과정에서, 실질적인 사용 사례를 중심으로 한 실습이 포함되어야 하며, 교육 후에도 자기 주도적 학습을 장려하여 지속적인 역량 강화를 도모한다.
- 현장 중심의 기술 지원 팀 운영: 학교 내에 IT 지원 교사나 팀을 구성하여, 기술적 문제 발생 시 즉시 해결할 수 있도록 한다. '디지털 튜터' 프로그램을 통해, 기술에 능숙한 교사가 다른 교사들을 대상으로 1:1 멘토링을 제공하며, 수업 준비부터 수업 후 관리까지 기술 활용을 지원한다.
- 기술 도입의 단계적 접근 전략: 새로운 AI 코스웨어나 에듀테크 도입 시, 학교의 교육 목표와 학생들의 학습 필요에 가장 잘 부합하는 기술을 선택한다. 선택 과정에서 교사들의 의견을 적극 반영하고, 선택된 프로그램이 교육 현장에 효과적으로 적용될 수 있도록 사전 평가를 실시한다.

2) 교육 커뮤니티의 저항

디지털 기반 교육 프로그램을 교수-학습에 도입하는 과정에서, 교육 커뮤니티 내의 저항은 흔한 문제다. 교사, 학부모, 그리고 학생들이 보이는 저항은 대체로 변화에 대한 불안감, 새로운 방식에 대한 정보 부족, 혹은 기존 교육 방식에 대한 선호에서 비롯된다.

극복 노하우

- 커뮤니티 참여와 소통 강화: 디지털 혁신의 목적, 예상되는 변화, 그리고 이점에 대해 명확하고 투명하게 소통한다. 이를 위해, 정기적인 정보 세션, Q&A 세션, 워크숍을 개최하여, 교육 커뮤니티가 혁신 과정에 직접 참여하고, 의견을 나눌 수 있는 기회를 제공한다.

- 교육 기술의 체험 기회 제공: 교사와 학부모, 학생들이 직접 디지털 교육 기술을 체험할 수 있는 기회를 마련한다. 예를 들어, 학부모를 대상으로 하는 'AI 코스웨어 활용 수업 공개'를 운영하여, 학부모들이 학교에서 사용하는 디지털 도구와 실제 학생들이 수업 중 AI 코스웨어를 어떻게 활용하는지 직접 보고, 그 효과를 이해할 수 있도록 한다.

- 성공 사례의 적극적 공유: 다른 학교나 교육 기관에서의 성공적인 디지털 교육 혁신 사례를 모아, 교사 및 학부모에게 제공한다. 이 사례들을 통해, 교육 커뮤니티가 디지털 교육 혁신의 긍정적인 효과를 구체적으로 이해할 수 있도록 돕는다.

- 변화에 대한 지속적인 지원과 격려: 교육 변화 과정에서 겪는 어려움과 우려에 대해 꾸준히 지원하고, 변화를 수용하려는 교사와 학생들의 노력을 인정하고 격려한다. 변화를 위한 노력이 긍정적으로 인식되고 보상받는 문화를 조성한다.

---

3) 학습 내용과 방법의 적절한 통합

디지털 기반 교육 기술을 기존의 교육 과정과 효과적으로 통합하는 과정이 도전이 될 수 있다. 교육 내용과 새로운 교수 방법 사이의 괴리는 학습 목표 달성에 비효율을 초래할 수 있다.

극복 노하우

- 교육 과정 설계의 유연성 확보: 기존 교육 과정을 디지털 기반 교육의 요구에 맞게 재설계하면서 유연성을 부여한다. 예를 들어, AI 코스웨어의 특성을 고려하여 학습 목표를 설정하고, 다양한 디지털 리소스를 활용할 수 있도록 교육 과정에 여지를 남겨둔다. 이를 통해 교사들은 자신의 교실 상황과 학생들의 필요에 맞춰 교육 내용과 방법을 적절히 조율할 수 있다.

- 교사 중심의 교육 혁신 추진: 교사들이 교육 혁신의 중심 역할을 할 수 있도록 지원한다. 교사들이 자신의 전문성과 창의성을 발휘하여 디지털 리소스와 교육 방법을 선택하고 적용할 수 있게 한다. 이를 위해 교사들에게 필요한 자원과 정보를 제공하며, 실험적인 교수 방법 시도를 장려한다. 예를 들어, '교실 혁신 프로젝트'를 운영하여 교사들이 자율적으로 교육 혁신 아이디어를 제안하고 실현할 수 있도록 지원한다.

- 통합적 학습 환경 조성: 디지털 기술과 교육 내용의 통합을 위해, 교실 내외의 학습 환경을 종합적으로 고려한다. 교실에서의 직접 교육과 온라인 학습 환경을 유기적으로 결합하여, 학생들이 다양한 맥락에서 학습할 수 있도록 한다. 예를 들어, 온라인 플랫폼을 통한 사전 학습과 교실에서의 심화 학습을 연계하여, 학습 내용의 이해도와 적용 능력을 높인다.

- 효과적인 피드백과 평가 시스템 구축: 학습 내용과 방법의 통합이 효과적으로 이루어졌는지 평가하기 위해, 다양한 형태의 피드백과 평가 방법을 도입한다. 학생들의 학습 과정과 결과를 다각도에서 분석하여, 교육 과정의 개선점을 찾고 교수 방법을 지속적으로 발전시킨다. 예를 들어, 디지털 포트폴리오, 학습 데이터 분석 등을 활용하여 학생들의 학습 성과를 평가한다.

4) 지속 가능한 발전과 평가의 어려움

디지털 기반 교육의 효과를 지속적으로 평가하고 발전시키는 것은 여러 어려움을 동반한다. 적절한 평가 도구의 부재, 학습 데이터 해석의 복잡성, 그리고 장기적 효과 측정의 도전은 디지털 기반 교육의 지속 가능한 발전을 저해하는 주요 요소가 된다.

극복 노하우

- 맞춤형 평가 도구의 개발 및 적용: 디지털 교육 환경에 적합한 평가 도구를 개발하여 사용한다. 이는 전통적인 테스트 방식을 넘어서 학생들의 창의적 사고, 문제 해결 능력, 협업 능력 등을 종합적으로 평가할 수 있어야 한다. 예를 들어, 인터랙티브한 평가, 피어 리뷰, 프로젝트 기반 평가 등 다양한 방식을 도입하여 학습 효과를 더욱 정확히 측정할 수 있다.

- 데이터 기반 의사결정 프로세스의 확립: 학습 관리 시스템(LMS)과 같은 도구를 활용하여 학습 데이터를 수집하고, 이를 분석하여 교육 프로그램의 개선점을 도출한다. 데이터 분석을 통해 얻은 인사이트는 교육과정의 수정, 교수법의 개선, 학습 자료의 보완 등에 활용한다. 예를 들어, 학생들의 학습 패턴과 성과 데이터를 분석하여, 개별 학습 경로를 최적화하고, 수업 내용을 더욱 맞춤화한다.

- 평가 결과의 공유 및 피드백 시스템 구축: 교육 혁신의 평가 결과를 교사, 학생, 학부모와 같은 이해관계자들과 적극적으로 공유한다. 이를 통해 다양한 관점에서의 피드백을 수집하고, 교육 혁신 과정에 반영한다. 공유된 평가 결과는 교육 커뮤니티 내에서 지속적인 대화와 개선의 기회를 제공하며, 프로그램의 투명성과 신뢰성을 높인다.

- 장기적인 효과 연구와 사례 연구의 활성화: 디지털 교육 혁신의 장기적 효과를 평가하기 위해, 정기적인 사례 연구와 장기 연구를 수행한다. 학교

내외의 연구자들과 협력하여, 교육 혁신의 실제 영향을 체계적으로 분석하고, 이를 기반으로 교육 정책과 실천에 대한 동기부여를 가진다.

⑤ 선도학교 운영의 기대 효과

디지털 기반 교육혁신 선도학교 운영의 핵심은 AI 기반 교육 시스템과 교수·학습 플랫폼의 효과적 적용에 있다. 이를 통해 구현되는 학생 맞춤형 수업은 개별 학습자의 이해도와 성취도를 높이는 데 중점을 둔다. 이러한 선도학교 운영을 통해 우리는 디지털 교육의 변화가 학생, 교사, 그리고 교육 커뮤니티 전반에 어떤 긍정적 영향을 미치는지 살펴볼 수 있다.

1) 개별 학습자 중심의 교육 환경 조성

디지털 기반 교육혁신의 가장 큰 기대 효과 중 하나는 학습자 개개인의 필요와 수준에 맞춘 맞춤형 학습의 실현이다. AI 기술을 활용한 교육 시스템은 학습자의 이해도와 선호도를 실시간으로 분석하고, 이에 기반한 개인화된 학습 경로를 제공한다. 이러한 접근은 학습자가 자신의 학습 속도와 스타일에 맞게 학습할 수 있도록 하며, 이는 학습 효율의 극대화로 이어진다.

2) 교육 격차의 해소와 평등한 학습 기회 제공

디지털 교육 기술의 적용은 교육 격차 해소에도 중요한 역할을 한다. 개별 학습자의 수준에 맞춘 교육 콘텐츠와 지원을 통해, 기존의 교육 시스템에서 소외될 수 있는 학생들도 자신의 잠재력을 최대한 발휘할 수 있게 된다. 이는 모든 학습자에게 공평한 학습 기회를 제공하며, 궁극적으로는 사회 전반의 교육 격차를 줄이는 데 기여한다.

3) 교사의 교육 방법 혁신 및 전문성 강화

디지털 기반 교육혁신 선도학교에서의 교사 역할 변화는 또 다른 중요한 기대 효과다. AI 기반 교육 플랫폼과 코스웨어의 도입은 교사에게 학습자 개개인에 대한 심도 있는 이해와 맞춤형 지도를 가능하게 한다. 이러한 도구들은 교사가 학습자 중심의 교육을 실현하는 데 필요한 데이터와 분석을 제공하며, 이는 교육의 질을 향상시키고 교사의 전문성을 강화하는 데 기여한다.

4) AI 디지털 활용 교수·학습 방법의 공유와 확산

디지털 기반 교육혁신 선도학교의 운영은 AI 디지털 활용 교수·학습 방법의 발굴 및 공유를 통해 교육 커뮤니티 전체에 긍정적인 영향을 미친다. 실천 사례의 공유는 교사들이 서로의 경험과 노하우를 공유하고, 이를 바탕으로 자신의 교육 방법을 개선할 수 있는 기회를 제공한다. 또한, 이러한 공유는 디지털 기반 교육 혁신을 위한 커뮤니티의 협력과 소통을 촉진하며, 교육 현장에서의 지속적인 발전을 가능하게 한다.

디지털 기반 교육혁신 선도학교의 운영은 교육의 미래를 형성하는 중요한 단계이다. 개별 학습자 중심의 교육 환경 조성, 교육 격차의 해소, 교사의 전문성 강화, 그리고 AI 디지털 활용 교수·학습 방법의 공유와 확산은 이러한 변화가 학생, 교사, 그리고 교육 커뮤니티 전체에 미치는 긍정적인 영향을 보여준다. 디지털 기반 교육혁신의 성공적인 실현은 교육이 직면한 현재와 미래의 도전을 해결하는 데 중요한 열쇠가 될 것이다.

2 성공적인 디지털 기반 교육혁신 선도학교 운영을 위한 제언

디지털 기반 교육혁신 선도학교의 선정과 운영은 단순히 새로운 기술의 도입을 넘어서, 교육의 본질적 변화를 추구한다. 이 변화는 학습 방법, 교육 환경, 교사와 학생의 역할까지 포괄하며, 교육 현장에 큰 변화를 가져올 것이다.

선도학교 운영의 성공은 단순히 기술의 효율적 사용에 그치지 않는다. 교육 커뮤니티의 협력, 교육 정책의 지원, 교육 기술의 적절한 통합과 같은 복합적인 요소들이 조화롭게 작용해야 한다. 또한, AI 디지털 기술을 활용하여 모든 학생에게 평등한 학습 기회를 제공하고, 각 학생의 잠재력을 최대한 발휘할 수 있는 환경을 조성하는 것을 목표로 한다. 이를 위해서는 기술의 접근성을 높이고, 교사의 디지털 역량을 강화하며, 학습 내용과 방법을 변화해야 한다. 디지털 기반 교육혁신 선도학교는 이러한 변화의 실현을 위한 실험실과 같은 역할을 하며, 성공적인 사례를 통해 다른 학교와 지역 사회에 영감을 주고, 교육 변화의 방향성을 제시한다.

본 절에서는 이러한 혁신을 성공직으로 이끌기 위한 전략직 제인을 다루고자 한다.

❶ AI 코스웨어를 활용한 교수 - 학습 운영

1) AI 코스웨어 활용 수업의 준비

AI 코스웨어를 활용한 수업 준비는 체계적인 접근이 필요하다. 교사는 먼저 학습 목표와 교육 내용을 명확히 설정해야 한다. 이 과정에서 AI 코스웨어의 기능과 제공하는 학습 자료가 교육 과정의 목표와 어떻게 부합하는지를 신중히 고려해야 한다. 그다음으로, 교사는 해당 코스웨어를 통해 제공되는 다양한 학습 자원을 탐색하고, 수업에 적합한 자료를 선별하는 작업을 진행한다.

이러한 준비 과정에서 교사는 AI 코스웨어가 제공하는 학습 분석 도구를 활용하여 학생들의 선행 학습 수준을 파악할 수 있다. 이 정보는 맞춤형 학습 경험을 제공하기 위한 기반이 된다. 또한, 교사는 수업에서 활용할 기술적 요소들에 대한 사전 점검을 실시하여, 수업 진행 중 발생할 수 있는 기술적 문제를 사전에 방지한다.

교육 기술 담당자와의 협력도 중요하다. 교사는 학교 내의 디지털 튜터와 협력하여, 필요한 기술 지원을 받고, AI 코스웨어를 효과적으로 활용할 수 있는 환경을 조성한다. 이러한 준비 과정을 통해 교사는 AI 코스웨어를 활용한 수업을 성공적으로 운영할 수 있는 토대를 마련한다.

2) 맞춤형 수업 제공

AI 코스웨어의 활용은 학생 개개인에게 맞춤형 학습 경험을 제공하는 데에 그 목적이 있다. 교사는 AI 코스웨어의 분석 기능을 활용하여 학생들의 학습 성향, 선호도 및 학습 수준을 정확히 파악한다. 이 정보를 바탕으로, 교사는 각 학생에게 가장 적합한 학습 자료를 제공하고, 개별 학습 목표를 설정하여 학생들의 학습 성취도를 극대화한다.

3) 상호작용 및 참여 증진

AI 코스웨어를 활용한 수업은 학생들의 상호작용 및 참여를 증진시키는 중요한 수단이다. 교사는 AI 코스웨어가 제공하는 상호작용이 가능한 학습 활동, 실시간 피드백, 가상 현실, 게이미피케이션 등 다양한 기능을 활용하여 학생들이 수업에 더욱 적극적으로 참여하도록 유도한다. 학생들이 수업 내용에 더 깊이 몰입하고, 학습 과정에서 적극적인 역할을 수행함으로써, 교육 경험이 풍부해지고 학습 효과도 증가한다.

4) 협력적 학습 환경 구축

교사는 AI 코스웨어를 활용하여 협력적 학습 환경을 구축한다. 이를 위해, 교사는 학생들이 그룹별로 작업하고, 서로 학습을 돕도록 격려한다. AI 코스웨어의 협력적 학습 도구를 활용하여, 학생들이 공동의 학습 목표를 달성할 수 있도록 지원한다. 이러한 환경은 학생들이 상호 의존적인 학습 과정을 경험하게 하며, 사회적 기술과 협력적 문제 해결 능력을 함양한다.

이러한 접근 방식은 교사가 AI 코스웨어를 활용한 수업을 성공적으로 운영하는 데 필요한 실질적인 가이드라인을 제공한다. 이를 통해, 교사는 디지털 기반 교육혁신 선도학교에서 학생들에게 풍부하고 다양한 학습 경험을 제공할 수 있을 것이다.

❷ 기초학력 제고

1) 학습 진단을 통한 개별 학습 수준 파악

교사는 AI 코스웨어의 진단 평가 기능을 활용하여 학생들의 학습 수준을 정확히 파악한다. 이 진단 과정을 통해 학생들의 강점과 약점을 식별할 수 있으며, 이를 기반으로 개별 학습 계획을 수립한다. 진단 결과는 학생 개개인에게 가장 적합한 학습 자료와 활동을 선정하는 데 중요한 정보를 제공한다.

2) 지속적인 학습 진행 상황 모니터링과 피드백

AI 코스웨어는 학생들의 학습 진행 상황을 실시간으로 모니터링하고, 적절한 피드백을 제공한다. 교사는 이러한 정보를 활용하여 학습 과정에서 학생들의 진전 상황을 파악하고, 필요한 경우 추가 지원을 계획한다. 지속적인 피드백은 학생들이 학습 목표를 향해 나아가는 데 필요한 동기부여를 제공한다.

3) 협력적 학습 환경에서의 기초학력 강화

교사는 협력적 학습 환경을 조성하여 기초학력이 부족한 학생들이 동료들과 함께 학습하고 성장할 수 있도록 한다. AI 코스웨어는 학생들이 서로 협력하고, 지식을 공유하는 과정에서 학습을 깊게 이해할 수 있도록 지원한다. 이러한 환경은 학생들의 사회적 기술 발달과 함께 학습에 대한 긍정적 태도를 함양한다.

이러한 접근 방식은 기초학력이 부족한 학생들에게 개별적이고 지속적인 지원을 제공하여, 그들이 학습 격차를 극복하고 학업 성취도를 높일 수 있도록 돕는다. AI 코스웨어의 체계적 활용은 학생들이 자신감을 갖고 학습에 임하도록 만들며, 모든 학생이 성공적인 학습 경험을 할 수 있는 기반을 마련한다.

❸ 교원의 AI 디지털 역량 강화를 위한 방안

1) 체계적인 연수 프로그램 개발 및 제공

교사들의 AI 디지털 역량을 강화하기 위해, 교육 당국과 학교는 체계적인 연수 프로그램을 개발하고 제공해야 한다. 이 프로그램은 AI와 디지털 교육 기술의 기본 원리, 효과적인 수업 설계 방법, 학습 데이터 분석 및 활용 방법 등을 포함해야 한다. 연수 과정에서는 실제 교육 현장에서 AI 코스웨어를 활용한 수업 사례를 공유하고, 교사들이 직접 기술을 체험할 수 있는 실습 기회를 제공함으로써, 이론과 실제의 연계를 강화해야 한다.

2) 멘토링 및 커뮤니티 구축을 통한 지속적인 지원

교사들이 연수 프로그램을 수료한 후에도 지속적인 학습과 성장을 할 수 있도록, 멘토링 시스템과 전문가 커뮤니티를 구축해야 한다. 경험 많은 교사나 외부 전문가가 멘토 역할을 하여, AI 디지털 교육 기술에 대한 교사들의 질문에 답하고, 수업 설계 및 실행에 있어 실질적인 조언을 제공할 수 있다. 또한, 교사들이 서로의 경험과 노하우를 공유할 수 있는 온라인 포럼이나 워크숍을 정기적으로 개최함으로써, 교사들 사이의 협력과 지식 공유를 촉진해야 한다.

3) 자기 주도적 학습을 위한 자원 접근성 향상

교사들이 스스로의 AI 디지털 역량을 강화할 수 있도록, 다양한 온라인 학습 자원과 도구에 대한 접근성을 향상시켜야 한다. 교육 기관은 최신 AI 교육 기술 관련 온라인 코스, 웨비나, 튜토리얼 등을 교사들에게 소개하고, 이를 활용할 수 있도록 지원해야 한다. 이를 통해 교사들은 자신의 시간과 속도에 맞춰 필요한 지식과 기술을 습득할 수 있다.

4) 평가 및 피드백을 통한 역량 강화 프로그램의 지속적 개선

교사의 AI 디지털 역량 강화 프로그램은 정기적으로 평가되어야 하며, 교사들로부터의 피드백을 기반으로 지속적으로 개선되어야 한다. 이를 통해 프로그램이 교사들의 필요와 최신 교육 기술의 발전을 반영할 수 있도록 해야 한다.

교사의 AI 디지털 역량 강화는 교육 혁신을 이끄는 중요한 요소이다. 교사들이 자신감을 갖고 AI 기술을 수업에 통합하고 활용할 때, 학생들은 더욱 풍부하고 맞춤화된 학습 경험을 할 수 있다. 따라서 교사의 전문성 신장은 성공적인 디지털 기반 교육혁신 선도학교를 운영하기 위해 중요한 부분이다.

❹ AI 디지털교과서나 코스웨어를 활용한 교수학습 모형 개발 및 적용

1) AI를 기반으로 한 개별화된 학습 경로 설계

AI 기술을 통합한 교수학습 모형은 학생 개개인의 학습 수준, 선호도 및 필요를 분석하여 개별화된 학습 경로를 설계한다. 예를 들어, '스마트러닝 플랫폼'은 학생들의 학습 활동 데이터를 수집하여, 그들의 이해도와 학습 성향에 기반한 개별 맞춤형 학습 콘텐츠와 학습 경로를 제안한다. 이를 통해, 학생은 자신의 학습 속도에 맞춰 학습하며, 교사는 학생의 학습 진도를 실시간으로 모니터링하고 적절한 지도를 제공할 수 있다.

2) 협력적 학습을 촉진하는 AI 활용 모델

AI 코스웨어는 학생들 간의 협력적 학습을 촉진하는 모델을 제공한다. 'AI 토론 플랫폼'을 활용하여, 학생들은 주어진 주제에 대해 토론하고, AI가 제공하는 관련 자료와 질문을 바탕으로 서로의 의견을 교환한다. 이 과정에서 학생들은 비판적 사고와 커뮤니케이션 능력을 키우고, 다양한 관점을 이해하는 능력을 개발한다.

3) 플립 러닝과 프로젝트 기반 학습의 적용

AI 디지털교과서와 코스웨어는 플립 러닝과 프로젝트 기반 학습(PBL)을 통합한 교수학습 모형의 개발을 가능하게 한다. 학생들은 AI 코스웨어를 통해 사전 학습을 진행하고, 교실 내에서는 그들이 사전 학습한 내용을 바탕으로 실제 프로젝트를 수행한다. 예를 들어, '환경 과학' 수업에서 학생들은 AI 코스웨어를 통해 기후 변화에 대해 학습한 뒤, 실제 지역 사회에서의 환경 보호 프로젝트를 기획하고 실행한다.

AI 디지털교과서와 코스웨어를 활용한 교수학습 모형의 개발 및 적용은 교육의 체계성을 다지고 효과성을 극대화할 수 있는 중요한 요소이다. 이를 통해, 교사와 학생 모두에게 교수-학습 목적에 맞는 모형을 제공하여, 학습자 중심의 교육을 실현할 수 있다.

❺ 학생의 디지털 역량 강화

1) 디지털 정보 리터러시 교육의 강화

디지털 정보 리터러시 교육은 학생들이 온라인 정보를 검색, 평가 및 활용하는 방법을 배우게 한다. 교사는 AI 코스웨어를 활용하여, 학생들에게 정보의 출처를 확인하는 방법, 정보의 신뢰도를 평가하는 기준, 그리고 온라인 정보를 학습 자료로 적절히 활용하는 방법을 가르친다. 예를 들어, '디지털 정보 리터러시' 수업에서 학생들은 다양한 온라인 자료를 비교 분석하고, 그 신뢰성을 평가하는 활동을 수행한다.

2) 코딩 및 컴퓨팅 사고력 교육

코딩 교육과 컴퓨팅 사고력의 강화는 학생들의 디지털 역량을 키우는 데 중요하다. 교사는 간단한 코딩 도구와 AI 코스웨어를 활용하여, 학생들이 문제 해결 과정에서 컴퓨팅 사고를 적용해 보는 경험을 제공한다. '블록 기반 프로그래밍 플랫폼'을 활용한 수업에서 학생들은 자신만의 프로젝트를 기획하고 실행하며, 이 과정에서 시퀀스, 반복, 조건문 등의 프로그래밍 개념을 자연스 럽게 학습한다.

3) 디지털 창의성 및 협력 능력의 발전

AI 디지털교과서와 코스웨어는 학생들의 디지털 창의성과 협력 능력을 발전 시키는 데 기여한다. 교사는 학생들이 디지털 미디어(영상, 오디오, 인터랙티브 프레 젠테이션 등)를 활용하여 자신의 아이디어를 표현하고, 다른 학생들과 협력하여 공동 프로젝트를 수행하도록 격려한다. 이러한 활동은 학생들이 디지털 도구 를 창의적으로 활용하고, 팀워크와 의사소통 능력을 강화하는 데 도움을 준다.

4) 안전한 디지털 환경의 이해 및 실천

학생들의 디지털 역량 강화 프로그램은 온라인 안전과 개인정보 보호에 대 한 교육을 포함해야 한다. 교사는 학생들에게 안전한 인터넷 사용 관행, 사이 버불링 인식 및 대처 방법, 개인 정보 보호의 중요성에 대해 가르친다. AI 코스 웨어를 활용한 시뮬레이션 게임이나 상황별 학습 활동을 통해, 학생들은 이러 한 개념을 실제 상황에 적용해보는 경험을 한다.

학생의 디지털 역량 강화는 그들이 디지털 사회의 책임감 있는 구성원으로 성장하는 데 필수적이다. 교육 혁신을 위한 AI 디지털교과서 및 코스웨어의 활 용은 학생들에게 필요한 디지털 기술과 역량을 개발하는 데 중심적인 역할을 한다.

⑥ 지역사회 연계

1) 지역사회 자원의 교육적 활용

지역사회의 기관, 단체, 기업과 협력하여 AI 디지털 관련 교육 프로그램을 제공받아 운영한다. 예를 들어, 지역 내 디지털 새싹 프로그램, AI 융합교육 대학 등에서 개발 중인 프로그램 등을 제공받아 학생들이 다양한 학습 자원을 경험할 수 있도록 한다. 이를 통해 학생들은 교실 밖에서도 학습할 수 있는 기회를 갖고, 학습에 대한 흥미와 동기를 높일 수 있다.

2) 지역사회 전문가와의 협력

지역사회의 AI 디지털 관련 전문가를 학교 교육에 초대하여 학생들에게 다양한 직업 세계와 전문 지식을 소개한다. 예를 들어, 프로그래머, 디지털 미술가, 드론 전문가 등이 학교를 방문하여 진로 탐색 및 전문 분야에 대한 강연을 제공한다. 이러한 활동은 학생들에게 미래 사회에서 필요한 역량과 진로에 대한 구체적인 이해를 돕는다.

디지털 기반 교육혁신 선도학교에서 지역사회 연계는 교육의 벽을 학교 밖으로 확장하고, 학습의 실용성과 실생활 연결성을 강화한다. 이 과정에서 학생, 교사, 지역사회가 함께 협력하여 다양한 교육적 기회를 창출하며, 교육의 사회적 가치를 실현한다.

디지털 기반 교육혁신 선도학교의 성공적 운영을 위한 여정은 여러 단계의 혁신과 변화를 포함한다. 이러한 변화를 통해 교육의 본질적인 개선을 추구하며, 교육 과정에서 학생, 교사, 그리고 지역사회의 역할까지 재정의한다. 본 절에서는 AI 디지털교과서나 AI 코스웨어를 활용한 수업 운영, 기초학력 제고,

교원의 AI 디지털 역량 강화, 교수학습 모형 개발 및 적용, 학생의 디지털 역량 강화, 그리고 지역사회 연계 등 다양한 전략을 제언하였다.

이러한 제언들은 디지털 기반 교육혁신 선도학교가 직면한 도전과제에 대응하고, 이들 학교가 미래 지향적인 교육 모델을 개발하는 데 있어 중요한 지침을 제공한다. 교육 커뮤니티의 협력, 교육 정책의 지원, 그리고 교육 기술의 효과적인 통합이 이러한 혁신의 기반이 된다. 더불어, 모든 학생에게 평등한 학습 기회를 제공하고, 각 학생의 잠재력을 최대한 발휘할 수 있는 환경을 조성하는 것을 목표로 한다.

교육 혁신은 단기간에 이루어지는 것이 아니다. 지속적인 노력과 개선을 통해 점차적으로 실현될 수 있다. 디지털 기반 교육혁신 선도학교는 이러한 혁신의 실현을 위한 실험실과 같은 역할을 하며, 성공적인 사례를 통해 다른 학교와 지역 사회에 영감을 주고, 교육 혁신의 방향성을 제시한다.

본 절에서 제안된 전략들은 디지털 기반 교육혁신 선도학교가 직면한 도전을 극복하고, 학교 교육의 질을 향상시키며, 학생들을 미래 사회에 필요한 다양한 역량을 갖춘 인재로 양성하는 데 기여할 것이다. 따라서, 이러한 제언들은 실제 선도학교 운영 담당 교사들에게 실질적인 운영 과제 및 방법을 제공하며, 이를 실현하기 위한 노력을 지속적으로 이어가야 할 것이다.

3 과제별 코스웨어 활용 교수-학습 사례

❶ 저학년 기초학력 신장(한글교육)

1) 토도한글

토도한글은 학습이 어려운 아이들도 쉽게 접근할 수 있는 디지털 도구로, 다양한 배경을 가진 아동들이 한글 문해력을 키울 수 있도록 설계된 AI 코스웨어다. 특히 한글 학습에 어려움을 겪는 이주배경 아동과 또래보다 한글을 배우는 속도가 느린 아동에게 도움을 주는 애플리케이션이다.

토도한글의 교육 방식은 아동 중심으로, 아동이 게임을 하듯 재미있게 학습 활동에 참여할 수 있도록 구성되어 있다. 앱은 직관적으로 이해할 수 있게 디자인되었으며, 다양한 학습 액티비티를 통해 반복 연습이 지루하지 않고 재미있게 진행될 수 있도록 돕는다. 토도한글은 학습자가 틀려도 창피함 없이 얼마든지 다시 시도해 보며 배울 수 있는 환경을 제공한다.

특히 토도한글은 다문화 배경 아이들의 각기 다른 언어 역량을 고려한 개인 맞춤 학습을 제공하며, 학생들이 가장 좋아하는 학습 활동으로 꼽힌다고 한다. 다문화 배경 아이들에게 필요한 정보, 문화, 역사 지식을 습득할 수 있도록 도와준다.

학교 현장에서의 적용 사례

경기 A 초등학교: 전교생의 80%가 다문화 배경 학생인 다문화교육정책학교로, 2022년부터 1~2학년 모든 학급에서 아침 활동 시간, 국어 시간, 방과

후 학습 지도에 토도한글을 활용하였다. 도서관의 책을 활용하여 읽기 중점 수업 및 쓰기 수업, 독서록 작성 등 다양한 활동에 토도한글을 활용하여 좋은 성과를 이루었다.

경기 B 초등학교: 기초학력 부진 학생을 대상으로 한 방과후 '한글 도움반'에서 토도한글을 보조교구로 활용하였다. 차시당 총 80분의 수업을 교사 주도 수업 60분, 토도한글 활용 자습 20분으로 구성하여 운영하였으며, 학생들의 방과후 수업 출석률과 학습 흥미도가 향상되었다.

❷ 글쓰기 활동 지원(국어-작문)

1) 키위티

키위티는 학생들의 글쓰기 능력을 지원하고 향상시키기 위해 설계된 AI 기반 코스웨어다. 이 도구는 학생들이 자신의 생각과 아이디어를 글로 표현하는 능력을 개발할 수 있도록 도와주며, 작문 과정에서 발생할 수 있는 다양한 어려움을 극복하도록 지원한다. 키위티는 글쓰기에 대한 직접적인 피드백과 평가를 제공함으로써, 학생들이 글쓰기 기술을 개선하고 글쓰기에 대한 자신감을 키울 수 있는 환경을 제공한다.

키위티의 교육 방식은 학생들이 작성한 글을 AI가 평가하고, 구체적인 피드백을 제공하는 방식으로 진행된다. 이는 학생들이 자신의 글을 객관적으로 바라보고, 개선할 수 있는 방안을 모색하도록 돕는다. 또한, 학생들은 반복된 연습과 수정 과정을 통해 글쓰기 능력을 지속적으로 향상시킬 수 있다.

> **학교 현장에서의 적용 사례**
>
> 서울 C 초등학교: 학생들은 영화 '고장난 론' 관련 주제로 글을 작성하며 키 위티를 활용해 피드백을 받았다. 이 과정에서 학생들은 자신의 생각을 명확히 표현하는 방법을 배우고, AI의 객관적인 평가를 통해 글쓰기 능력을 향상시킬 수 있었다.
>
> 경기 D 초등학교: 3학년 학생들은 최근의 인상 깊었던 일에 대해 글을 작성하고, 키위티를 통해 피드백을 받는 활동을 진행했다. 이 활동은 학생들이 자신의 글에 대한 자각을 높이고, 명확한 표현과 논리적인 구성 능력을 개발하는 데 도움을 주었다.
>
> 경북 E 초등학교: 학생들은 '제주도 수학여행'을 주제로 글을 작성하고, 키 위티로부터 받은 피드백을 바탕으로 글을 수정하는 활동을 했다. 이 과정에서 학생들은 글쓰기 과정에서의 자신의 강점과 약점을 파악하고, 이를 개선하기 위한 구체적인 방법을 학습했다.

❸ 학습 능력 향상(영어, 수학)

1) 알공AI

알공AI는 초등학생들의 영어 학습 능력을 향상시키기 위해 설계된 AI 기반 코스웨어다. 이 코스웨어는 학생들의 영어 수준을 평가하여 맞춤형 학습이 가능하며, 학습관리시스템(LMS)에서 실시간 학습 상태를 확인할 수 있어 원활한 수업진행이 가능하다. 알공AI는 메타버스 내 AI 캐릭터와 교과에서 배운 표현을 자유롭게 복습하며, 영어 실력을 향상할 수 있다.

또한 현행 초등학교 교과서를 사용하는 모든 학교에서 활용 가능하다. 무엇보다 챗GPT 기술을 도입하여 학생들이 기존에 있었던 룰 베이스의 정형화된 챗봇 대화 콘텐츠와 비교해 훨씬 풍부한 표현을 자연스럽게 배울 수 있다. 이러한 대화형 AI를 활용하여 학생들의 영어 말하기, 듣기, 쓰기 등의 활동을 개선하도록 돕는다. 또한, 대화형 AI기반 글쓰기 과정을 통해 수정 및 발전 등으로 영어 글쓰기 능력을 지속적으로 향상시킬 수 있다.

> **학교 현장에서의 적용 사례**
>
> 경기 F 초등학교: 5학년 학생들을 대상으로 방과후에 영어 교과의 기초학력 향상을 위하여 알공 AI를 활용한 수업을 진행했다. LMS를 통해 미리 등록한 1단원(Where Are You From?)을 통해 학생들은 1단원의 4개 영역(listening, reading, writing, speaking)을 복습하고 이에 대한 성과로 스톤을 얻는다. 메타버스 환경에서 학생들이 흥미 있게 수업에 참여하고 학생 스스로 자기 주도적으로 학습할 수 있었다.
>
> 경기 G 초등학교: 3학년 학생들을 대상으로 YBM(김) 3. Sit Down, Please. 단원의 수업을 진행했다. '요청하고 말하기' 상황에 알공 AI를 활용하여 게임 및 AI와 자연스러운 대화를 통해 말하고 듣고 쓰는 등의 입출력의 균형 있는 학습을 진행할 수 있었다. 또한, 학습 수준이 높아 성취도가 높은 학생들은 알공 AI의 무한 콘텐츠(런게임)를 활용하여 학생 수준별 학습 활동 및 학습 지속력에 의미 있는 수업을 진행할 수 있었다.

2) 마타수학

마타수학은 빅데이터와 AI를 기반으로 학생별 취약 부분을 정확하게 진단하고, 학습 분석과 맞춤형 문제를 통해 최적의 학습 경로를 추천하여 스스로 학습할 수 있게 지원하는 맞춤학습 AI 코스웨어이다. 학교 교육과정 운영에 맞춰 자동 연산 학습부터 심화학습까지 문제가 출제되고 학생들은 단원의 시작 단계에서 진단 평가를 통해 개인의 학습 성취도를 평가 분석하고 AI 기반 맞춤형 문제가 제공된다. 특히, 문제풀이 시 화면 공간에 연습장 기능을 제공하여 학생들이 별도의 연습장을 활용하지 않고 플랫폼 내에서 문제풀이를 진행하고 이러한 과정을 교사가 확인할 수 있다는 장점이 있다. 또한 교사는 학생들의 실시간 문제풀이 과정 모니터링을 통해 개별 첨삭 지도가 가능하다.

학생 구성원 상황 및 교육 시간에 맞춰 간편 수업 모드 및 정규 컬리큘럼 진행 모드가 있어 다양한 수업 형태에 맞게 진행이 가능하며 이를 통해 학생들의 자기주도적인 학습을 지원하는 코스웨어이다.

학교 현장에서의 적용 사례

대구 M 초등학교: 4학년 수학 시간에 학생들의 수학 실력 향상을 위해 마타수학을 활용한 수업을 진행하였다. 먼저 차시에 대한 수학적 설명 후 학생들에게 진단평가를 실시하고 결과를 바탕으로 학생 개인별 맞춤형 수학 문제를 제공하였다. 교사는 학생들의 문제풀이 과정에 실시간 모니터링 기능을 활용해 개인별 첨삭지도를 실시하고 오답률이 높은 문제의 경우 전체 화면 공유를 통해 반복학습을 실시하였다. 수업 후에는 맞춤 학습 기능을 활용하여 영역별 연산부터 심화 문제 풀이까지 학생 스스로 학습을 할 수 있는 기회를 제공하였다.

경기 S초등학교: 수학 부진 학생들을 위해 별도의 활동반을 만들어 수학 기초 향상을 위한 프로그램으로 마타수학을 활용하였다. 마타수학을 활용해 기본 커리큘럼에 따라 진행하였고, 각 학생의 진단 문제 결과에 맞춰 AI 기능이 학생 개별 수준에 맞는 맞춤형 문제를 제공하였다. 이를 통해 학생들의 기초 수학 인지 능력 개선 및 성취도 향상에 기여하였다.

④ 코딩 학습(정보)

1) 코드모스

코드모스는 초등학교에서 코딩 교육을 실시하기 위해 개발된 코딩 학습 플랫폼으로, 게임화된 학습 환경을 통해 학생들이 자기 주도적으로 코딩을 배우고, 문제 해결 능력을 향상시킬 수 있도록 설계되었다. 코드모스의 학습 콘텐츠는 학습의 목적에 따라 게임 모드, 학습 모드, 메이커 모드, 키우기 모드 등 총 네 가지 모드로 나누어져 있으며, 각 모드는 다시 다양한 행성과 미션으로 구성되어 있다.

학교 현장에서의 적용 사례

서울 J 초등학교: 컴퓨터 수업 시간에 학생들이 코드모스의 다양한 모드를 활용해 코딩 학습을 진행했다. 특히, 메이커 모드를 통해 학생들이 스스로 게임을 기획하고 만드는 활동을 통해 창의력과 문제 해결 능력을 키울 수 있었다. 학생들은 자신들이 만든 게임을 서로 공유하며 피드백을 주고받는 과정에서 협력적 학습 태도도 함께 발달시킬 수 있었다.

경기 K 초등학교: 코딩 동아리 활동에서 코드모스를 활용하였다. 특히, 게임 모드에서 제공되는 다양한 퍼즐을 풀면서 학생들은 컴퓨팅 사고력을 자연스럽게 키울 수 있었다. 동아리 시간에 학생들이 흥미를 느끼는 행성을 선택하여 미션을 수행하고, 성공적으로 미션을 완료할 때마다 코드모스 플랫폼에서 제공하는 인증서를 획득하는 등의 동기 부여 요소가 학습에 긍정적인 영향을 미쳤다.

참고문헌

- 대학생을 위한 게이미피케이션(Gamification) 기반 앙트러프러너십 교육 프로 그램 개발(배유나, 2021).
- 교육부 디지털 기반 교육혁신 방안(디지털교육전환담당관, 2023.2).
- 경기도교육청 2024년 디지털 기반 교육혁신 선도학교 운영계획(미래교육담당 관, 2023.12).
- www.디지털선도학교-터치교사단공모전.com(디지털선도학교 우수사례)
- https://www.todoschool.com/kr/hangeul(토도한글)
- https://keewi-t.korean.ai/(키위티)
- https://www.argong.ai/(알공AI)
- https://aihow.matamath.net/(마타수학)
- https://codmos.io/(코드모스)

PART

02

교사가 이끄는

교실혁명

CHAPTER 1

▶ AI 디지털교과서를 활용한 수업 설계 (TPACK 모형 적용)

▶ 박준호

1 AI 디지털교과서의 정의와 특성

❶ 500만 학생을 위한 500만 개의 교과서

AI 디지털교과서는 인공지능(A.I.: Artificial Intelligence)을 탑재한 디지털교과서를 말한다.

즉, 학생 개인의 능력과 수준에 맞는 다양한 맞춤형 학습 기회를 지원하고자 인공지능을 포함한 지능정보기술을 활용하여 다양한 교수학습자료 및 학습 지원 기능을 탑재한 소프트웨어다.

이 AI 디지털교과서는 과거 CBT(Computer Based Test : 컴퓨터를 이용해 시험에 응시하고 성적 처리도 컴퓨터를 통해 이루어지는 시험 방식)보다 발전하여 '지능적 교육 시스템'이라고 부르는 ITS(Intelligent Tutoring System)[1]를 목표로 개발하여

---

1 ITS(Intelligent Tutoring System)는 인공지능 기술을 활용하여 학습자 개개인에게 맞춤형

2025년부터 대한민국 교육 현장에 도입하고자 하는 교육 프로젝트이다. AI 기술을 활용하여 학생 개개인의 특성과 학습 상황을 파악하고, 맞춤형 교육을 제공하는 것이 가장 큰 특징이며 다음과 같은 특성을 가지고 있다.

> - AI에 의한 학습 진단과 분석(Learning Analytics)
> - 개인별 학습 수준과 속도를 반영한 맞춤형 학습(Adaptive Learning)
> - 학생의 관점에서 설계된 학습 코스웨어(Human-Centered Design)

학생, 교사, 학부모에게는 대시보드를 통한 학생의 학습데이터 분석 자료를 제공하고 교육 주체 간의 소통을 지원한다. 이를 위해 전국 교실에 최신 무선 네트워크 인프라를 구축하고 통합 로그인 기능을 도입하여 쉽고 편리하게 접속할 수 있다. UI/UX(User Interface/User Experience)[2] 구성 및 접근성이 누구에게나 보장된다. 다문화 시대에 다국어를 지원하고 특수교육대상자를 위한 보편적 학습 설계(UDL)[3]를 반영한다.

학습 환경을 제공하는 지능형 교육 시스템이다. 학습자의 지식 수준, 학습 스타일, 학습 속도 등을 분석하여 맞춤형 학습 콘텐츠, 피드백, 학습 활동 등을 제공한다.

2 UI(User Interface)는 사용자가 앱이나 웹사이트와 상호 작용하는 시각적인 요소를 말한다. 여기에는 화면 구성, 버튼, 아이콘, 텍스트, 색상 등이 포함된다. UI는 사용자에게 첫인상을 주는 중요한 요소이며, 사용성과 접근성을 높이는 데 중요한 역할을 한다. 사용자가 앱이나 웹사이트를 사용하면서 느끼는 전체적인 경험을 말한다.

   UX(User Experience)는 UI뿐만 아니라 사용 편의성, 만족도, 감정적인 반응 등이 포함된다. UX는 사용자 중심의 디자인을 통해 사용자에게 긍정적이고 효율적인 경험을 제공하는 데 초점을 맞춘다.

3 특수교육 분야에서 개발된 원리로서 신체적, 인지적 장애를 가진 학생들이 일반 교육과정에 따라 학습할 때 겪는 어려움을 극복하도록 도움을 주기 위한 방법론이다.

[그림 2.1] AI 디지털교과서 핵심서비스

공통(학생, 교사, 학부모)	**학생**	**교사**

· 대시보드를 통한 학생의 학습데이터 분석 제공 · 교육 주체(교사, 학생, 학부모) 간 소통지원 · 통합 로그인 기능 · 쉽고 편리한 UI/UX구성 및 접근성 보장(보편적 학습설계: UDL, 다국어 지원 등)	· 학습 진단 및 분석 · 학생별 최적의 학습경로 및 콘텐츠 추천 · 맞춤형 학습지원 (AI 튜터)	· 수업 설계와 맞춤 처방 (AI 보조교사) · 콘텐츠 재구성·추가 · 학생 학습이력 등 데이터 기반 학습 관리

학생에게는 기본적으로 초기 학습 진단 및 분석을 통해 학생별 최적의 학습 경로 및 콘텐츠 추천이 이루어지며 챗봇형 'AI튜터'를 통해 맞춤형 학습 지원이 이뤄질 수 있다.

교사는 수업을 설계하고 학생 맞춤형 처방을 통해 데이터 인식과 분석과정에서 AI 보조교사의 도움으로 빠르고 쉽게 학생들을 파악할 수 있으며, 콘텐츠를 재구성하거나 추가할 수 있다. 학생의 학습 이력, 학생의 정서 등을 데이터 증거 기반으로 관리 운용이 가능하다.

이런 기술을 통해 교사는 AI 적용 전에 했던 지난한 인식, 평가, 기록의 과정으로부터 큰 도움을 받아 시간을 아낄 수 있다. 교사는 학생들의 강점과 약점을 쉽게 파악하고 데이터를 기반한 학습 평가와 기록을 파악한 뒤 교육 전문가로서 심도있는 코칭과 상담을 할 수 있다. 개별 학업 성취도에 따른 맞춤형 학습을 제공하는 이유는 교실 속 수업에서 다양한 수준의 학생들이 존재하고 사회문화적·계층적으로 동일하기 어려운 대량 교육 시스템에서 교육 격차를 줄이려는 묘책으로 AI 디지털교과서 도입이 추진되고 있다.

[표 2.1] AI 디지털교과서 개발 교과목 및 적용 일정(안)

적용연도 / 학교급	구분	2025	2026	2027	2028
초등학교	특수교육기본교육과정	국어	국어, 수학	수학	-
	공통교육과정	수학, 영어, 정보	수학, 영어, 정보	-	-
		-	국어, 사회, 과학	국어, 사회, 과학	-
중학교	특수교육기본교육과정	-	-	생활영어	정보통신활용
	공통교육과정	수학, 영어, 정보	수학, 영어, 정보	수학, 영어, 정보	-
		-	국어, 과학	국어, 과학	국어, 과학
		-	기술·가정	사회, 역사	-
고등학교	특수교육기본교육과정	-	-	생활영어	정보통신활용
	공통교육과정	공통수학, 공통영어, 정보	-	-	공통국어, 통합사회, 한국사, 통합과학

출처: AI 디지털교과서 개발 교과목 및 적용일정(안), 2023 디지털교육백서. 교육부.

AI 디지털교과서는 2025년부터 초등학교 3학년, 4학년, 중학교 1학년, 고등학교 1학년을 시작으로 2028년까지 순차적으로 적용될 예정이다.

2025년에는 수학, 영어, 정보 과목에 우선 도입하고, 2026년에는 국어, 사회, 과학 과목에 도입할 계획이다.

2 디지털교과서와 AI 디지털교과서

❶ 디지털교과서와 AI 디지털교과서의 차이

과거 디지털교과서와 AI 디지털교과서의 차이는 [표 2.2]와 같다.

디지털교과서는 전통적인 인쇄 교과서의 내용을 디지털 형식으로 변환한 것이다. 이는 학습자에게 텍스트, 이미지, 오디오 및 비디오와 같은 다양한 멀티미디어 자료를 제공한다. 디지털교과서는 정보 접근성을 향상시키고, 학습자의 흥미를 유발하며, 단방향이지만 상호작용이 가능한 학습 경험을 제공한다

[표 2.2] 디지털교과서와 AI 디지털교과서의 차이

기준	디지털교과서	AI 디지털교과서
정의	전통적인 인쇄 교과서를 디지털 형식으로 변환한 교육 자료	인공지능 기술을 통해 학습자의 개별적인 요구와 학습 수준에 맞춘 콘텐츠를 제공하는 교육 자료
목적	교육 자료의 디지털 접근성 향상과 생동감있는 디지털 교육 자료 제공	개별 맞춤형 교육을 통한 학습자 개인의 학습 효율성 및 성과 향상
기능	멀티미디어 콘텐츠 제공, 단순한 단방향 인터랙티브 학습 활동 지원	학습 진단 및 분석, 맞춤형 콘텐츠 추천, 개인화된 학습 경로 설정, 데이터 기반 학습 관리
교육 방식	단일 형식의 콘텐츠 제공, 일반적인 학습자 그룹을 대상	학습자의 개별적인 특성과 필요에 맞춘 다양한 형태의 콘텐츠 제공
교사 역할	교육 콘텐츠 전달자 및 가이드	학습 설계자, 학습자 개별 요구에 대한 피드백 제공자
학습자 경험	표준화된 학습 경험, 제한된 개인화	깊이 있는 개별 맞춤 학습 경험, 높은 수준의 개인화 가능
효과 측정	전통적인 평가 방법에 의존	AI 기반 분석을 통한 실시간 학습 효과 및 진행 상황 모니터링
소통	제한된 교사-학생, 학생-학생 간의 상호작용	AI 기술을 통한 교사-학생, 학생-학생, 학부모 간의 증진된 소통 및 협력

는 점에서 유용했다. 하지만, 이러한 디지털교과서는 대체로 정적인 콘텐츠로 구성되어 있으며, 학습자 개인의 학습 수준이나 필요에 따라 내용이 자동으로 조정되지는 않는다. 용어사전, 멀티미디어 자료, 실감형(VR, AR) 콘텐츠, 평가 문항 제공, 보충·심화학습 등의 학습 콘텐츠를 지원했다.

반면, AI 디지털교과서는 인공지능 기술을 활용하여 학습자 개인의 학습 성향과 수준을 인식하고, 이에 맞춰 콘텐츠를 동적으로 조정한다. AI 디지털교과서는 학습자의 반응을 실시간으로 분석하여 개인화된 학습 경로를 제공하고, 학습자가 필요로 하는 콘텐츠를 추천한다. 또한, 학습 진단 및 분석, 맞춤형 학습 지원, 수업 설계 및 맞춤 처방 지원 등의 핵심 기능을 통해 학습의 효율성을 극대화한다.

AI 디지털교과서의 가장 큰 특징은 학습자 중심의 교육을 가능하게 한다는 것이다. 이는 학생 한 명 한 명의 학습 스타일과 속도, 이해도에 맞춰 교육 콘텐츠를 제공함으로써, 모두를 위한 맞춤 교육을 실현한다. 이를 통해 교사는 학생 개별의 학습 진도와 성취도를 보다 정확하게 파악할 수 있으며, 이에 기반한 피드백과 지도가 가능해진다.

AI 디지털교과서의 또 다른 중요한 특성은 대시보드를 통해 학생의 학습 데이터를 분석하고 제공한다는 점이다. 이를 통해 교육 주체 간의 소통이 강화되며, 학부모는 자녀의 학습 진도와 성취도에 대한 객관적인 정보를 얻을 수 있게 된다. 또한, 교육 내용과 방식의 전환을 요구하는 디지털 대전환 시대에 적합한 교육 솔루션이 될 수 있다.

AI 디지털교과서와 디지털교과서의 가장 큰 차이는 학습자 개인에 대한 깊은 이해와 개별 맞춤 교육의 실현 가능성에 있다. AI 디지털교과서는 창의 역량을 가진 창의 인재를 양성하는 데 필수적인 도구로 자리 잡을 수 있다. 이는 교사와 학생, 학부모 모두에게 더욱 효과적이고 의미 있는 학습 경험을 제공하며, 교육의 질을 한 단계 높이는 데 기여한다.

AI 디지털교과서로 인해 바뀔 학교 수업을 도식화하면 [그림 2.2]와 같다.

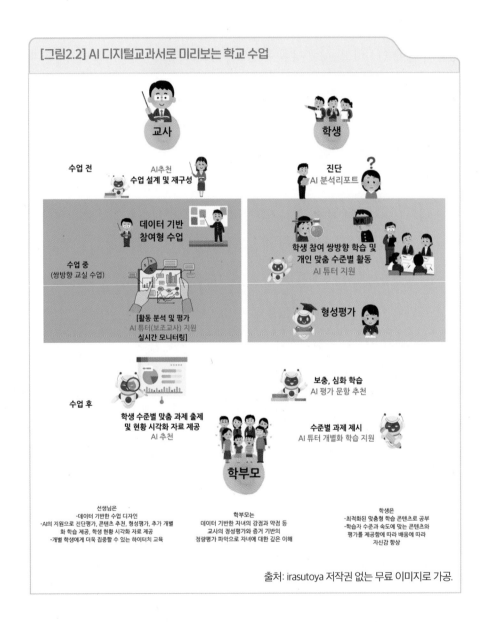

[그림2.2] AI 디지털교과서로 미리보는 학교 수업

출처: irasutoya 저작권 없는 무료 이미지로 가공.

❷ AI 코스웨어 개념 이해 및 교과수업 예시

1) AI 코스웨어란?

AI 코스웨어는 'AI + Course + software'의 합성어로 인공지능(AI) 기술을 통합하여 개발된 교육용 소프트웨어를 말한다.

이러한 코스웨어는 학습자 개개인의 학습 성향, 성취도 등의 데이터를 분석하여, 맞춤형 학습 경험을 제공하는 데 초점이 맞춰져 있어서 AI 디지털교과서에 들어가는 주요 시스템이다.

교과수업 예시

세자리수×두자리수 계산을 주제로 한 수학 수업의 TPACK[4](기술, 교수법, 내용 지식) 사례이다. 이 사례는 기술의 통합적 사용을 통해 학생들의 이해를 증진시키고, 수학적 개념을 깊이 있게 탐색할 수 있도록 설계되었다.

1. 수업 목표 설정
- 세자리수와 두자리수의 곱셈을 할 수 있다. 계산 과정에서 자리값의 중요성을 알 수 있다.
- 다양한 계산 전략을 탐색하고 적용할 수 있다.

2. 기술(Technology)의 활용
사전진단평가를 통해 전시학습 성취도를 알아본다. 이때 교사는 학생들 데이터를 보면서 강점과 약점을 찾아낸다.

---

[4] TPACK(Technological Pedagogical Content Knowledge)은 교사가 효과적인 수업을 설계하고 실행하는 데 필요한 지식을 통합적으로 이해하는 모델이다. 이 모델은 기술 지식(TK: Technological Knowledge), 교육 방법 지식(PK: Pedagogical Knowledge), 내용 지식(CK: Content Knowledge)의 세 가지 주요 구성 요소와 이들의 상호작용으로 구성된다.

- 쌍방향 인터랙티브 화이트보드: 수업의 도입부에서 세자리수와 두자리수 곱셈의 개념을 시각적으로 소개하고, 다양한 예시를 통해 학생들의 이해를 돕는다.
- 온라인 계산기: 학생들이 직접 문제를 풀 때 온라인 계산기를 사용하여 계산 과정을 확인하고, 다양한 계산 전략의 결과를 비교한다.
- 수학 학습 앱: 개별 연습 시간에는 학생들이 수학 학습 앱을 사용하여 세자리수와 두자리수 곱셈 문제를 다루는 게임이나 활동에 참여한다.

3. 교수법(Pedagogy)의 적용

- 문제 기반 학습: 실생활 문제를 제시하여 학생들이 세자리수와 두자리수 곱셈을 사용하여 문제를 해결하도록 한다. 예를 들어, 학생들에게 가상의 쇼핑 상황을 제시하고, 다양한 아이템을 구매하는 상황의 가격을 계산하게 한다.
- 동료 학습: 학생들 짝을 맞추거나 소그룹을 형성하여 서로 문제를 출제하고 풀어보게 한다. 이 과정에서 학생들은 서로의 계산 과정을 검토하고 피드백을 주고 받는다.
- 플립 러닝: 개별 학습이 필요한 학생들에게 세자리수와 두자리수 곱셈에 관한 동영상 강의나 자료를 사전 학습하도록 하고, 수업 시간에는 실제 계신 연습과 문제 해결 활동에 집중하게 한다.

4. 내용 지식(Content Knowledge)의 탐구

- 계산의 원리: 세자리수와 두자리수 곱셈의 기본 원리를 소개하고, 자리값이 어떻게 영향을 미치는지 탐구한다.
- 계산 전략: 전통적인 곱셈 알고리즘뿐만 아니라 격자법(grid method)이나 분할과 정복(divide and conquer) 전략 같은 다양한 계산 전략을 소개하고 실습하게 한다.
- 오류 분석: 학생들이 흔히 저지르는 오류 유형을 분석하고, 이를 바로잡는 방법을 탐색한다.

5. 수업 마무리: 평가 및 반성

- 학생들은 그들이 풀어본 문제들 중 하나를 선택하여, 계산 과정을 발표한다. 이 때 인터랙티브 화이트보드를 사용하여 발표를 지원하며 상호 동료 평가를 안내한다.
- 수업의 마지막에는 학생들이 이날 배운 계산 전략들에 대해 반성하고, 자신에게 가장 효과적인 전략이 무엇인지 공유한다.

이렇게 TPACK 프레임워크를 적용한 수학 수업은 기술, 교수법, 내용 지식을 통합적으로 활용하여 학습자의 이해를 극대화하고, 수학에 대한 긍정적인 학습 태도를 형성하는 데 기여한다.

전국 모든 교실에서 학생들과 교사가 겪고 있는 문제는 교사가 진행하는 수업이 모두를 위한 수업이기보다 학업 성취도 60~80% 사이 값의 학생을 대상으로 수업을 구성한다. 교사가 진행하는 수업이 학습자 수준에 모두 맞지 않는다는 점에서 AI 디지털교과서의 비전은 유의미하다.

모두를 위한 맞춤 교육 '교육을 새고로칩, 나답게 배운다.'라는 슬로건 아래 Artificial, Intelligence, Digital, Textbook AI DT 정책을 추진한다.

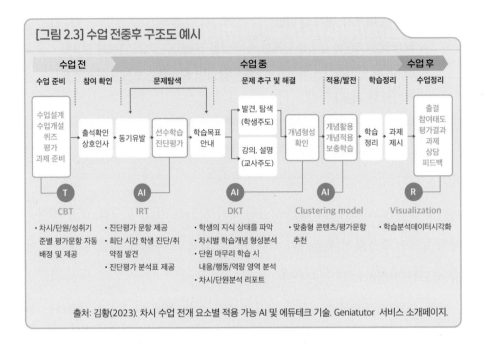

[그림 2.3] 수업 전중후 구조도 예시

| 수업 전 | | | 수업 중 | | | 수업 후 |

| 수업 준비 | 참여 확인 | 문제탐색 | 문제 추구 및 해결 | 적용/발전 | 학습정리 | 수업정리 |

수업설계 / 수업개설 / 퀴즈 / 평가 / 과제 준비 → 출석확인 / 상호인사 → 동기유발 → 선수학습 / 진단평가 → 학습목표 안내 → 발견, 탐색 (학생주도) / 강의, 설명 (교사주도) → 개념형성 확인 → 개념활용 / 개념적용 / 보충학습 → 학습 정리 → 과제 제시 → 출결 / 참여태도 / 평가결과 / 과제 / 상담 / 피드백

T — CBT
- 차시/단원/성취기준별 평가문항 자동 배정 및 제공

AI — IRT
- 진단평가 문항 제공
- 최단 시간 학생 진단/취약점 발견
- 진단평가 분석표 제공

AI — DKT
- 학생의 지식 상태를 파악
- 차시별 학습개념 형성분석
- 단원 마무리 학습 시 내용/행동/역량 영역 분석
- 차시/단원분석 리포트

AI — Clustering model
- 맞춤형 콘텐츠/평가문항 추천

R — Visualization
- 학습분석데이터시각화

출처: 김황(2023). 차시 수업 전개 요소별 적용 가능 AI 및 에듀테크 기술. Geniatutor 서비스 소개페이지.

학습자의 특성을 고려한 맞춤 학습경험을 제공하고 학습자가 학습에 흥미를 가지고 몰입할 수 있는 학습경험을 제공하며 다양한 학습자를 고려하여 데이터에 기반한 학습 경험을 제공한다. 또한 생성형 AI, VR, MR, 메타버스 등 첨단 기술을 접목한 학습 경험을 제공한다.

AI 디지털교과서 활용 교육은 교사의 역할 변화를 요구하며, 이에 따른 새로운 역량 개발이 필수적이다. 이러한 역량은 교육의 디지털 전환을 효과적으로 이끌고, 학생들에게 개인화된 학습 경험을 제공하는 데 중요하다. AI 디지털교과서를 통한 교육에서 교사는 다음과 같은 역할을 수행한다.

• 학습설계자: 교사는 AI 학습데이터 분석 결과를 기반으로 각 학생의 역량과 학습 속도에 적합한 학습을 설계하고 재구성한다. 이는 교육 내용과 방법을 학생 개개인의 필요에 맞추어 조정하는 역할을 포함한다. 학습설계자로서 교

사는 교육 기술과 자료를 활용하여 학습자 중심의 교육 환경을 창조해야 한다.

• 사회정서적 지도자: 학생들의 사회정서적 변화를 관찰하고 진단하여, 안정적인 상담 및 멘토링을 제공한다. 이 역할은 학습 동기를 부여하고, 학생들이 자신감을 가지고 주도적으로 학습에 참여하도록 유도하는 데 기여한다. 교사는 학생들의 감정적, 사회적 발달을 지원하며, 학교 생활의 다양한 상황에서 긍정적인 상호작용을 촉진해야 한다.

• 상호작용 촉진자: 교사는 학습 환경에서 학생 간의 협업과 소통을 촉진한다. 이를 위해 모둠 활동을 조직하고, 의견 충돌이나 갈등 상황에서 중재자 역할을 수행하여 학생들 사이의 협력을 조정한다. 상호작용 촉진자로서 교사는 학생들이 서로의 생각을 공유하고, 함께 문제를 해결하는 과정에서 의미 있는 학습이 일어나도록 유도한다.

AI 디지털교과서의 도입으로 인해 변화하는 교사의 역할은 학교 커뮤니티 내에서 공유되어야 한다. 교사들은 자신의 경험과 사례를 서로 공유함으로써, 디지털교육 전환 문화의 확산에 기여할 수 있다. 학교의 비전과 목표에 따라 디지털 기반 교육 혁신을 추진하는 과정에서, 교사들은 다양한 아이디어를 모으고, 학교 변화를 주도적으로 이끌어야 한다. 또한, 교육 활동뿐만 아니라 학교 운영의 다양한 측면에서 디지털 기술을 활용하여 업무 경감을 시도하고, 이러한 사례를 상호 공유함으로써 학교 내 디지털 대전환 문화를 확산시키는 것이 중요하다.

❸ AI 디지털교과서 비전 체계[5]

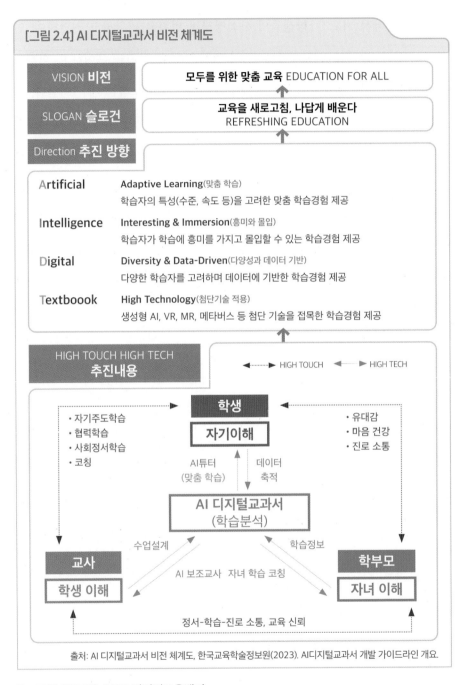

[그림 2.4] AI 디지털교과서 비전 체계도

| VISION 비전 | **모두를 위한 맞춤 교육** EDUCATION FOR ALL |
| SLOGAN 슬로건 | **교육을 새로고침, 나답게 배운다** REFRESHING EDUCATION |

Direction 추진 방향

Artificial
Adaptive Learning(맞춤 학습)
학습자의 특성(수준, 속도 등)을 고려한 맞춤 학습경험 제공

Intelligence
Interesting & Immersion(흥미와 몰입)
학습자가 학습에 흥미를 가지고 몰입할 수 있는 학습경험 제공

Digital
Diversity & Data-Driven(다양성과 데이터 기반)
다양한 학습자를 고려하며 데이터에 기반한 학습경험 제공

Textboook
High Technology(첨단기술 적용)
생성형 AI, VR, MR, 메타버스 등 첨단 기술을 접목한 학습경험 제공

HIGH TOUCH HIGH TECH 추진내용

◀━▶ HIGH TOUCH ◀━ ━▶ HIGH TECH

학생
자기이해

· 자기주도학습
· 협력학습
· 사회정서학습
· 코칭

· 유대감
· 마음 건강
· 진로 소통

AI튜터
(맞춤 학습)

데이터
축적

AI 디지털교과서
(학습분석)

수업설계

학습정보

AI 보조교사   자녀 학습 코칭

교사
학생 이해

학부모
자녀 이해

정서-학습-진로 소통, 교육 신뢰

출처: AI 디지털교과서 비전 체계도, 한국교육학술정보원(2023). AI디지털교과서 개발 가이드라인 개요.

---

5   교육부(2023). 2023 디지털교육백서.

❹ AI 디지털교과서의 핵심 기능 소개

AI 디지털교과서는 공공이 제공하는 AI 디지털교과서 포털 서비스와 민간이 제공하는 교과별 AI 디지털교과서 서비스의 형태로 구성한다.

공공은 개발사가 개발한 AI 디지털교과서를 사용자 친화적으로 서비스하기 위하여 학습데이터허브를 포함한 AI 디지털교과서 포털을 구축·운영한다.

AI 디지털교과서 포털은 통합 인증, 책장, 통합 대시보드 등의 서비스를 제공하고 학습데이터 허브는 국가수준 학습분석, 학습이력 데이터 관리 등의 역할을 수행한다.

민간은 AI 디지털교과서 포털을 통해 인증된 사용자에게 교과별 AI 디지털교과서를 제공하고, 맞춤형 학습 지원을 위한 AI 기능과 다양한 콘텐츠를 기반한 AI 디지털교과서 서비스를 제공한다.

AI 디지털교과서 활용 사례

- 2022 개정 교육과정에 근거하여 학습분석 결과에 따라 보충학습(느린 학습자)과 심화학습(빠른학습자)을 제공할 수 있도록 개발

- 느린 학습자에게는 학생의 학습 수준에 맞는 기본 개념 중심 콘텐츠를 추천하고, 필요한 경우

- 학습 결손을 해소할 수 있는 학습자료를 제공(학습분석 결과 등을 교사에게 제공하여 기초학력 보장 지원)

- 해당 교육과정의 기본 학습 내용을 충분히 소화한 학생에게는 토론, 논술 과제 등 심화학습콘텐츠를 제공

AI 디지털교과서 핵심 서비스 실제 사례

❶ 학습 진단 ❷ 학습경로 추천 ❸ 학습 콘텐츠 추천 ❹ 문항 추천

---

1) AI 디지털교과서의 핵심 기능 설명

첫 번째로, 학습 진단 및 분석 기능을 들 수 있다. 이는 학생들의 학습 수준과 선호도를 정밀하게 파악하여, 그에 맞는 학습 자료를 제공한다. 이를 통해 학생들은 자신의 학습 속도에 맞춰 교육을 받을 수 있으며, 교사는 학생 개개인에 대한 깊은 이해를 바탕으로 더 효과적인 지도를 할 수 있다.

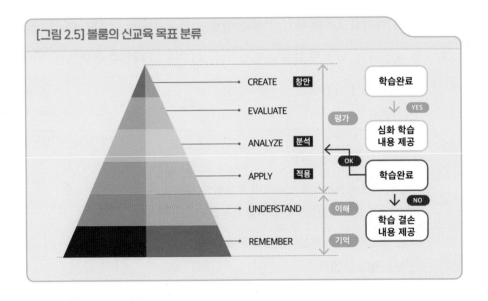

[그림 2.5] 블룸의 신교육 목표 분류

두 번째로, 학생별 최적의 학습 경로 및 콘텐츠 추천 기능은 AI 디지털교과서의 또 다른 핵심이다. 이 기능은 학습자의 이전 학습 활동과 성과를 분석하여, 가장 적합한 학습 자료와 활동을 제안한다. 이는 학습자가 자신의 잠재력을 최대한 발휘할 수 있도록 돕고, 학습 효율성을 극대화한다.

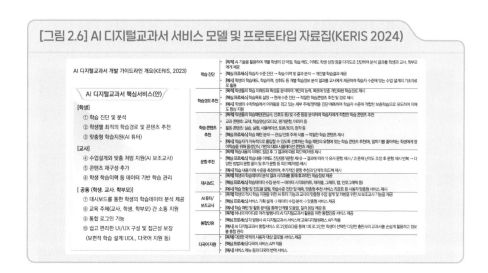

[그림 2.6] AI 디지털교과서 서비스 모델 및 프로토타입 자료집(KERIS 2024)

세 번째 핵심 기능은 맞춤형 학습 지원이다. AI 디지털교과서는 학생들의 다양한 학습 요구와 목표에 부응하기 위해 개별화된 학습 계획을 제공한다. 이를 통해 학생들은 자신만의 학습 속도와 스타일에 맞춰 학습할 수 있으며, 교사는 학생들의 학습 과정을 보다 효과적으로 지원할 수 있다.

[그림 2.7] AI 디지털교과서 서비스 모델 및 프로토타입 자료집(KERIS 2024)

[그림 2.8] AI 디지털교과서 서비스 모델 및 프로토타입 자료집(KERIS 2024)

네 번째로, 수업 설계와 맞춤처방 지원은 AI 디지털교과서가 제공하는 중요한 기능 중 하나다. 이를 통해 교사는 학생들의 학습 성취도와 필요에 기반한 맞춤형 수업 계획을 쉽게 작성할 수 있다. 이는 교육 과정을 보다 유연하게 관리하고, 학생 개개인의 학습 효과를 극대화하는 데 도움이 된다.

[그림 2.9] AI 디지털교과서 서비스 모델 및 프로토타입 자료집(KERIS 2024)

[그림 2.10] AI 디지털교과서 서비스 모델 및 프로토타입 자료집(KERIS 2024)

다섯 번째 핵심 기능은 콘텐츠 재구성 추가다. AI 디지털교과서는 주어진 교육 자료를 학생의 학습 성향과 수준에 맞게 재구성할 수 있는 능력을 갖추고 있다. 이는 학습자에게 더욱 개인화되고 맞춤화된 학습 경험을 제공한다.

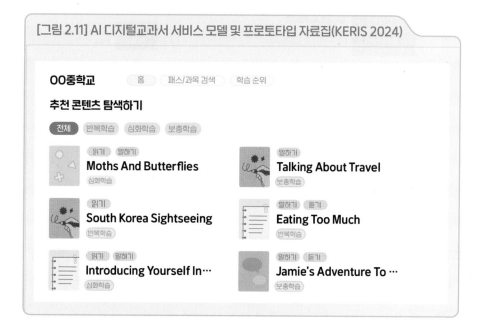

[그림 2.11] AI 디지털교과서 서비스 모델 및 프로토타입 자료집(KERIS 2024)

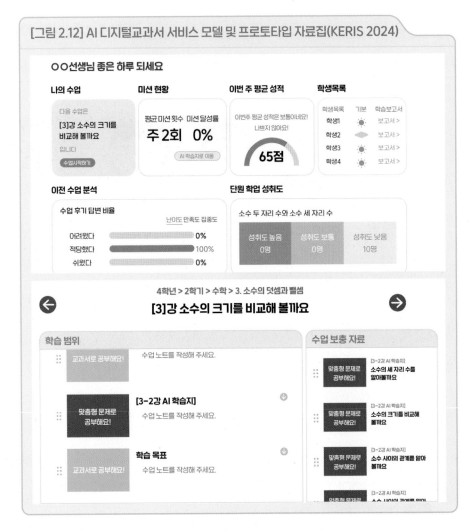

[그림 2.12] AI 디지털교과서 서비스 모델 및 프로토타입 자료집(KERIS 2024)

여섯 번째로, 학생 학습 이력 등 데이터 기반 학습 관리는 AI 디지털교과서의 중요한 기능이다. 이를 통해 학습자의 학습 진행 상황과 성과를 정밀하게 추적하고 관리할 수 있다. 이 정보는 교사가 학생의 학습을 보다 효과적으로 지도하고, 학습 과정에서 필요한 지도방법을 구안하는 데 중요한 기초 자료가 된다.

마지막으로, 대시보드를 통한 학생의 학습 데이터 분석 제공은 교사, 학생, 학부모가 학습 과정과 결과를 명확하게 이해하고, 필요한 조치를 취할 수 있도록 돕는다. 이는 교육 과정의 투명성을 높이고, 교육 공동체 간의 긴밀한 협력을 촉진한다.

이처럼 AI 디지털교과서는 교육의 디지털 전환을 가속화하는 핵심 도구로서, 학습자 중심의 개별 맞춤 교육을 실현하는 데 중요한 역할을 한다. 이는 교육의 질을 개선하고, 미래 사회에 필요한 창의적이고 독립적인 학습자를 양성하는 데 기여한다.

3 AI 디지털교과서와 교육과정 통합

❶ AI 디지털교과서와 TPACK 프레임워크

앞서 AI 디지털교과서에 대해 알아보았으며, TPACK 프레임워크 관점에서 어떤 변화가 있을지 생각해 보자.

1) 우선 TPACK이란 무엇일까?

TPACK(Technological Pedagogical Content Knowledge)은 교사가 효과적인 수업을 설계하고 실행하기 위해 필요한 지식의 통합 모델이다. TPACK 모델은 기술 지식(TK: Technological Knowledge), 교육 방법 지식(PK: Pedagogical Knowledge), 그리고 내용 지식(CK: Content Knowledge)의 세 가지 주요 구성 요소와 이들의 중첩으로 구성되어 있다. 이 세 요소는 교육 환경에서 서로 상호 작용하며, 교사들이 학생들에게 지식을 더 효과적으로 전달할 수 있도록 돕는다.

(1) 내용 지식(CK: Content Knowledge)

교사가 가르치려는 과목의 실질적인 지식이다. 예를 들어, 수학 교사는 수학의 원리, 공식, 개념 등에 대해 깊이 이해할 필요가 있다.

(2) 교육 방법 지식(PK: Pedagogical Knowledge)

학습이 어떻게 이루어지는지, 어떤 교수법이 효과적인지에 대한 이해이다. 이는 학습자의 이해와 학습 동기 부여, 수업 계획 및 평가 방법 등을 포함한다.

(3) 기술 지식(TK: Technological Knowledge)

교육에 활용될 수 있는 다양한 기술, 도구, 자원에 대한 지식이다. 컴퓨터, 인터넷, 스마트 기기, 학습 관리 시스템(LMS) 등 디지털 기술이 이에 해당하며, 이러한 기술을 교육에 효과적으로 적용하는 방법에 대한 이해를 포함한다.

TPACK 모델의 핵심은 이 세 가지 요소가 단독으로 작용하는 것이 아니라, 서로 상호 작용하여 효과적인 교수-학습 환경을 조성하는 데 필요한 종합적인 지식을 형성한다는 점이다. 특히, 다음과 같은 중첩 영역이 중요하다.

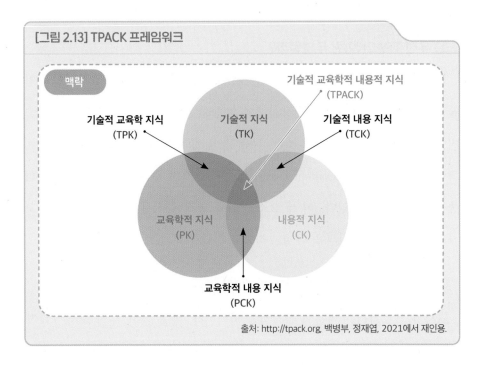

[그림 2.13] TPACK 프레임워크

출처: http://tpack.org, 백병부, 정재엽, 2021에서 재인용.

(4) 교수법적 내용 지식(PCK: Pedagogical Content Knowledge)

특정 내용을 가르치기 위한 최적의 방법에 대한 이해이다. '무엇을' 가르칠지
와 '어떻게' 가르칠지를 연결하는 지식이라고 할 수 있다.

(5) 기술적 내용 지식(TCK: Technological Content Knowledge)

특정 내용을 가르치는 데 있어서 기술이 어떻게 도움이 될 수 있는지에 대한
이해이다. 수학 문제를 해결하기 위한 온라인 도구의 사용이 이에 해당한다.

(6) 기술적 교수법 지식(TPK: Technological Pedagogical Knowledge)

특정 교수법을 실행하는 데 있어 기술이 어떻게 도움이 될 수 있는지에 대한
이해이다. 온라인 협력 학습 활동이나 가상 실험실 사용하는 방법 등이 여기에
속한다.

이 모든 영역이 합쳐져 기술적 교수법적 내용 지식(TPACK: Technological
Pedagogical Content Knowledge)을 형성한다. TPACK 모델을 이해하고 적용함
으로써, 교사는 학습자의 다양한 필요를 충족시키면서 더욱 창의적이고 효과
적인 수업을 설계할 수 있게 된다.

AI 디지털교과서와 TPACK 프레임워크의 통합은 현대 교육의 패러다임을
혁신적으로 변화시키는 과정에서 중요한 역할을 한다. AI 디지털교과서는 교
사들이 기술을 교육 내용과 교수 방법에 통합하여 교육의 효과를 극대화하도
록 도울 것이라 입을 모은다.

AI 디지털교과서의 등장은 TPACK 프레임워크에 새로운 차원을 추가할 수
있다. AI 기술을 활용함으로써, 교사는 학생들의 학습 과정을 더욱 세밀하게

분석하고, 개별 학생의 요구에 맞춘 교육 내용을 제공할 수 있게 됐다. 이러한 접근 방식은 교수학적 지식(PCK: Pedagogical Content Knowledge), 기술 내용 지식(TCK: Technological Content Knowledge), 그리고 기술 교수 내용 지식(TPK: Technological Pedagogical Content Knowledge)의 세 영역을 모두 강화할 수 있다.

(1) 교수학적 지식(PCK)

교사가 학습자에게 특정 내용을 가르치는 방법에 관한 지식을 의미한다. AI 디지털교과서는 학습자의 반응과 성과를 기반으로 한 데이터를 제공함으로써, 교사가 보다 효과적인 교수 전략을 개발하고 적용할 수 있다. 이를 통해 교사는 학습자의 이해도를 향상시키는 데 필요한 구체적인 교수법을 식별하고 적용할 수 있다.

(2) 기술 내용 지식(TCK)

특정 학습 내용을 전달하는 데 있어 기술이 어떻게 활용될 수 있는 지에 대한 이해를 말한다. AI 디지털교과서는 다양한 멀티미디어 자료와 인터랙티브 요소를 통해 학습 내용을 풍부하게 하며, 이를 통해 학습자의 이해와 관심을 증진시킬 수 있다.

(3) 기술적 교육학 지식(TPK)

기술을 활용하여 교수법을 어떻게 최적화할 수 있는지에 관한 지식을 의미한다. AI 디지털교과서는 학습자 중심의 교육을 실현하기 위해 교사가 학습자의 개별적인 필요와 진도에 맞춰 수업을 설계하고 조정하는 데 필요한 도구를 제공한다.

AI 디지털교과서와 TPACK 프레임워크의 통합은 교육 기술의 적용을 넘어서 교육 내용과 교수법의 개선에 혁신을 가져올 수 있다. 이러한 통합은 학습자에게 더욱 개인화되면서 동시에 동료와의 효과적인 협동학습경험을 제공해 줄 수 있다. 저출산과 학령인구 감소에 따른 사회적 여파 속에서 대량적 교육 시스템을 탈피하고 개별화 맞춤교육을 실현하는데 교육의 질적 혁신에 기여할 것으로 기대한다. 이를 바탕으로 수업 설계 모델 예시안을 살펴보면 다음과 같다.

[표 2.3] 수업 설계 구상하기

항목	예시
학습목표 (성취기준기반)	• 도시와 농촌의 인구변화를 알 수 있다. • 도시와 농촌의 인구문제를 해결하는 방법을 찾을 수 있다.
수행/기능	• AI 디지털교과서를 활용한 사전 학습 진단하기 • 도시와 농촌의 인구변화 통계 자료를 찾아 유의미한 값을 전처리 • 데이터 분석하기 • 조사한 내용 발표하기 • 도시와 농촌 인구 문제를 확인하고 해결 방법 발표자료 만들기 • 발표한 내용을 공유하고 공감하고 성찰하기
도구 (에듀테크 또는 AI 디지털교과서)	• AI 디지털교과서 진단 평가(학습자 사전 개념 학습 수행) • 인구변화를 알 수 있도록 통계청 자료를 정제한 교육용 통계 웹 서비스 활용 • AI 튜터를 활용한 전처리 과정 수행 • 시각화 에듀테크를 활용하여 도표와 그래프 만들기 • 조사한 내용 프레젠테이션 만들기 • 발표 자료 공간에 동료학습자 초대하고 질문 및 상호평가 남기기
학습 평가	• 도시와 농촌의 인구변화 전처리 결과물 • 도시와 농촌의 인구문제 해결 아이디어 시각화 자료 • 상호 동료평가 데이터 활용 • AI 디지털교과서로 형성 평가
학습 데이터셋	• 학습 참여 시간 • 시각화 자료의 콘텐츠 수행도 • 상호 동료평가 데이터, 커뮤니티 참여도 • 사전 진단평가 및 사후 형성 평가 데이터 • AI튜터와 질의 응답을 주고 받은 정도 • 감정상태
성찰	• 수업 전중후 전 과정에서 AI 디지털교과서 활용 • 각 차시수업 도입, 전개, 정리에서 교육 데이터 확보 • 기초 개념 지식 이해의 성취도 낮은 학생과 높은 학생 모니터링 • 개별 학습자와 협력 학습자 파악

(1) 학습목표(성취기준기반)

- 학습해야 할 주요 개념, 원리 또는 사실을 명확히 한다.
- 학습자가 이해해야 할 핵심 주제와 목표를 설정한다.

(2) 수행/기능

- 학습자가 수업을 통해 달성할 학습 목표에 따른 수행과 기능을 말한다.
  (분석/해석하기, 발표하기, 토의/토론하기, 조사하기, 제안하기, 분류하기, 예측하기, 평가하기, 성찰하기, 표현하기, 비교하기, 문제확인하기, 설계하기, 제작하기, 관찰하기, 공감하기, 실험하기)

(3) 도구(에듀테크 또는 AI 디지털교과서 활용 시)

- 수업 목표 달성을 위해 사용될 기술적 도구와 자원을 선정한다.
- 에듀테크 도구의 선택은 학습 목표와 교육내용에 적합해야 한다.
- 국내에만 수백개 에듀테크 제품이 있으며 국외에는 약 1300개가 넘는 에듀테크가 있다. 다양한 에듀테크 종류를 알수록 수업 설계 시 도움이 된다. 적설한 도구 선택을 위한 에듀테크를 분류하는 사이트[6]를 알아두면 도움이 된다.

(4) 학습 평가

- 학습자의 학습 성과를 측정하기 위한 평가 방법과 도구를 결정한다.
- 형성평가와 총괄평가의 계획을 포함하여, 학습 과정과 결과 모두를 평가한다. (지필평가, 서술·논술형 평가, 면접, 구술, 토론, 관찰, 보고서, 포트폴리오, 실험

---

6 Askedutech, 띠끌, 교육출판기업 웹 사이트에 과목별 에듀테크 분류표를 참고.

실습, 실기)

(5) 학습 데이터셋

- 수업 진행과 평가를 통해 수집될 데이터의 종류와 사용 방법을 계획한다.
- 학습자의 진도, 이해도, 참여도 등을 모니터링하고 분석하기 위한 데이터 수집 방안을 마련한다. (콘텐츠 수행도, 형성평가점수, 수행과제점수, 만족도, 감정 상태, 동기, 학습지속시간, 활동참여시간, 글 작성 횟수 및 수준, 댓글 작성 횟수 및 수준, 다른 학습자와의 네트워크, 커뮤니케이션 패턴, 학습진도율, 학습이탈율, 학습행동, 소요시간, 시도횟수, AI튜터 질의 응답 빈도수, 시선 추적 등)

(6) 성찰

- 수업의 전체적인 구조와 각 단계별 주요 활동을 개발하고 모니터링한다.
- 도입, 전개, 정리 수업의 각 단계에서 이루어질 활동과 전환을 명확히 한다.
- 기초적인 개념 지식 이해의 성취도가 낮은 학생과 높은 학생을 파악하고 학생주도성을 부여할지 생각할 수 있다. 즉, 개별 학습이 더 필요한 학생과 즉시 협력학습으로 적용 가능한 학생을 파악한다.
- 이 6단계 항목을 통해 교사는 수업의 모든 측면을 체계적으로 계획하고, 기술과 교수법을 통합하여 풍부하고 의미 있는 학습 경험을 설계할 수 있다. 이 접근법은 교육 과정의 효과를 극대화하고, 학습자 개개인의 필요와 흥미를 충족시키는 데 중요한 역할을 한다.
- AI 코스웨어와 에듀테크 등을 활용하는 수업은 기술에 종속적이고 문제 풀이 수업으로 회귀한다는 비판에 국면한다. 교육데이터와 콘텐츠, 평가 문항이 불충분할 경우, 적절하지 못한 진단과 처방으로 인해 AI에 대한 불

신이 쌓일 수 있다.

- 따라서 교사는 AI 디지털교과서를 활용할 때 기술에 종속되지 않도록 수업을 설계할 수 있어야 하며 개별화된 문제풀이식 수업을 이어가지 않고 AI 디지털교과서를 활용한 플립러닝, 토의토론 수업, PBL 문제해결학습 등 학생의 6C 역량을 키워줄 수 있는 수업을 설계할 수 있어야 한다.

[표 2.4] 로베르타 골린코프, 캐시 허시-파섹의 미래인재 역량 6C와 각각의 발달단계[6]

단계		협력 (Collaboration)	의사소통 (Communication)	콘텐츠 (Content)	비판적 사고 (Critical Thinking)	창의적 혁신 (Creative Innovation)	자신감 (Confidence)
		→	→	→	→	→	
4		함께 만들기	공동의 이야기하기	전문성	증거 찾기	비전 품기	실패할 용기
3	↑	주고받기	대화하기	연관 짓기	견해 찾기	자신만의 목소리내기	계산된 위험 감수하기
2	↑	나란히	보여주고 말하기	폭넓고 얕은 이해	사실을 비교하기	수단과 목표 갖기	자리 확립하기
1	↑	혼자서	감정 그대로	조기학습과 특정상황	보는 대로 믿는	실험하기	시행착오 겪기

❷ AI 디지털교과서 활용 맞춤형 수업 설계

AI 디지털교과서 활용 맞춤형 수업 설계 원리는 먼저 AI를 통한 학습자 진단을 한 뒤 결과를 도출한다. 학습자에 대한 정보를 분석하고 교육과정과 학습환경을 분석하여 학습자 군집을 분류한다.

---

6 로베르타 골린코프·캐시 허시-파섹(2018). 4차 산업혁명 시대 미래형 인재를 만드는 최고의 교육. 예문사.

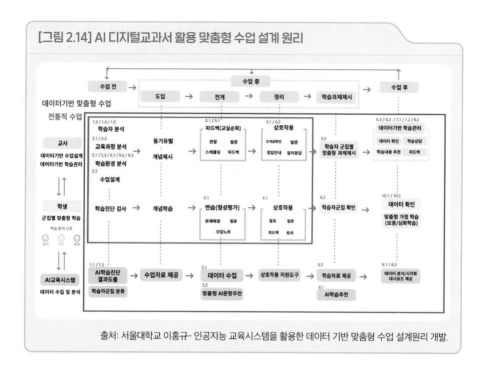

[그림 2.14] AI 디지털교과서 활용 맞춤형 수업 설계 원리

출처: 서울대학교 이홍규- 인공지능 교육시스템을 활용한 데이터 기반 맞춤형 수업 설계원리 개발.

이를 통한 군집별 맞춤형 학습을 설계하고 제시한다. AI교육시스템은 기본적으로 이런 학습자의 데이터를 수집하고 분석하여 데이터기반(증거기반)의 학습관리를 구축하고 있다. 전통적인 수업에서는 학습자 분석, 교육과정 분석, 학습자의 환경 분석, 학습진단 검사에 관한 모든 제반사항을 준비하고 수집하는 과정에서 교사가 이를 수행했으며 과정에서 많은 시간과 노임이 투입되었다.

학습자의 활동을 관찰하고 이를 체크하며 적절한 피드백을 주는 일련의 교수학습활동에서 20명의 개별 학생들에게 맞춤형으로 지도한다고 가정해 보자. 40분 수업에서 동기유발 5분, 학습목표제시 1분, 학습활동 안내 3분, 활동 두세 가지와 형성평가 및 마무리까지 하려면 학생 한 명에게 평균 1분~2분의 시간도 '일대일 튜터링'을 해주기 어렵다.

하지만 AI DT를 활용한 수업 설계 및 진행 시, 수업 중에서도 교사와 학생,

학생과 학생 간의 상호작용 활동을 하며(interactive class works) 이를 데이터로 저장하여 교사의 교수활동 기록과 평가에 있어서 큰 도움을 줄 수 있다. 또한 수집된 데이터(단답 또는 서술형 텍스트, 이미지, 음성, 영상, 체크리스트)는 다시 AI평가 시스템을 통해 교사에게 개별 학습 보고서를 제공한다.

수업 후에는 학습자 맞춤형 콘텐츠를 개별 학생들에게 코스로 제시하고 추가 보충학습이 가능하며 이것을 교사는 실시간으로 모니터링이 가능하다. 학생들에게 데이터를 기반한 맞춤형 상담과 지원이 가능하다. 보호자에게는 데이터를 분석한 학습 결과를 시각화하여 손쉽게 전송할 수 있고 교사는 이를 바탕으로 학생의 교과학습발달상황을 기록할 수 있다. 교사는 이런 데이터에 기반한 자료를 최종적으로 검토하고 기록하는 데 도움을 받을 수 있다.

미래교육에서 교사는 학습 설계자, 사회 정서적 지도자, 상호작용 촉진자로서 역할이 강조되고 있다. 특히, 디지털 대전환 시기에 교사는 직관적인 실물, 교구 등의 아날로그 방식과 디지털 방식의 교육상황을 구별하여 학생을 가르칠 수 있어야 한다. AI 디지털교과서는 이 둘을 잇는 교사의 도구가 될 것이다.

AI 보조교사는 수업을 하는 교사를 보조하고 AI튜터는 학생이 궁금해 하는 부분을 질의 응답 방식으로 도움을 받아 학습을 지원한다.

교사는 EX with AI(Education eXpert with AI)로서 인공지능을 적재적소에 활용할 수 있다. 디지털 대전환 시대에 디지털 양손잡이(아날로그 + 디지털) 문해력을 갖춘 교사로 성장하길 응원한다.

· 참고문헌

· KERIS(2023). AI 디지털교과서 개발 가이드라인.

· KERIS(2024). AI 디지털교과서 서비스 모델 및 프로토타입 자료집.

· 교육부(2023). 2023 디지털교육백서.

· 로베르타 골린코프·캐시 허시-파섹(2018). 4차 산업혁명 시대 미래형 인재를 만드는 최고의 교육. 예문사.

· 이주호, 정제영, 정영식(2021). AI 교육 혁명. 시원북스.

· Maya Bialik, Charles Fadel, Wayne Holmes, 정제영, 이선복 공역(2020). 인공지능 시대의 미래교육. 박영스토리.

· Banathy, B. H. (1995). Developing a systems view of education. Educational Technology, 35(3), 53-57.

· Bloom, B. S. (1984). The 2 sigma problem: The search for methods of group instruction as effective as one-to-one tutoring. Educational researcher, 13(6), 4-16.

· 21세기 학습디자인 https://learn.microsoft.com/ko-kr/training/paths/21st-century-learning-design/

· 소연희(2013). 초등교사의 테크놀로지 내용교수학적 지식(Technology, Pedagogy, and Content Knowledge: TPACK)척도 개발 및 타당화. 교육종합연구, 11(1), 157-175.

· Mishra, P., & Koehler, M. J. (2006). Technological pedagogical content knowledge: A framework for integrating technology in teacher knowledge. Teachers College Record, 108(6), 1017-1054.

· Jewoong Moon, Gi Woong Choi, Haesol Bae, & JaeHwan Byun(2023). Educational/Instructional Technology and Learning Sciences. https://edtechbooks.org/edutechlearningscienceskorean

CHAPTER 2

▶ AI 디지털교과서
교육 기술에 대한 이해와 적용

▶ 김효정

1 인공지능의 등장과 AI 디지털교과서에의 적용

　AI 디지털교과서의 중점 방향인 학습자의 개인별 맞춤형 학습을 지원하기 위해서는, 학생의 현재 수준에 대한 정확한 진단이 필요하다. 전통적인 방식의 교육에서는 교사가 학생에게 여러 수준의 문제를 조합하여 시험지를 제시하면, 학습자가 이를 주어진 시간 내에 해결하고 평가 점수를 획득하는 방식으로 진단이 시작되었다. 그러나 이러한 전통적인 평가 방식은 학생의 성적(점수) 외에는 수업 참여도 등 다른 정보를 얻기가 어렵고, 정답·오답으로 이루어지는 이분법적 판단 행위는 문항 출제의 한계 등으로 인해 학습자가 보유한 지식의 강도를 정확히 판단하기 어렵다는 문제점이 있다. 한 개의 문제에 정답을 제시했다고 해서 한 개의 개념을 오롯이 이해했다고 볼 수 없으며, 개념에 대한 이해 없이 우연히 정답을 제시한 경우를 배제할 수 없기 때문이다. 또한 문장제 수학 문제를 풀이하는 데에는 연산 과정에 대한 이해뿐 아니라 문제를 읽고 이해하는 문해력 역시 필요하듯, 특정 문항을 풀이하는 데에 평가하고자 하는 능력 외의 다른 능력이 필요한 경우도 다수 있다. 이러한 점을 고려해 볼 때, 학생의 성취를 진단하는 과정에서 단순히 점수로 드러나는 전통적인 방식의 평가 결과만으로는 학습자에 대한 충분한 이해와 정확한 진단 결과를 얻기는 어렵다.

이에 따라 AI 디지털교과서는 인공지능 기술을 기본으로, 이후 기술할 여러 적정 기술과 학습이론을 활용하여 학생 평가의 범위를 넓히고, 개념 이해 정도를 보다 정확하게 판단한 후 학습자에 대한 정확한 진단을 바탕으로 맞춤형 학습계획을 수립하고 제공할 수 있도록 하고 있다.

❶ 인공지능의 등장

4차 산업이라는 단어로 표현되는 인공지능을 포함한 첨단 기술은 우리 사회 곳곳을 흔들어 놓았으며 교육현장 또한 큰 변화를 겪고 있다. 이러닝(e-Learning)이 상용화된 지는 이미 오래되었지만, 학교 현장에서는 ICT 교육 혹은 디지털 교육이라는 이름 아래 여러 지도 내용의 일부로서만 자리해왔다. 그러나 코로나19를 거치면서 본격적으로 장소로서의 학교가 기존처럼 기능하지 못하게 되는 상황을 경험했고, 이후 교실 속 교육의 한계를 뛰어넘는 다양한 시도가 이루어지며 빠른 속도로 학교 현장은 변화하고 있다.

AI 디지털교과서 역시 위와 같은 시대의 흐름에 발맞추어, 학생 개별 맞춤형 교육을 실현하고, 평등한 학습 기회를 보장하며, 수업 준비, 평가 기록 등의 과정을 도와 교사의 전문성이 더욱 폭넓게 발휘될 수 있도록 발전된 기술들을 교육 현장에 적극 활용하고 있다. 인공지능이라는 단어를 선두로 한 아래의 기술들은 디지털교과서의 기반이 되는 증거 기술이라고 할 수 있다.

1) 인공지능(AI: Artificial Intelligence)

인공지능은 인간의 지능을 모방 혹은 대체하는 컴퓨터 시스템이나 프로그램을 뜻한다. 컴퓨터가 데이터를 분석하고 패턴을 학습하여 직면한 문제를 해결 또는 의사결정을 내릴 수 있도록 하는 기술이다. 인공지능을 개발하는 목표는 기계가 인간과 유사한 지능을 보유하여, 인간의 작업을 자동화하거나 개선하는 데에 있다. 인공지능의 발달은 의료, 음성인식, 추천 시스템, 보안 등 여러 분야에서 획기적인 발달을 가져오고 있다.

인공지능(AI)은 크게 '약한(Weak) 인공지능'과 '강한(Strong) 인공지능'으로 나뉘는데, 약한 인공지능은 특정한 영역으로 좁혀진 가운데 문제를 해결하며, 강한 인공지능은 인간이 범위를 좁혀 주지 않아도 어떠한 문제든 스스로 해결할수 있는 정도의 기술 수준을 이야기한다. 현재 상용화된 대다수 인공지능은 '약한 인공지능'이며, 아래에 언급할 머신러닝과 딥러닝 역시 약한 인공지능을 구현할 때 사용되는 기술로 볼 수 있다.

머신러닝과 딥러닝은 인공지능의 종류로, 범주로 보면 인공지능 안에 머신러닝이, 머신러닝 안에 딥러닝이 들어간다고 볼 수 있다.

[그림 2.15] 인공지능, 머신러닝, 딥러닝의 관계

(1) 머신러닝(ML: Machine Learning)

머신러닝이란 컴퓨터 시스템이 데이터로부터 학습한 후 작업을 수행하도록 하는 인공지능의 한 분야이다. 즉, 데이터를 이용하여 특정 패턴을 발견하고, 이를 바탕으로 결정을 내릴 수 있는 모델을 만드는 과정을 의미한다.

교육 분야에 적용되는 머신러닝 기술은 학습자의 패턴을 발견하고, 새로운 데이터에 대한 예측을 가능하게 하며, 데이터를 기반으로 추후 학습 경로를 설정하는 의사결정을 할 수 있게 한다.

머신러닝은 데이터와 모델을 사용하여 어떠한 유형의 작업을 수행하는지에 따라 주로 지도 학습(Supervised Learning), 비지도 학습(Unsupervised Learning), 강화 학습(Reinforcement Learning)으로 나누어 살펴볼 수 있다.

(a) 지도학습(Supervised Learning)

입력 데이터와 그에 상응하는 정답 데이터를 놓고 모델을 학습시키는 방식으로 분류(Classification)와 회귀(Regression) 문제를 해결할 때 사용한다.
예: 이메일 스팸 여부 판별

(b) 비지도 학습(Unsupervised Learning)

입력 데이터만 주어진 상태에서 모델을 학습. 데이터의 구조, 패턴, 특징을 추출한다. 군집 분류(Clustering) 등의 과정에서 사용한다.
예: 고객 세분화, 데이터 시각화 등

(c) 강화학습(Reinforcement Learning)

환경과 상호작용하며 시행착오를 통해 보상이나 페널티를 받아 가며 학습하는 방식이다. 게임, 로봇 제어, 자율 주행 자동차 등의 작업에서 사용한다.

(2) 딥러닝(DL: Deep Learning)

딥러닝은 머신러닝의 한 분야로, 여러 층으로 구성된 인공 신경망(ANN)을 사용하여 데이터를 학습하는 방식을 기반으로 한다. 딥러닝은 인간의 뇌가 작동하는 방식을 모방하여, 학습된 데이터로부터 복잡한 패턴을 학습하고 결정을 내리는 모델을 구축하는 데 활용된다. 즉, 입력된 데이터가 여러 층의 인공 신경망을 통과하는 과정에서 점진적으로 더 추상화되고 고수준이 되는 특징을 학습할 수 있게 된다. 이러한 학습 과정은 더 복잡한 문제를 해결할 수 있게 해준다.

2) 대형 언어모델 (LLM: Large Language Model)

대형언어 모델(LLM)은 매우 큰 규모의 딥러닝 기반 자연어 처리 언어모델로서, 대규모의 텍스트 데이터를 사전에 학습하며, 자연어 이해 및 생성 과정에 활용된다. 대규모 데이터와 매개 변수를 사용하여 훈련되므로, 자연어 처리 과정에서의 강력한 일반화 능력과 높은 성능을 가진다.

[표 2.5] 여러 개발사를 통해 발표된 LLM의 예시

LLM의 종류	개발사	활용 서비스
GPT-3.5 /GPT-4	오픈AI	Chat GPT, (마이크로소프트) Bing Chat
제미나이(Gemini) 울트라	구글	제미나이 어드밴스드
Hyper CLOVA X	네이버	CLOVA X

이러한 LLM을 기반으로 다양한 서비스들이 나오고 있는데, 대표적인 예가 이미 교육 현장에도 잘 알려진 Chat GPT이다.

3) Chat GPT

Chat GPT는 Chat과 Generative Pre-trained Transformer의 합성어로, OpenAI에서 개발한 자연어 처리를 위한 서비스이다. Transformer라는 딥러닝 아키텍처를 기반으로, 대규모의 텍스트 데이터를 활용하여 사전에 학습된 후 여러 가지 자연어를 처리하고 미세 조정되어 다양한 지식 분야에서 비교적 상세한 응답 및 정교한 답변을 제시할 수 있다. 그러나 거짓 정보(Hallucination)를 제공할 가능성이 있다.

AI 디지털교과서에서는 위의 인공지능 기술과, 기술을 바탕으로 한 서비스들을 활용하여 학생의 학습 과정을 도와주는 AI 튜터 기능 등을 제공하고자 한다. AI 튜터는 챗봇 등의 형태로 학생의 질의 내용에 대해 응답을 해주거나, 추가 학습자료를 제공해 주는 역할을 한다. 그러나 이러한 기술들에는 위에서 언급한 거짓 정보와 같은 한계가 있을 수 있어서, AI 디지털교과서 개발사를 포함한 교육기업들은 RAG 등의 모델을 활용하여 학생들에게 더욱 정제되고 정확한 정보가 제공될 수 있도록 노력하고 있다.

4) RAG(Retrieval—Augmented Generation)

RAG는 GPT에서 발생하는 거짓말(Hallucination)을 줄이기 위해 사용되는 기술이다. GPT와 마찬가지로 자연어 처리 분야에서 활용되며, 정보 검색과 생성 모델을 통합하여 문서 검색과 생성을 동시에 수행할 수 있다. RAG는 GPT와는 다르게 생성 과정에서 외부의 지식베이스 혹은 문서를 활용하여 더 정확한 문장을 생성해 낼 수 있으며, 자체적인 검색 엔진을 내장하고 있어 검색된 정보를 기반으로 더 풍부하고 의미 있는 문장을 생성한다.

[그림 2.16] 인공지능기술을 적용한 AI 튜터의 활용예시 카미고(좌), 매쓰튜터(우)

출처: AI 디지털교과서 가이드북, 매쓰튜터.

❷ 맞춤형 학습 환경을 제공하는 기술

1) 지능형 지도 시스템 (ITS: Intelligent Tutoring System)

지능형 지도 시스템은 학습자에게 맞춤형 학습 경험을 제공하고 학습 과정을 지원하기 위해 인공지능 및 컴퓨터 과학 기술을 활용하는 컴퓨터 기반의 교육 시스템을 의미한다. ITS는 인터넷과 인공지능 기술의 발전으로 많은 발전이 이루어졌으며, 학습자의 학습 성과를 높이고 학습의 효율성을 향상시킬 수 있다.

2) 학습관리시스템 (LMS: Learning Management System)

학습자들을 위한 교육자원을 관리하고 제공하는 소프트웨어 플랫폼으로 온라인 학습 환경을 구축하고 운영하는데 활용된다. 이미 광범위하게 사용되고 있는 이러닝 시스템(학습, 연수 등)이 모두 LMS이며, 대표적인 예시로는 e학습터가 있다. 학습관리시스템이 갖추어야 하는 기본 기능은 다음과 같다.

- 콘텐츠 관리: 강의 동영상, 강의 노트, 퀴즈, 과제 및 기타 학습자료 등을 업로드/관리
- 사용자 관리: 학습자 등록, 프로필 관리, 그룹 구성 및 권한 관리를 할 수 있는 기능 등
- 학습 추적 및 평가: 학습자의 진도를 추적하고 평가. 학습자별 과제 제출 현황, 퀴즈 결과, 학습 시간 등 기록/분석
- 의사소통 및 협업: 학습자들 간의 의사소통을 지원하고 협업을 촉진할 수 있는 도구 제공(쪽지, 채팅, 토의 등)
- 보안 및 접근 제어: 학습자료와 개인 정보를 안전하게 보호하고 접근 제어 관리(데이터 암호화, 인증, 권한 관리 등)

[그림 2.17] 대표적 LMS인 e학습터의 과제, 평가관리 화면

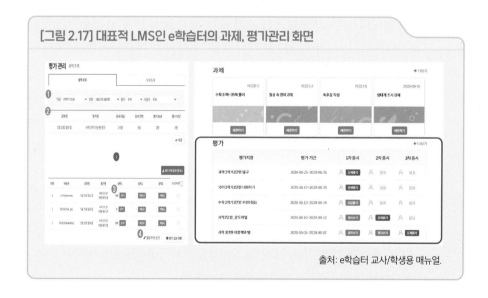

출처: e학습터 교사/학생용 매뉴얼.

LMS는 컴퓨터 기반의 학습관리가 이루어지는 기본적인 시스템으로 이미 교육현장에서는 상당히 보편적으로 활용되고 있다. 그러나 AI 디지털교과서는 아래에서 기술할 학습 경험 플랫폼 기술 등을 활용하여 보다 개별 맞춤화된 학습관리 경험을 제공할 수 있는 방향으로 개발 중에 있다.

3) 학습 경험 플랫폼 (LXP: Learning Experience Platform)

학습 경험 플랫폼은 기존의 학습관리시스템(LMS)보다 더욱 사용자 중심의 개인화된 학습 경험을 제공하는 플랫폼이다. 학습자의 여러 종류의 학습 이력을 바탕으로 개별 맞춤화된 콘텐츠를 제시하고, 학습자의 특성에 따라 맞춤형 화면 구성 등을 제시함으로써 학습자들의 학습효과를 높이고자 하는 AI 디지털교과서와 추구하는 방향이 일치한다고 볼 수 있다. LXP는 소셜 러닝 협업을 촉진하기 위해, 학습자 간 토론, 프로젝트, 커뮤니티 등을 지원하며, 포인트나 배지 등의 강화물을 사용하여 학습자들이 지속적인 흥미를 느끼며 자기주도적으로 학습 여정에 참여할 수 있도록 동기를 부여한다. LXP의 의미는 개별 맞춤형 콘텐츠를 제공하는 넷플릭스나 유튜브를 떠올리면 쉽게 이해할 수 있다.

학습 경험 플랫폼이 갖추어야 하는 기본 기능은 다음과 같다.

- 사용자 중심적인 디자인: 사용자의 관심사나 학습 성향에 맞춰 맞춤형 콘텐츠를 제공하는 사용자 중심적인 디자인
- 콘텐츠 집중: 학습자들이 필요로 하는 콘텐츠를 쉽게 찾고 접근할 수 있도록, 다양한 형식의 콘텐츠를 통합하고, 검색 기능을 강화하여 콘텐츠 접근성을 향상
- 사회적 학습과 협업: 학습자들 간의 상호작용과 지식 공유를 촉진하기 위해 다양한 형태의 사회적 학습 및 협업 도구를 제공

- 분석과 피드백: 학습자들의 학습활동을 추적하고 분석하여 개인의 성과를 평가하고 피드백을 제공

[그림 2.18] 학습자 간 상호작용과 동기부여 예시

출처: 클래스팅AI.

③ 학습자의 학습 정보 수집을 위한 기술

AI 기반 맞춤형 학습을 지원하기 위해서는 우선적으로 학습자들의 학습 정보를 수집해야 한다. 단순히 학습자의 수치화 된 성적뿐 아니라 학습에 참여하는 패턴, 문항별 반응, 화면을 이탈하는 시간, 콘텐츠별 반응도와 참여도 등 학습활동이 발생하는 중 학습자의 모든 관련 행동을 포함하는 학습 정보가 필요하다. AI 디지털교과서의 설계는 이와 관련된 여러 교육이론을 기반으로 학습자의 학습 정보를 수집할 수 있는 증거 기술을 활용하여 이루어진다.

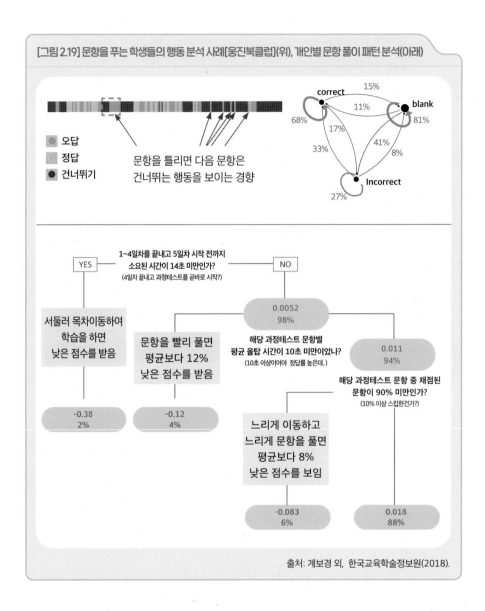

[그림 2.19] 문항을 푸는 학생들의 행동 분석 사례[웅진북클럽](위), 개인별 문항 풀이 패턴 분석(아래)

오답
정답
건너뛰기

문항을 틀리면 다음 문항은
건너뛰는 행동을 보이는 경향

correct 15% blank
11%
68% 81%
17%
33% 41%
8%
27% Incorrect

YES — 1~4일차를 끝내고 5일차 시작 전까지
소요된 시간이 14초 미만인가?
(4일차 끝내고 과정테스트를 곧바로 시작?) — NO

0.0052
98%

서둘러 목차이동하여
학습을 하면
낮은 점수를 받음

문항을 빨리 풀면
평균보다 12%
낮은 점수를 받음

해당 과정테스트 문항별
평균 올탑 시간이 10초 미만이었나?
(10초 이상이어야 정답률 높은데..)

0.011
94%

해당 과정테스트 문항 중 채점된
문항이 90% 미만인가?
(10% 이상 스킵한건가?)

-0.38
2%

-0.12
4%

느리게 이동하고
느리게 문항을 풀면
평균보다 8%
낮은 점수를 보임

-0.083
6%

0.018
88%

출처: 계보경 외, 한국교육학술정보원(2018).

1) 적응형 학습(AL: Adaptive Learning)

적응형 학습은 학습 경험을 개인에 맞게 조정하고 최적화하는 학습 방법론
으로, 학습자의 학습 방식, 학습 능력, 학습 진도 현황 등에 따라 학습 환경이
자동으로 조절되어 맞춤형 학습 경험을 제공하는 것을 말한다. 학습자의 현재

수준을 파악하기 위해 진단 및 평가를 시행하여 학습자의 강점과 약점을 파악함으로써 개인화된 학습 경로를 제공하고, 학습자의 학습 과정을 모니터링하여 실시간으로 피드백을 제공하며 학습자가 최대한의 성과를 달성할 수 있도록 학습 환경을 조절하여 자동화된 학습 환경을 제공하여 학습의 효율성과 효과성을 높이는 방법이다.

2) 문항반응이론(IRT: Item Response Theory)

문항반응이론은 학습자의 능력 수준과 학습자료(문항)의 특성 간의 관계를 모델링하는 통계적 모델링 방법론이다. 전통적인 검사 이론(고전검사 이론)에서는 시험지의 총점, 응시한 학생들의 정·오답률을 기반으로 문항의 난이도를 측정하는데, 이러한 난이도 측정은 응시한 학생집단의 성질에 따라 문항의 난이도가 상이하게 평가되는 맹점이 있다. 문항반응이론은 이러한 전통적 검사 이론의 한계를 극복하기 위한 검사 이론으로, 문항 각각이 변하지 않는 고유의 속성(난이도, 변별도, 추측도)을 가지고 있으며 평가 문항들에 대한 학습자들의 응답에 근거하여 평가 문항의 난이도, 변별도 등을 확률적으로 측정할 수 있다는 이론이다. 이로써 학습자의 능력을 더 정확하게 추정하고 학습자료의 특성을 이해하여 보다 효율적인 평가 도구를 개발하게 되며, 교육 평가 등에서 더 효율적인 의사결정을 통해 학습자의 학습 경로 설정을 지원할 수 있다.

3) 컴퓨터화 적응형 시험(CAT: Computer Adaptive Test)

컴퓨터화 적응형 시험은 학습자의 능력 수준을 측정하기 위해 컴퓨터를 기반으로 진행되는 적응형 시험으로, 학습자의 능력에 따라 질문의 난이도가 유동적으로 조절된다. 이러한 유동적인 평가 과정을 통해 더 정확하게 개인의 능력을 맞춤형으로 평가할 수 있게 된다. AI 디지털교과서가 도입됨에 따라 학교 현장에서의 평가 방식이 CAT로 다수 전환되게 되면 다음과 같은 이점을 기대해 볼 수 있다.

[표 2.6] 컴퓨터화 적응형 시험의 이점

개인맞춤형 평가	학습자의 응답에 따라 다음 문항의 난이도를 조절함으로써 학습자 능력에 맞는 개인화된 평가가 이루어짐.
컴퓨터 기반 평가	디지털 기기를 활용하여 평가에 참여하게 되어, 시험 결과가 더 빠르게 처리되어 실시간으로 평가 결과를 확인하고 피드백 하게 됨.
효율적인 학습 시간 활용	학습자의 응답에 따라 학습자별로 적합한 문항이 제시됨으로써, 학생의 실력을 진단하기 위해 할애되는 평가 시간이 더 효율적으로 활용됨.
평가의 정확성 향상	개별 맞춤형 평가를 통해 학습자들의 수준과 이해도를 더 정확하게 판단할 수 있음.

4) 캘리퍼 데이터

캘리퍼 데이터(Caliper Data)는 학습 관리 시스템(LMS: Learning Management System)이나 학습 플랫폼에서 생성되는 학습활동에 대한 표준화된 데이터 형식을 의미한다. 학습자의 행동, 학습활동의 완료 여부, 시간 경과 등과 같은 다양한 학습 관련 이벤트를 포함하여 학습자의 다양한 학습활동 형태와 측면에 대한 거대한 비정형 데이터를 지속적으로 수집하여 추적·분석하는 데 활용된다. 캘리퍼 데이터는 표준화된 형식이므로 다양한 LMS(학습관리시스템) 또는 학습 플랫폼 간의 데이터 교환과 통합 등이 원활하게 이루어질 수 있다.

캘리퍼 데이터 등을 활용하면 학생들의 수업 참여 현황, 콘텐츠별 반응도 등을 상세하게 모니터링하여 학생 학습과 관련하여 더 정확한 분석이 가능하다.

AI 디지털교과서는 AI 보조교사를 통해 학생들이 학습 과정에서 원활하게 참여하고 있는지, 진행 상황을 모니터링 하여 교사에게 알리는 학생 모니터링을 지원한다. 이는 학생이 학습 과정에서 어떤 행동양식을 보였는지 등을 분석하고 추적하여 교사에게 정보를 주는 과정으로, AI 디지털교과서 프로토타입에서는 다음과 같은 방식으로 기능이 구현되었다.

[그림 2.20] AI 디지털교과서 초등수학 프로토타입에 구현된 학생 실시간 모니터링 기능

출처: AI 디지털교과서 서비스 모델 및 프로토타입 시연회 자료집.

5) xAPI Statement(xAPI문장, xAPI 전송구조)

xAPI '주어(actor)-동사(verb)-목적어(object)'의 형태로 이루어진 Statement(문장구조로 이루어진 문장형식)의 학습 경험 데이터를 사용하여 학습활동에 대한 세부 정보를 표현하는 데 활용된다. Statement는 엄격하게 정의된 구조를 따라야 하나, 그 내용 구성은 자유롭게 설계할 수 있어, 학습활동과 관련된 데이터를 표준화된 형식으로 기록하고 공유함으로써 학습관리시스템(LMS) 또는 학습 플랫폼 간의 데이터 교환이 용이하다.

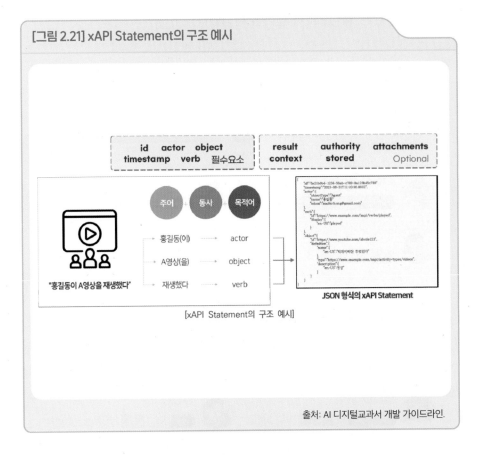

[그림 2.21] xAPI Statement의 구조 예시

[xAPI Statement의 구조 예시]

JSON 형식의 xAPI Statement

출처: AI 디지털교과서 개발 가이드라인.

이러한 캘리퍼 데이터와 캘리퍼 애널리틱스 xAPI, xAPI Statement의 특성에 따라 AI 디지털교과서는 학생들의 학습데이터를 수집·저장 시 국제 표준인 캘리퍼 애널리틱스, xAPI(Experience API) 표준을 참고할 것을 개발 지침에서 권고받고 있다.

❹ 맞춤형 설계를 위한 기술[1]

1) 지식 요소(KC: Knowledge component)

지식 요소는 학습자의 학습을 구성하는 요소 중 하나로, 학습자가 이해하고 습득해야 하는 특정 지식 또는 개념을 나타낸다. 이는 학습자가 특정 주제나 영역을 이해하고 문제를 해결하는 데 필요한 핵심 개념이나 스킬을 포함한다.

2) 지식 상태(Knowledge State)

지식 상태는 학습자가 특정 학습 주제나 영역에 대해 현재 가지고 있는 지식과 이해 수준을 나타낸다. 학습자의 개인적인 학습 경험과 배운 내용에 따라 형성되며, 특정 시점에서의 학습자의 지식 상태를 설명하는 데 사용된다.

3) 지식추적(KT: Knowledge Tracing)

전통적인 Knowledge Tracing은 시간의 흐름에 따라 (학습량이 증가함에 따라), 학습자의 특정 지식에 대한 숙련도가 올라간다는 개념이다. 숙련도가 올라간다는 뜻은 학습자가 주어진 문제를 해결할 확률이 올라간다는 뜻이 될 수 있다. 즉, '학습자가 특정 개념에 대한 학습을 반복하면(문항을 계속 풀이하면) 다음 문제까지 해결할 가능성이 커진다.'라는 말로 해석할 수 있다.

Knowledge Tracing은 이어서 설명할 여러 지식 추적 모델의 기본이 되는 모델로, 여러 방법론을 기반으로 [그림 2.22]에 나와 있는 다양한 형태의 모델로 변형·발전되어 나가고 있다.

---

1 맞춤형 설계를 위한 기술 중 지식추적(KT, BKT, DKT, GKT 등) 기술과 관련된 부분은 천재 교육 그룹의 AI 센터 조한삼 본부장의 Linkedin 게시글을 참고하였다.

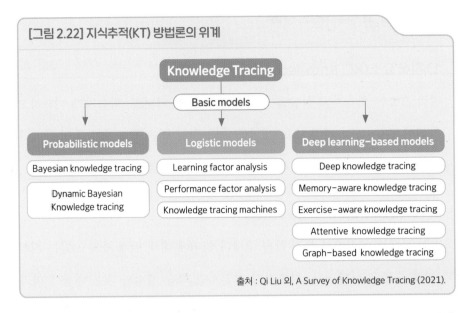

[그림 2.22] 지식추적(KT) 방법론의 위계

Knowledge Tracing

Basic models

Probabilistic models
- Bayesian knowledge tracing
- Dynamic Bayesian Knowledge tracing

Logistic models
- Learning factor analysis
- Performance factor analysis
- Knowledge tracing machines

Deep learning-based models
- Deep knowledge tracing
- Memory-aware knowledge tracing
- Exercise-aware knowledge tracing
- Attentive knowledge tracing
- Graph-based knowledge tracing

출처 : Qi Liu 외, A Survey of Knowledge Tracing (2021).

AI 디지털교과서를 포함한 교육 기술에서는 이러한 지식추적 기술들을 기반으로 학습자의 학습 숙련도 변화를 예측하며, 개별 맞춤형 학습 설계를 구성해 나가고 있다.

4) BKT(Bayesian Knowledge Tracing)

BKT는 마르코프 체인이라는 통계 기반의 학습분석 방법론으로, 앞서 언급한 지식추적(KT: Knowledge Tracing)의 시작이다. 마르코프 성질이란 '미래의 사건이 생길 확률은 과거에 의존하지 않으며, 오로지 지금 현재의 상태에 따라 결정된다'라는 성질인데, 이에 따르면 학습자의 학습 수준은 학습자의 개념에 대한 학습 여부를 추정함으로써, 숙달되었다고 추정될 때는 기존에 숙지한 개념과 관련된 모든 문제를 풀 수 있다고 보는 학습분석 방법이다. 이러한 '시간의 흐름'에 따른 전제를 기반으로 학습자들의 응답 패턴과 학습 과정에서의 행위를 통해 학습자들의 지식을 축적하고 모델링하여, 개별 학습자의 지식수준에 대한 피드백과 맞춤형 학습 경로를 제시한다.

이러한 BKT는 다음과 같은 상황들에 대해 유연하게 대응하기 어려움이 있다.

- 학습자가 개념을 학습하지 않았으나 이미 알고 있는 경우
- 학습자가 여러 번 학습하지 않도록 (한두 번 만으로) 이해했을 경우
- 학습자가 개념을 모르면서도 문제를 맞히는 경우
- 학습자가 개념을 알지만, 문제를 틀리는 경우

BKT는 통계 기반의 기술인만큼 정확도가 높지 않고, 많은 가정이 필요하다는 통계학의 근본적인 문제로 현실의 상황을 반영하지 못해 위와 같은 상황들이 발생한다.

초기 지식추적(KT, Knowledge Tracing) 과정에서는 위와 같은 한계를 극복하기 위해 최근 교육 분야에서는 Deep Learning을 통해 더 정확한 지식추적이 가능해지게 하고 있다.

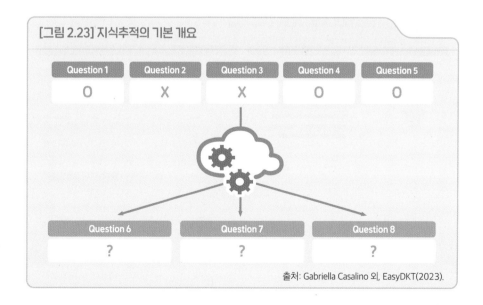

[그림 2.23] 지식추적의 기본 개요

출처: Gabriella Casalino 외, EasyDKT(2023).

5) DKT (Deep Knowledge Tracing)

DKT(Deep Knowledge Tracing)는 BKT(Bayesian Knowledge Tracing)의 통계적 한계를 극복하기 위해 Deep Learning 기반의 기술을 반영한 방법론이다. 즉, 현실세계 속 시간의 흐름에 따른 다양한 변수를 고려하기 위해 RNN(순환신경망)을 사용하는 것으로, 근래의 여러 에듀테크 기업이 사용하는 핵심 방법론이다. DKT는 학습자들의 학습 기록을 순차 데이터의 형태로 활용하여, 시간의 흐름에 따라 변화하게 되는 학습자들의 과거 학습 이력 데이터를 분석하여, 현재의 지식의 숙련 상태를 예측한다. 즉, 학습자의 과거 학습패턴과 행동을 기반으로 현재 학습 상태를 예측하는 딥러닝 모델을 생성하여 개별 학습자의 학습 과정을 모니터링하고 분석하는 것으로, 시간의 흐름 및 유사 문항에 대한 반복적인 풀이 경험에 따라 이해도(숙련도)가 상승하는 것으로 본다. 이러한 딥러닝의 사용을 통해 학습자의 지식 추적이 자동화되고, 개인화된 학습 경로를 제공할 수 있게 되는 것이다.

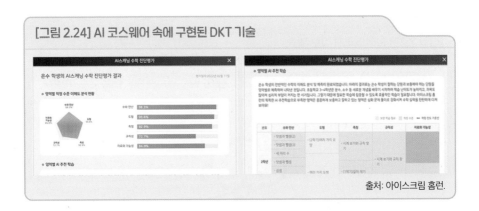

[그림 2.24] AI 코스웨어 속에 구현된 DKT 기술

출처: 아이스크림 홈런.

[그림 2.25] AI 디지털교과서 속 맞춤형 설계 (교사용·학생용 대시보드)

출처: AI 디지털교과서 서비스 모델 및 프로토타입 시연회 자료집.

6) FM(Factorization Machines)

FM(Factorization Machines) 모델은 일종의 '상호작용'을 예측하는 모델로서, 학습자의 행동과 성과를 예측하고 이해하는데 활용된다. 학습자와 학습자료 사이의 상호작용, 학습자와 시험성적 사이의 상호작용, 학습자와 교육 환경 사이의 상호작용 등을 모델링함으로써, 학습자의 행동을 예측한다. 즉, 학습자의 과거 행동 및 성과를 바탕으로 학습자의 특성을 설명하는 잠재적 요인을 활용하여 새로운 행동을 예측하게 된다. FM 모델은 머신러닝 기반의 방법론으로, 예측의 정확도를 높이기 위하여 문제의 난이도, 학생의 기존 평가 결과 등의 여러 정보를 결합하여 보다 정교화된 예측 결과를 내게 된다. FM 모델에 딥러닝을 결합한 모델을 Deep FM이라고 하며, 이러한 FM 모델을 통해 개별 학습자에게 맞춤형 학습 경로를 제시하거나 학습자의 어려움 등을 사전에 예측하여 수준에 맞는 개별 학습자료를 제시할 수 있게 된다.

FM(Factorization Machines)이 교육 기술로써 작용하게 되면 다음과 같이 활용될 수 있으며, AI 디지털교과서의 맞춤형 학습 설계를 가능하게 한다.

- 개인화된 학습 경로 제공: 학습자의 이전 학습데이터를 기반으로 학습자의 선호도, 강점, 약점 등을 파악하여 학습자별로 개인화된 학습 경로를 파악하여 특정 개인에게 더욱 효과적으로 작용하는 학습활동을 제공
- 학습자 행동 예측: 학습자의 흥미와 문제해결 수준과 성향 등을 파악하여 학습자의 학습 효율을 높일 수 있는 지원 제공
- 학습자 분류 및 그룹화: 학습자를 유형별로 분류하여 그룹 간 차이를 파악하고, 이를 통해 학습자 프로파일링이 가능함.
- 콘텐츠 추천: 학습자의 선호도, 관심사, 학습 기록 등을 바탕으로 개인화된 콘텐츠를 추천

7) GKT (Graph Based Knowledge Tracing)

GKT는 딥러닝 기반의 지식추적(KT) 기술의 한 종류로, 그래프 기반의 모델을 사용하여 학습자의 지식을 추적하고 모델링하는 방식이다. GKT는 학습자의 행동과 학습자료 간의 관계를 그래프로 표현하여 학습자의 학습 과정을 이해하고 예측할 수 있게 된다. 즉, 학습자가 특정한 학습 내용을 얼마나 이해했는지, 다음 학습 단계에서는 어떤 학습자료를 선택해야 하는지 등을 그래프로 나타내어 학습자의 지식수준을 추적하고 맞춤형 학습 경로를 제시할 수 있게 된다. GKT는 학습자의 행동에 따라 그래프를 동적으로 조정하는데, 학습자의 응답에 따라 학습자료 간 연결이 강화되거나 약화될 수 있다. 이에 따라 학습자의 변화하는 학습 과정을 보다 정확하게 이해하며, 학습 효율성을 높이고 학습 성과를 높이는 데 도움이 될 수 있다. GKT 모델은 '집계-업데이트-예측'의 3단계 절차를 거쳐 지식추적이 이루어진다.

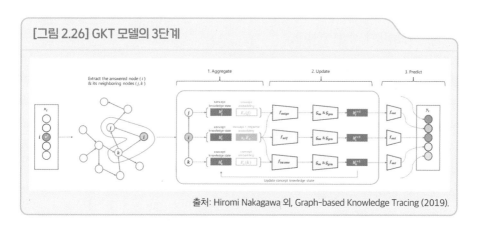

[그림 2.26] GKT 모델의 3단계

출처: Hiromi Nakagawa 외, Graph-based Knowledge Tracing (2019).

2 보편적 학습 설계(UDL)를 위한 기술과 적용

보편적 학습 설계(UDL: Universal Design for Learning)란 다양한 특성과 요구를 가진 사용자(교사, 학생, 학부모)가 장애, 다문화, 기초학력 등에 저해 받지 않고 동등하게 AI 디지털교과서에 접근하여 활용할 수 있도록 하는 것이다. 즉, 다양한 학습자들의 접근성을 보장하여 학습의 과정이 원활하게 이루어지도록 한다. 접근성(Accessibility)이란, 특별한 특성이나 요구를 가진 사용자가 콘텐츠에서 제공하는 정보에 동등하게 접근하고 이용할 수 있도록 보장하는 것이다.[2]

이를 위해 AI 디지털교과서는 정보를 제시하고 학습에 참여하게 하는 과정에서 다양한 방법을 사용함으로써, 사용자들에게 유연한 학습 환경을 제공하고자 한다. 지금까지 개발된 AI 디지털교과서 프로토타입에서는 UDL의 요소가 많이 드러나지 않고 있으나, UDL을 달성하기 위해 AI 디지털교과서는 여러 도움이 되는 기술을 활용하여 다양한 특성의 학습자들이 효과적으로 학습하는 방법을 적용하여 개발 중이다.

❶ 음성 인식 기술을 통한 학습자 지원

문자로 정보를 처리하기 어려운 학습자나, 시각·운동장애 등의 학습자를 포함한 다양한 특성의 학습자들은 다음과 같은 음성인식 기술의 도움을 받아 학습 과정에 참여할 수 있다.

---

2   UDL의 개념과 관련된 기술은 AI 디지털교과서 개발 가이드라인을 참고하였다.

1) E2E(End-to-End) 음성인식 기술

과거에 사용되었던 음성의 음소를 찾아 단어, 문장으로 변환해 가는 방식의 음성인식 방식은 속도와 문장 완성도 등에 한계가 있었다. 음성 신호를 받아 특징을 추출하고, 음향을 모델링하고, 언어 모델링 하는 등의 여러 단계를 거쳐야 했기 때문이다. 그러나 최근에는 딥러닝과 빅데이터의 발전으로 음성데이터가 인식되면 딥러닝 엔진을 거쳐 하나의 모델에서 완성된 문장으로 처리해내는 방식으로 음성인식 기술이 발전되었다. 즉, 종단 간(End-to-End) 모델로 처리함으로써, 정확도와 속도가 향상되어 음성인식 기술이 더욱 폭넓게 활용되고 있다.

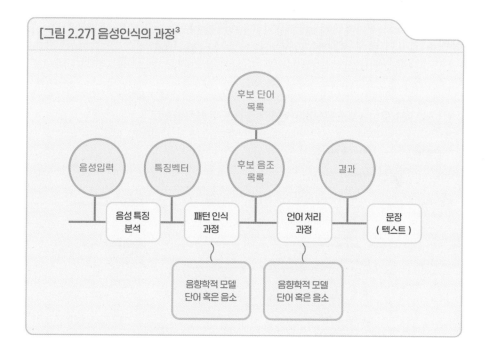

[그림 2.27] 음성인식의 과정[3]

---

3 본 도식은 ㈜데이터에듀에서 제시한 '음성인식의 심층 신경망 개요'를 간략화하여 표현하였다(http://www.dataedu.kr/js-stt/).

2) STT 기술 (Speech-to-Text)

STT 기술은 음성 인식 기술의 한 형태로서, 음성을 컴퓨터가 이해할 수 있도록 텍스트화하는 기술을 의미한다. 인공지능이 음성을 인식하는 과정은 '음성 입력 및 인식 → 자연어 처리 → 인식 결과 생성'의 과정을 거치게 되는데 STT는 이 중 첫 번째 단계인 음성입력 과정에서 필요한 기술이다. 입력된 음성을 전처리한 후 기존에 훈련된 모델과 비교하여 텍스트로 결과물을 생성해내게 되는데, 훈련된 모델의 다양성과 특화도 등에 따라 정확도가 달라진다. STT 기술은 음성 검색, 음성명령 및 제어, 자동 번역, 자동 자막 생성, 음성 메모 등 다양한 응용 분야에서 이미 활발하게 사용되고 있다. AI 비서(시리, 클로바, 빅스비 등), 음성 검색 엔진, 음성 기반 자동차 내비게이션 등에서 STT 기술의 활용 사례를 어렵지 않게 찾아볼 수 있다.

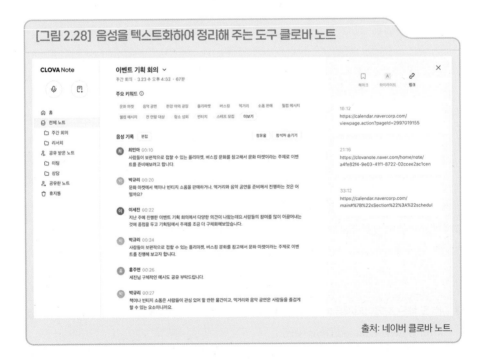

[그림 2.28] 음성을 텍스트화하여 정리해 주는 도구 클로바 노트

출처: 네이버 클로바 노트.

3) 자연어 처리(NLP: Natural Language Processing) 기술

자연어란 사람이 사용되는 언어를 지칭하는 표현으로, 자연어 처리 기술은 컴퓨터가 인간의 언어를 이해하고 처리하는데 사용되는 기술이다. 즉, 텍스트 데이터를 분석·이해하여 정보추출, 번역, 요약, 감정분석, 응답 등의 형태로 다양한 응용 프로그램을 구현하는 데 활용된다. 이러한 자연어 처리기술은 AI 비서, 번역, 검색 엔진 활용, 스팸 자동 필터링, 챗봇 등에서 폭넓게 구현되고 있으며 NLP의 발전으로 인간과 컴퓨터 사이의 상호작용이 개선되고 정보처리 과정의 효율성이 높아지고 있다.

4) 화자인식 기술(Speaker Recognition)

음성인식의 한 분야인 화자인식 기술은, 음성데이터가 입력되면 데이터베이스에 있는 음성과 비교하여 화자를 식별해 내는 기술이다. 즉, 지문처럼 사전에 등록된 특정인의 음성에만 반응하도록 서비스를 만드는 바탕이 되는 기술이다. 이러한 화자인식 기술은 화자식별 기술(Speaker Identification)과 화자 인증 기술(Speaker Verification)로 나뉜다.

- 화자 식별 기술: 여러 명의 화자그룹 내에서 발성한 사람을 찾아내는 방법으로, 데이터베이스에 입력되지 않은 화자의 목소리를 식별해 내지 못한다. 이에 등록된 음성 중 가장 유사한 음성을 가진 화자로 식별해 버리는 경우가 발생할 수 있어 보안 문제가 생길 수 있다는 한계가 있다.
- 화자 인증 기술: 데이터베이스에 등록된 화자의 음성과 새롭게 입력된 음성 사이의 유사도를 파악하여 동일인인지를 판단하는 기술로 화자 식별 기술의 보안적 한계를 극복할 수 있다.

이러한 음성인식 기술은 다양한 방면으로 활용되고 있는데, 특히 화자 인증 기술의 경우에는 지문, 홍채, 얼굴 인식을 이어받는 새로운 형태의 인증수단으로 기대되고 있다. 이미 카카오의 AI 스피커 카카오미니에서는 주인의 목소리를 인증하여 식별하는 보이스 프로필 기능을 3년간의 시간에 걸쳐 테스트 완료하였으며, 추후 주문 결제 등 보안이 필요한 부분에 기술 적용될 것으로 기대되는 기술이다.

이러한 음성인식 기술, 특히 화자 인증 기술은 교실이라는 한정된 공간의 제약을 극복하고 음성인식 기술이 필요한 학습자들이 동시다발적으로 학습에 참여하는 데 큰 도움을 줄 수 있다. 단순한 음성인식 기술을 여러 명의 학습자가 동시에 사용할 때는 제대로 된 STT 기술 작동을 기대하기 어렵기 때문이다.

화자 식별 기술 역시 이미 여러 서비스에서 활발하게 사용되는데, 교육현장에서도 많이 사용하는 네이버 클로바 노트의 경우, 토의 과정을 녹음하는 과정에서 화자식별 기술을 활용하여 화자별 발화 내용을 순차적으로 기록하고, 이를 종합하여 토의 내용을 정리해 주는 서비스를 제공한다. AI 디지털교과서에 이러한 기술을 도입하여, 학생들 간의 협업을 지원하고 의사소통 과정을 모니터링하며 학생의 학습활동 기록을 토대로 맞춤형 학습 설계 및 개별 콘텐츠 제공의 단서로 활용할 수 있다.

[그림 2.29] 화자인증 기술이 담긴 헤이카카오

Stand by — Active

출처: 헤이카카오.

❷ 음성 합성 기술을 통한 학습자 지원

1) TTS (Text-to-Speech)

TTS는 컴퓨터가 텍스트로 작성된 내용을 음성으로 변환하여 읽어주는 기술이다. 사용자가 작성한 혹은 제시된 텍스트를 입력으로 받아들여, 컴퓨터가 이해할 수 있는 형태로 처리한 후 음성으로 변환하여 출력한다. 이러한 기술은 컴퓨터, 모바일 디바이스 등 다양한 플랫폼에서 사용될 수 있으며, 음성 피드백, 음성 알림, 자동 음성 안내 시스템, 저시력자를 위한 음성 도우미 등 다양한 분야에서 활용되고 있다. TTS를 통해 다양한 상황과 특성의 학습자들이 학습 내용에 대한 접근성이 향상될 수 있다.

초기 TTS 기술은 단순한 발음 규칙을 적용하였기 때문에 현실에서 받아들일 때 내용 전달의 명료성이 떨어지고 부자연스러운 경우가 많았으나, 음성합성 기술 및 음성 신호처리 기술 등의 발달과 딥러닝과 인공지능 기술의 발달 등과 맞물려 기존의 한계를 상당히 극복한 모습을 보이고 있다. 앞서 언급한 딥러닝 기반의 E2E(End-to-End) 모델은 텍스트와 음성 간의 관계를 더욱 직접적으로 연결함으로써 자연스러운 출력을 가능하게 하고 있다.

TTS 기술은 [표 2.7]과 같은 순서로 동작하게 된다.

[표 2.7] TTS 기술 순서

1	텍스트 분석	입력된 텍스트를 단어 단위로 분할하고 분석하여 문장구조와 어휘, 발음 등을 결정
2	발음 모델링	각 단어의 정확한 발음을 결정하기 위해 사전에 학습된 발음 모델을 활용(발음 규칙, 음운론적 특징, 억양 등)
3	음성 합성	모델링 과정을 거친 단어를 연결하여 문장을 생성. 음성 합성 알고리즘을 활용하여 자연스러운 발음과 억양으로 음성 생성
4	출력	생성된 문장을 출력장치에 전달

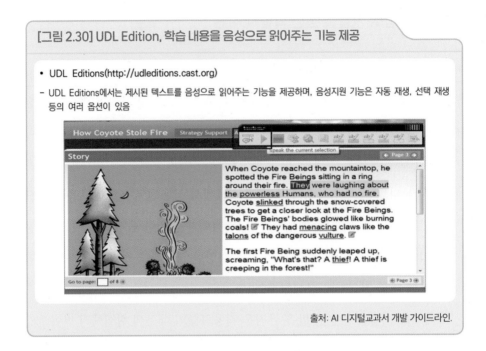

[그림 2.30] UDL Edition, 학습 내용을 음성으로 읽어주는 기능 제공

- UDL Editions(http://udleditions.cast.org)
- UDL Editions에서는 제시된 텍스트를 음성으로 읽어주는 기능을 제공하며, 음성지원 기능은 자동 재생, 선택 재생 등의 여러 옵션이 있음

출처: AI 디지털교과서 개발 가이드라인.

❸ 번역 기술을 통한 학습자 지원

1) 다국어 번역 기능

AI 디지털교과서는 교과서를 활용하게 될 여러 언어 기반의 학습자들이 겪을 언어장벽을 최소화할 수 있도록, 웹 브라우저의 번역 기능 호환을 고려한다. 웹 브라우저의 번역은 주로 온라인 번역 서비스를 기반으로 이루어진다. 온라인 번역 서비스는 주로 기계 번역 기술을 통해 텍스트를 번역하는데, 이때 '통계적 기계 번역 기술'과 '신경망 기계 번역 기술'이 활용된다.

(1) 통계적 기계 번역(SMT: Statistical Machine Translation)

대규모 병렬 코퍼스를 기반으로 작동하는 통계적 기계 번역은, 입력된 문장을 단어 단위로 분석하여 단어별로 가장 가능성(확률)이 높은 번역을 선택한다.

(2) 신경망 기계 번역(NMT: Neural Machine Translation)

최근에 주로 사용되는 번역 방식으로, 딥러닝 기술을 기반으로 입력 문장과 출력 문장 간의 관계를 학습하여 번역을 수행함으로써 더욱 자연스러운 번역 결과를 제공한다.

번역의 과정은 클라이언트 측에서 서버로 입력된 텍스트를 전달하면, 서버에서 번역된 결과를 다시 클라이언트로 전달하여 표시하는데, 대부분의 웹 브라우저에서는 주로 JavaScript와 AJAX(Asynchronous JavaScript and XML)를 사용하여 이 통신과 데이터 표시를 처리한다.

❹ 그 외 다양한 특성의 학습자를 위한 기술

1) NVDA(NonVisual Desktop Access)

NVDA는 비시각적 사용자를 위한 무료 오픈 소스의 스크린리더 소프트웨어이다. 시각 장애인을 위해 컴퓨터 화면의 내용을 음성으로 읽어주고, 접근성을 높여주는 데 사용되고 있다.

2) JAWS(Job Access With Speech)와 센스리더

JAWS와 센스리더는 시각 장애인을 위한 화면낭독 및 음성 출력 소프트웨어로 시각 장애인이 컴퓨터를 사용할 때 화면에 표시된 내용을 음성으로 읽어준다. JAWS와 센스리더는 화면낭독, 음성명령, (웹 사이트, 애플리케이션, 문서 등에 대한) 접근성, 다양한 언어 지원의 기능을 갖추어 시각 장애인들이 독립적으로 컴퓨터를 활용할 수 있도록 지원하고 디지털 접근성을 향상할 수 있게 한다.

3) ZoomText

ZoomText는 주로 Window 운영체제에서 사용되는 시각 장애인 및 저시력자를 위한 컴퓨터 화면 확대 및 음성 출력 소프트웨어다. ZoomText는 화면 확대, 색상 및 대비 조정, 화면 내 텍스트 읽기 기능, 포커스 툴,[4] 커서 및 마우스를 맞춤 설정(커스터마이징) 할 수 있는 기능을 갖추고 있다. 이러한 기능을 활용하여 저시력자 및 시각장애가 있는 학습자들이 더 독립적으로 학습 과정에 참여할 수 있다.

4) 광학문자인식(OCR: Optical Character Recognition)

광학문자인식은 이미지나 스캔된 문서에 있는 텍스트를 자동으로 감지하고 인식하여 컴퓨터가 이해할 수 있는 텍스트로 변환하는 기술이다. 이를 위해 입력 혹은 스캔된 이미지를 픽셀 단위로 이미지를 분석하여 문자 및 패턴을 인식하고, 텍스트를 추출한다. 추출된 텍스트의 정확성을 검토하고 잘못된 문자나 단어를 수정하는 등의 방식으로 정확성을 올리는 방식이다. 이러한 OCR 기술을 AI 디지털교과서에 도입한다면, 학습자들의 학습 산출이 포함된 종이 문서를 디지털화할 수 있을 뿐 아니라, TTS 기능과 연계하여 시각적 어려움이 있는 학습자들을 보조할 수 있는 기능으로 활용될 수 있다.

다양한 특성의 학습자를 지원하는 과정이 원활하게 이루어질 수 있도록 AI 디지털교과서에서는 웹 표준 문법과 웹 호환성을 준수하여 대표적 브라우저 5종(Edge, Chrome, Safari, Whale, Firefox)의 크로스 브라우징이 가능하게 하고 있

---

4   포커스툴: 화면 특정 부분에 포커스를 주어 사용자가 필요한/관심 있는 부분을 더 쉽게 인지할 수 있도록 하는 기능이다.

으며, 여러 보조공학 기기 및 기술이 동등하게 작용할 수 있도록 호환성을 고려해 개발하게 되어 있다.

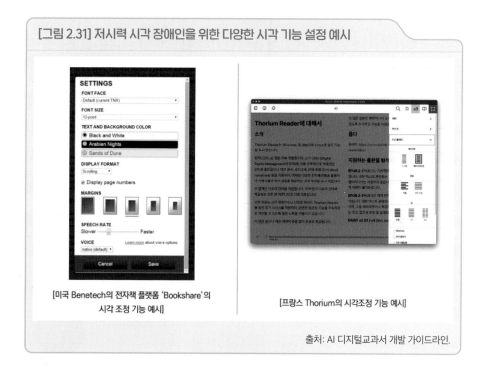

[그림 2.31] 저시력 시각 장애인을 위한 다양한 시각 기능 설정 예시

[미국 Benetech의 전자책 플랫폼 'Bookshare'의 시각 조정 기능 예시]

[프랑스 Thorium의 시각조정 기능 예시]

출처: AI 디지털교과서 개발 가이드라인.

3 안정적인 AI 디지털교과서 활용 교육을 위한 기술과 적용

❶ 교육과정의 안정적 운영을 위한 노력

1) 교육과정 표준체계

교육과정 표준체계란, AI 디지털교과서 제작에 참여하는 여러 개발사가 서로 다른 교육과정 체계의 구성요소(내용 요소, 개념, 주제, 성취 기준 등)를 공통으로 표현하고 활용할 수 있도록 정보모델로 표준화하여, 교과서 기반 학습 서비스

에 적용 및 확장할 수 있는 정보체계를 의미한다. [5]

AI 디지털교과서는 안정적인 교육과정 표준체계의 준수와 연계를 위해, 개발사들별로 교과별 교육과정 내용을 분석하여 세분화하고, 각 내용요소에 고유 식별자를 부여함으로써 서로 연관이 있거나 위계가 있는 내용 요소들을 연결하여 통합 관리한다. 또한 내용 요소별로 성취 기준과 평가 기준을 연계하여 성취 수준을 진단할 수 있도록 하고 있다.

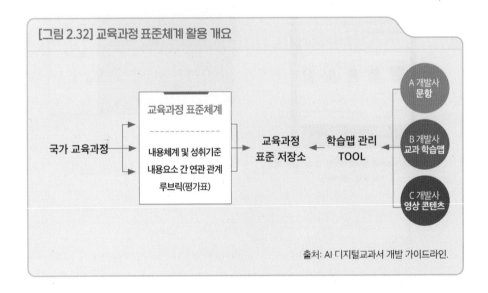

[그림 2.32] 교육과정 표준체계 활용 개요

출처: AI 디지털교과서 개발 가이드라인.

2) CASE(Competencies and Academic Standards Exchange) 표준구조

CASE 표준 구조는 교육과정 표준 체계 개발을 위해 활용되는 에듀테크 표준으로, 프레임워크(교육과정, 역량체계 등)를 구조적으로 표현하고, 구성항목(주제, 역량 요소 등)을 서로 연계하여 관계를 설정하는 방법을 제시한다. 이러한 표준

5   교육과정 표준체계와 관련된 기술은 AI 디지털교과서 개발 가이드라인을 참고하였다.

구조를 활용함으로써, AI 디지털교과서, 학습 도구, 알고리즘 등이 교육과정의 구성요소 데이터에 쉽게 접근하고 이를 활용할 수 있게 된다. 이를 통해 학교에서 여러 다른 형태로 수행되는 평가의 기준인 루브릭 정보를 성취 기준 식별자와 연계하여 관리하고 공유할 수 있게 되며, 학습성과·스킬·역량 정의를 전자적으로 교환할 수 있다.

3) 학습 맵

학습 맵은 학습의 경로나 학습 과정을 시각적으로 나타내는 도구로, 모든 학습은 연관성과 구조가 있다는 개념 아래 학습자가 따라가야 할 학습의 순서와 단계를 보여준다. 일반적으로 학습 맵은 주제, 영역, 세분된 학습 단계, 연결선, 필요한 학습자료 및 활동 등을 포함하는데, 학습 맵을 설정함으로써 학습의 목표와 방향성이 명확하게 제시된다. 학습 맵을 통해 학생의 학습 정보를 교환함으로써 학생들은 안정적으로 국가 수준 교육과정을 학습할 수 있고, 교과서 변경 등의 상황에서 연속성 있는 학습이 유지될 수 있다.

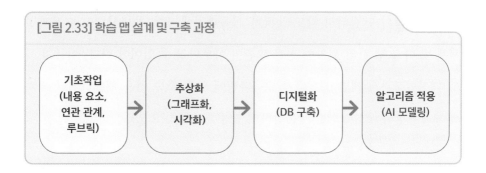

[그림 2.33] 학습 맵 설계 및 구축 과정

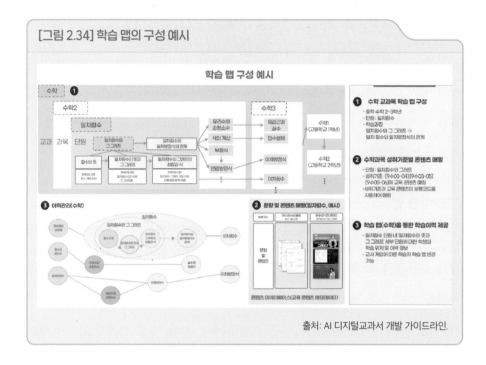

[그림 2.34] 학습 맵의 구성 예시

출처: AI 디지털교과서 개발 가이드라인.

여러 개발사가 각자의 특성이 있는 AI 디지털교과서를 만들어 교육 현장에서 원활하게 활용하기 위해서는 무엇보다 기본적으로 국가 교육과정을 충실하게 반영할 수 있어야 한다. 또한 학교 내 혹은 학년 간 교과서 변경으로 인한 학습 연속성이 단절되지 않도록 국가 교육과정에 맞게 개발사별로 교육과정 체계 및 학습 맵 간의 원활한 정보 교환이 이루어질 수 있어야 한다. 이를 위해 AI 디지털교과서 개발사는 국가 교육과정에 맞는 학습 맵을 개발하거나 교과별 교육과정의 구성요소를 세분화하여 활용하도록 하고 있다.

❷ AI 디지털교과서의 안정적 운영을 위한 노력

기존 디지털교과서의 경우 서책형 교과서의 판형에 콘텐츠를 추가하는 방식의 전자 출판 형식(ePub 서비스 방식)을 사용하였으나, AI 디지털교과서에서는 교육과정에 따라 다양한 인공지능 기능을 사용하여 학습자 개별 맞춤 학습을 지원하도록 개발하고 있다. 이를 위해 클라우드(Saas) 기반의 운영 방식을 활용하여 보다 유동적이고 제약이 적은 교육 환경을 구축하고자 하고 있다.

1) 클라우드(Saas, Software as a Service) 기반의 웹 서비스로 변화

AI 디지털교과서는 효율적이고 안정적인 교육의 연속성을 위해 안정적인 인프라 환경을 구성하고자 한다. 이를 위해 클라우드(Saas) 기반의 웹 서비스 구성과 이를 뒷받침하는 보안 체계를 사용한다. 클라우드(Saas) 모델은 소프트웨어를 개별적으로 라이선스하는 것이 아니라, 인터넷을 통해 웹 기반 애플리케이션 형태로 제공하는 것을 의미한다. 사용자들은 서비스를 구독 형태로 활용하게 된다. 클라우드(Saas)는 필요에 따라 서비스 이용량을 확장하거나 축소할 수 있어서 상황의 변화에 민첩하게 대응할 수 있으며, 서비스의 제공자가 소프트웨어 유지보수와 업데이트를 직접 관리하기 때문에, 교육 현장에서 소프트웨어 업데이트 등으로 어려움을 겪지 않아도 된다. 또한 인터넷을 기반으로 사용하는 만큼 학습 환경에 제약이 적어 더 유동적이고 상황에 빠르게 대응하며 교육이 이루어질 수 있다는 강점이 있다.

2) 클라우드 보안

학생의 학적 정보와 학습데이터 허브에 학습자의 학습데이터가 연계되는 AI 디지털교과서는 신뢰성을 확보하고 학습자를 포함한 이용자들을 보호하기 위해 보안 체계를 중요시하고 있다. 안전한 AI 디지털교과서의 활용을 위해 CSAP 보안 인증제에서 '중' 등급 이상을 받은 인프라(IaaS)와 SW(SaaS 표준등급)를 받게 하는 등의 보안 정책을 가지고 있다.

3) 캘리퍼 애널리틱스(Caliper Analytics)

Caliper Analytics는 학습활동과 관련된 데이터를 수집·분석하고 보고하는 표준화된 방법론을 의미한다. 이는 학습 관리 시스템(LMS)이나 학습 플랫폼에서 생성되는 학습 관련 이벤트를 추적하여 학습자의 행동과 성과를 평가하고 이해하는 데 사용된다.

Caliper Analytics는 다양한 학습 관리 시스템 및 학습 플랫폼에서 사용되며, 이 표준을 준수하는 시스템들은 학습자의 로그인/로그아웃, 학습 자료 접근, 퀴즈 응답, 동영상 시청 등과 같은 학습활동에 대한 데이터를 생성하여 이를 통합적으로 수집할 수 있다.

4) xAPI(Experience API)

xAPI는 웹 기반 학습 환경에서 발생하는 학습자의 학습활동 및 경험을 추적·기록하기 위한 표준규격이다. xAPI는 전통적인 온라인 학습 환경 외에도 가상현실과 증강현실, 물리적 학습활동까지를 포함한 학습 환경을 고려하는 데, 학습자가 수행한 여러 학습활동 및 상호작용을 기록·저장할 수 있는 표준 형식을 제공하여 서로 다른 시스템 간의 학습데이터의 통합 및 공유가 용이하게 한다.

· 참고문헌

· 계보경, 임완철, 박연정, 손정은, 김정현, 박선규, 정태준 (2018). 지능형 학습 분석을 위한 데이터 수집·분석 API 고도화 연구. 한국교육학술정보원.

· 한국교육학술정보원 (2023), AI 디지털교과서 개발 가이드라인.

· Gabriella Casalino , Matiia Di Gangi, Francesco Ranieri, Daniele Schicchi, Davide Taibi (2023). EasyDKT: an easy-to-use framework for Deep Knowledge Tracing.

· Hiromi Nakagawa, Yusuke Iwasawa & Yutaka Matsuo (2019). Graph-based Knowledge Tracing : Modeling student proficiency using Grach Neural Network.

· KERIS(2024). AI 디지털교과서 서비스 모델 및 프로토타입 자료집.

· Qi Liu, Shen Shuanghong, Whenya Huang, Enhong Chen, Senir Member, IEEE and Yonghe Zheng (2021). A Survey of Knowledge Tracing.

▶ AI 디지털교과서 도입 전
AI 코스웨어 맵핑과 맞춤형 교육 사례

▶ 이성강

1 AI DT 도입 전 AI 코스웨어 맵핑

❶ AI 코스웨어 기능의 활용

디지털 대전환으로 시작된 맞춤형 교육이 어떻게 구현될 수 있을지 변화의 종착점에 대한 관심이 뜨겁다. 기존에 없던 교실 환경을 새롭게 구축하는 것인 만큼 인공지능이 교실 환경을 얼마나 바꿔놓을지에 대한 모델이 없기 때문이다. 전 세계적으로도 대한민국이 지향하고 있는 전면적인 디지털 대전환의 사례는 드물다. 그러므로 AI 디지털교과서가 도입되기 이전, 그와 흡사한 맞춤형 교육 기능을 제공하는 AI 코스웨어의 활용은 미래 교실을 살펴보기에 매우 적절한 방법이다.

AI 코스웨어란 교육과정을 뜻하는 코스(course)와 소프트웨어(software)의 합성어로 교육 내용과 절차, 방법 등을 포괄하는 교육 목적의 소프트웨어라는 뜻이다. AI 코스웨어는 기존의 학습 소프트웨어가 단순한 학습 단계를 제공하던 것과는 다르게 AI 기술을 바탕으로 학생의 성취를 판단할 수 있는 여러 데이터를 활용한다. 데이터 분석의 결과물은 교사가 학생들의 상황을 분석하고 맞춤형 학습을 설계할 수 있도록 돕는다.

AI 코스웨어는 학습 데이터를 효율적으로 분류하고 분석함으로써 교사가 학생을 파악하고, 구체적인 피드백을 제공하기 위해 들이는 시간과 노력을 현저히 경감시켜준다. 인공지능이 판단한 수준에 따라 개별 맞춤화 학습을 추천받을 수 있게 되기에, 평균이라는 늪에서 헤어나오지 못하던 전통적 교실 상황은 AI 코스웨어의 등장과 함께 극복될 수 있을 것으로 기대된다.

AI코스웨어의 기능은 개발사별로 개발 목적에 따라 형태가 다양하다. 개발사마다 가지고 있는 누적데이터, 개발 노하우, 개발 철학이 상이하기 때문이다. 하지만 대체적으로 AI 코스웨어들을 분석해보면 학습진단, 맞춤형 학습 콘텐츠 추천, 대시보드, AI튜터, AI보조교사 등으로 대분류를 나눌 수 있다.[1]

❷ 학습 진단

학습 진단은 학생의 성취 수준 및 학습 현황을 진단·분석하여, 개인화된 맞춤 콘텐츠를 제공하는 기능이다. 학습진단을 위해 문항 기반 평가, 학습 현황 데이터 수집 분석, AI모델 등의 기술을 활용한다.

학습 진단의 목적은 학생의 개별 목표, 능력, 흥미에 맞게 학습 콘텐츠 및 활동을 제공하여 학습 효과를 높이는 것이다. 학습데이터를 분석함으로써 더욱 정확하고 개인화된 학습 지원이 가능해지기 때문이다. 분석된 데이터는 학생

---

[1] 교육부에서 제공하는 AI 디지털교과서 개발 가이드라인에 기반한 분류이다.

리포트, 맞춤형 과제 제공, 수업 설계 등에 활용된다. 학습 진단의 흐름은 학습 데이터를 수집한 뒤, 성취 수준을 진단하고 학습 현황을 분석한 다음, 개인별 분석 결과를 제공하고 맞춤형 콘텐츠 추천에 결과를 활용하는 과정으로 이루어진다.

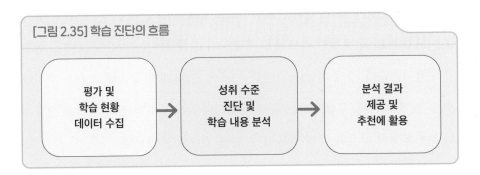

[그림 2.35] 학습 진단의 흐름

학습진단은 평가 시기를 기준으로 진단 평가, 형성 평가, 총괄 평가로 구분된다. 교육부의 AI 디지털교과서 가이드라인에 따르면 이러한 평가는 시험, 퀴즈, 자가진단과 같은 디지털기기를 활용한 평가로 구현된다.

[표 2.8] 학습진단의 분류(평가시기 기준)

구분	평가 시기	평가 내용	평가 도구
진단평가	학습 시작 전	학습 전 성취 수준, 사전 지식 및 생각, 학습 곤란의 원인 진단 등	시험, 퀴즈, 자가진단 등
형성평가	학습 과정 중	학습 이해도, 학습 진행 상황 진단 등 교수·학습 과정에서의 다각적인 정보 확인을 위한 평가	
총괄 평가	학습 종료 후	학습 목표 달성 여부, 학습 성과 등	

학습진단의 결과는 교사가 학생, 학부모와 학습 상담을 진행하거나 맞춤형 교수학습을 설계할 때, 적극적으로 사용된다. 객관적인 지표가 없을 때와 달리 AI 코스웨어로 학습을 진단한 후에는 증거 기반의 교수학습 설계가 가능하며 학부모의 협조를 얻어 객관적인 자료에 입증한 체계적인 학습 습관 개선이 가능하게 된다.

학습 진단 기능을 적절히 활용했을 때의 사례를 살펴보자.

1. 초등학교 5학년 A학생은 집중력이 부족하고 학습에 대한 흥미가 낮아 성적이 부진했다. 담당 교사 A학생에게 AI 코스웨어 진단 평가를 실시하고 결과를 바탕으로 상담을 실시했다. A학생은 수학 과목에서 기본 개념 이해는 잘 되어 있지만, 계산 실수가 많은 특징이 드러났다. 또한, 집중력이 부족하여 학습에 집중하는 시간 또한 문제가 있었다. 교사는 학생에게 진단 결과를 보여주고, 부족한 부분을 개선하기 위한 맞춤형 학습 계획을 세우도록 도왔다. 선수 학습 과제를 부여하고, 담당교사는 AI 튜터를 활용하여 집중을 독려하는 메시지와 과제 해결 시에 도움을 받도록 설계했다. 과제 수행 결과에 따라 수준별 자료를 부여하고 가정학습에 활용한 결과 A학생의 성취도는 진단 평가를 실시하기 전에 비해 20%의 유의미한 상승도를 보여주었다.

2. 교사 A는 느린학습으로 학교 생활에 어려움을 겪는 B학생과 주기적인 학습 코칭 시간을 갖는다. 과거의 학습 코칭은 교사가 다인수 학급에서 한명의 학생을 살펴보며 많은 노력을 들여 자료를 만들어야 했지만 지금은 학습코칭 자료로서 AI코스웨어의 진단 결과를 활용하면서 효율적인 상담 시간을 보낼 수 있게 되었다. AI진단평가 결과를 통해 학생의 취약 유형을 정확하게 제시할 수 있었으며 학생도 이에 수긍하고, 맞춤형 과제를 통해 학습 성장을 위한 시간으로 삼을 수 있었다.

위와 같이 AI 코스웨어의 진단 기능은 학생의 취약한 부분을 탐색하고 맞춤형 해결책을 제시하는 데 목적이 있다. 전통적인 교사의 역할은 학생과의 교감, 공감에 기반을 두고 있으나 AI 코스웨어를 활용했을 때 교사는 학생 공감과 더불어 실질적인 학습 코칭을 제공할 수 있다.

실제 AI 코스웨어에 적용되어 있는 진단평가 기능을 살펴보면 다양한 활용방안을 고안해낼 수 있다. 미래엔 AI 클래스는 진단평가, 차시별 학습지, 단원평가 기능을 탑재하고 있다. 학습이 끝나면 개별 학생의 풀이시간, 오답 내용수준을 분석할 수 있도록 리포트를 제공하며, 학생의 취약 유형을 분석하여 맞춤형 학습지를 제공한다.

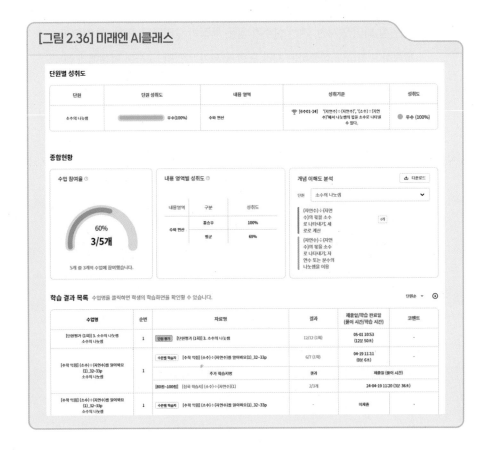

[그림 2.36] 미래엔 AI클래스

비상 옥수수는 해당 학습 기간에 학습한 모든 유형과 평가를 총괄하는 학습 리포트를 제공한다. 성취도를 반영하여 유형의 난이도별 성취도를 색깔로 구분하여 제시한다. 학생 스스로 자신의 취약 유형을 인지할 수 있으며, 이것을 해결했을 때에는 해당 유형의 이해도가 실시간으로 반영되어 진단 결과가 바뀐다.

[그림 2.37] 비상 옥수수

키위티는 글쓰기 지도를 위한 학습 플랫폼이다. 공인된 성취도 기준에 따른 글쓰기 요소를 적용한 세부 평가를 제공한다. 인간 평가자와 유사한 수준의 평가 성능을 구현하여 나의 글쓰기를 분석하고 피드백을 부여한다. 교사는 AI 분석이 된 학생들의 글을 첨삭하고, 평가 점수를 부여할 수 있다.

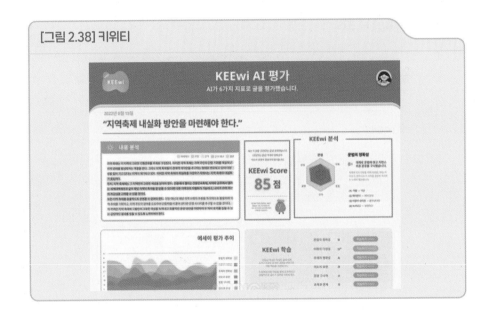

[그림 2.38] 키위티

③ 맞춤형 콘텐츠 추천[2]

AI 코스웨어는 학습자에게 적합한 콘텐츠 및 학습자의 취약점을 개선하도록 도움을 주는 맞춤형 콘텐츠를 제공한다. 학습자의 흥미, 수준, 학습 상황 등을 분석한 결과를 바탕으로 학습자에게 적합한 콘텐츠를 제공된다. 맞춤형 콘텐츠는 평가와 분석을 통해 발견된 학습자의 강·약점을 면밀하게 분석하고 취약점 개선을 위한 교육 콘텐츠를 지향한다.

2 교육부 AI 디지털교과서 개발 가이드라인의 내용을 참고하여 작성했다.

맞춤형 학습 콘텐츠를 추천하는 것은 학습자의 학습 내용 이해 수준을 분석하여 개인의 능력, 목표에 맞춘 개인화된 학습 경로 혹은 추가 콘텐츠를 제시하는 데 그 목적이 있다. 맞춤형 학습 콘텐츠 추천의 흐름은 현재 교과 진도 달성 수준과 이해도를 진단한 후 적절한 학습 경로와 콘텐츠를 추천하는 순서로 이뤄진다.

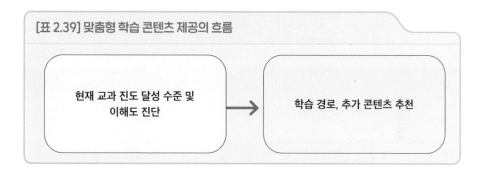

[표 2.39] 맞춤형 학습 콘텐츠 제공의 흐름

현재 교과 진도 달성 수준 및 이해도 진단 → 학습 경로, 추가 콘텐츠 추천

맞춤형 학습 콘텐츠는 학습 콘텐츠와 문항으로 구분할 수 있다. 맞춤형 콘텐츠는 학습자의 이해 수준을 분석하여 학습자 개별의 흥미, 적성, 상황 등을 고려한 개인화된 학습 경로 혹은 추가 콘텐츠이다. 맞춤형 콘텐츠는 대화 형식의 시뮬레이션 콘텐츠, 세부 보충학습을 위한 가이드 영상 등이 있다. 반면에 문항은 학습 내용의 이해도를 점검한 결과에 따른 처방 문항 등을 말한다. 학습 수준에 따라 심화 및 보충 문제를 제시하거나 단계적 피드백이 제시된다.

맞춤형 콘텐츠는 현재 교과 진도 달성 수준과 이해도에 따라 보충/반복/심화학습 등 적합한 학습 경로 및 추천 콘텐츠를 제시하는 방법으로 활용된다. 이때 보충학습은 학습 내용 이해를 높이기 위한 기본 개념 중심의 학습이다. 반복학습은 학습 내용 이해력과 기억력 향상을 위한 동일 학습이며, 심화학습은 학습 내용을 충분히 소화한 경우 토론, 논술, 과제 등 학습을 제시하는 것을 말한다.

맞춤형 콘텐츠는 AI 기술을 활용한 학습 진단 결과에 따라 내용의 이해도, 학습 동기 향상을 위한 학습 자료이다. 학습자가 어려움을 겪고 있는 세부 주제와 영역을 진단하거나 예측한 결과를 바탕으로 학생 수준에 적합한 보충학습 및 심화학습을 안내한다. 이때의 학습 자료는 학생의 이해도에 따라 이전 학년, 학기 내용을 제시할 수도 있으며, 특히 수학 과목의 경우 계열화된 개념에 따라 학습 경로를 제시할 수 있다. 더불어 빅데이터를 활용한 학습 체류 시간, 키워드 분석 등의 방법을 통해 학습자가 흥미를 가질 만한 콘텐츠를 추천할 수도 있다. 유사한 학습자 그룹에서 인기가 있는 콘텐츠를 추천하는 등의 방식을 고려할 수 있다.

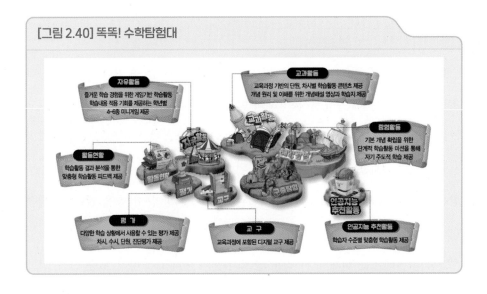

[그림 2.40] 똑똑! 수학탐험대

실제 AI코스웨어는 다양한 방식으로 콘텐츠를 추천하고 있다. '똑똑! 수학탐험대'의 경우 학생 진단 결과를 바탕으로 '인공지능 추천 활동'이 제공된다. 1-2학년의 경우 교사가 대시보드에서 직접 과제를 제시해주어야 하지만 3-4학년

은 학생의 활동 기록이 일정량 이상 모이면 추천 활동이 이루어지도록 되어 있
다. 학생들은 추천 문제와 함께 개념 원리에 관한 설명 동영상을 제공받는다.

[그림 2.41] 토도 수학

에누마의 '토도수학'은 유아 및 초등 저학년을 위한 수학 학습 플랫폼으로서
단계별로 표시되는 맵에서 자신의 학습 단계를 알 수 있다. 인공지능 학습모드
를 통해 학습데이터를 바탕으로 그날의 필요한 학습을 추천해준다.

MATHia는 학습자들이 문제를 푸는 과정에서 발생하는 실수를 진단하고 그
인지과정을 추적하여 적절한 피드백을 제공한다. 개별 학습자에게 맞춤형 학
습 조언을 제공하여, 학습자가 스스로 자신의 실수를 발견하고 자가 교정해 나
갈 수 있도록 독려한다. 즉, 학습자의 인지적 절차가 어떻게 진행되는지를 중
심으로 개별 학습자의 학습 활동 및 학습 결과를 전반적으로 분석하여, 학습
난이도 수준을 파악하고 그에 알맞은 학습방식과 콘텐츠를 자동으로 제공한다
(주정흔 외, 2022).

❹ 대시보드

대시보드는 학습 지원에 필요한 정보를 시각적으로 분석한 결과를 학생, 학부모, 교사가 한눈에 볼 수 있도록 제공하는 기능이다.

학생 대시보드의 경우 학생이 학습 참여, 학습 성취, 학습 이력, 학습 분석 등을 파악해 스스로의 학습을 성찰하고 목표를 설정해 달성할 수 있도록 한다. 들어갈 수 있는 요소로는 개인정보, 학습 참여도, 학습 성취도, 학습 이력, 학습분석 내용 등이 있다. 데이터 해석 능력이 부족한 특성을 감안하여 단순하고, 직관적인 대시보드형식이 중요하다.

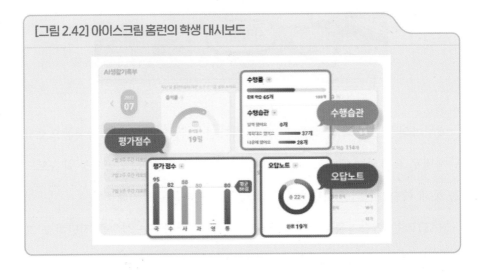

[그림 2.42] 아이스크림 홈런의 학생 대시보드

교사 대시보드는 개별 학생의 교과별 세부 영역에 대한 학습 상황을 한눈에 확인하고 맞춤형 수업 설계가 가능하도록 구성된다. 많게는 30여 명의 학생을 1명의 교사가 관리해야 하므로 데이터를 시각화하여 많은 정보를 일목요연하게 제시하고, 대시보드 내에서 수업 설계에 관한 안목을 얻을 수 있도록 환경을 조성해야 한다.

교사 대시보드에 들어갈 요소로는 학생 정보, 학습 참여도(로그인 횟수, 학습한 콘텐츠의 수, 학습 시간, 게시글 등록 수 등), 학습 성취도(진단평가 결과, 형성평가 결과, 총괄평가 결과, 과제 현황, 문제풀이 결과, 오답노트 수행도 등), 학습 이력, 학습 분석 등이 있다. 학습 데이터 뿐만 아니라 학생의 정서적 상태 및 상호작용 관계 또한 대시보드에 들어갈 수 있다. 이러한 정보를 통해 교사는 학급 학생들의 학습 데이터 변화에 민감하게 반응하고, 즉각적인 대응을 할 수 있게 된다.

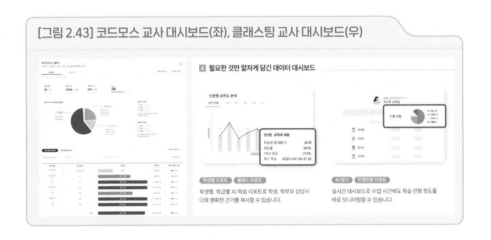

[그림 2.43] 코드모스 교사 대시보드(좌), 클래스팅 교사 대시보드(우)

AI 코스웨어의 경우 교사, 학생의 대시보드 이외에 학부모 대시보드를 제공하는 경우는 찾아보기 힘들다. 그러나 AI 디지털교과서는 학부모, 교사, 학생이 모두 볼 수 있는 대시보드를 지향한다. 디지털 대전환을 준비하는 교사로서는 학부모의 대시보드의 구성과 역할을 숙지하고, AI 디지털교과서의 활용 방안을 고민해볼 필요가 있다. 교사, 학생의 대시보드와는 달리 학부모 대시보드에는 자녀의 교과별 세부 영역에 대한 학습 상황을 확인하고 가정 내에서 학생에게 적절한 피드백을 제공할 수 있는 기반을 조성해주어야 한다.

학부모 대시보드에는 학생 정보, 학습 참여도, 학습 성취도, 학습 이력, 학습

분석 결과 등을 담을 수 있다. 학부모 또한 교육 전문가가 아니므로 직관적인 대시보드 구성이 필요하며, 대시보드를 기반으로 하여 학부모와 교사가 협력적 소통 관계를 구축할 수 있다.

실제 AI 코스웨어를 통해 대시보드 구현 사례를 살펴보자. 아이스크림 홈런은 관리형 기기로서 관리 교사가 학생의 진도를 점검하고 학부모에게 학습 내용을 알리는 방법을 사용한다. 주기적으로 학생의 진도 및 성취도를 확인한 뒤 학생에게 필요한 진도를 부여한다. 따라서 교사가 학생의 진도, 성취도, 집중도를 판단하기 위한 대시보드가 구성되어 있다. 교사 화면에는 관리 교사에게 할당된 학생들을 개별적으로 살펴보거나 전체적으로 한눈에 학생들의 학습 성과를 살펴볼 수 있다.

또한 학부모는 앱을 통해 대시보드를 살펴보고 학생의 학습 결과를 살펴보고 성취도를 직관적으로 알 수 있다. 학생과 학부모가 같이 살펴볼 수 있는 AI 생활기록부 기능으로 학생들의 학습 습관이나 취약점을 알 수 있으며 학습 정보를 한눈에 시각화하여 볼 수 있다.

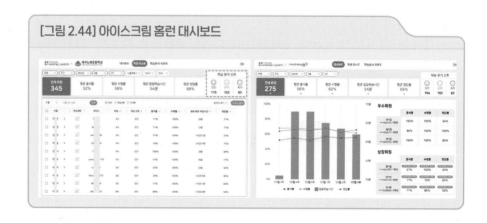

[그림 2.44] 아이스크림 홈런 대시보드

학원, 학교에서 쓰이는 매쓰홀릭T는 교사가 학급의 학생 현황을 한눈에 살펴볼 수 있도록 대시보드를 구성했다. 학생의 수행 여부, 성취도 등을 대시보드를 통해 살펴볼 수 있다. 색깔을 통해 학생의 유형별 성취수준을 판단할 수 있도록 한 것이 특징이며 다양한 과제제시 유형이 있다. 과제 카테고리를 색깔로 구분하여 교사가 과제별 성취도를 한눈에 볼 수 있도록 하였다. 교사가 개별 학생의 화면을 살펴 볼 수 있어 학생의 대시보드 화면이 어떻게 구성되어 있는지 직접 볼 수 있다. 학생에게 보이는 대시보드에는 학습량과 정답률, 누적순위가 보이며 교사로부터 부여된 과제가 제시된다.

[그림 2.45] 매쓰홀릭T 교사 대시보드

클래스팅AI는 전과목이 모두 탑재된 AI 코스웨어이다. 학급 소통앱이 코스웨어로 발전한 사례인 만큼 기존 AI 코스웨어의 대시보드와는 다른 특징을 찾을 수 있다. 학생 간의 상호작용 데이터를 시각화하여 관계도 형식으로 교사가 학생들의 관계를 파악할 수 있도록 했다. 학급 대시보드에서는 선생님의 글을 확인한 비율, 활동률 등을 시각화하고 개별 과제 수행 여부를 O, X를 활용하여 제시한다.

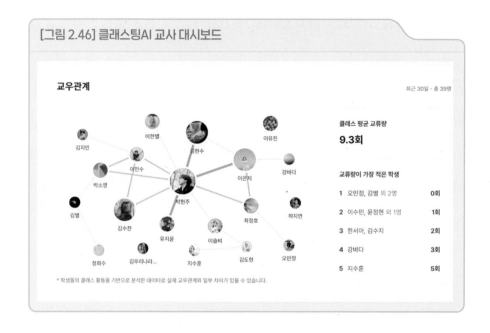

[그림 2.46] 클래스팅AI 교사 대시보드

교우관계   최근 30일 · 총 39명

클래스 평균 교류량
9.3회

교류량이 가장 적은 학생

1	오민정, 김별 외 2명	0회
2	이수민, 윤정현 외 1명	1회
3	한서아, 김수지	2회
4	강바다	3회
5	지수훈	5회

* 학생들의 클래스 활동을 기반으로 분석한 데이터로 실제 교우관계와 일부 차이가 있을 수 있습니다.

⑤ AI 튜터

사회가 고도화되면서 교육 수요자의 학습 요구 또한 고도화되고 있다. 하지만 교사 개인이 개별 학습자의 다양한 학습 요구를 모두 충족시키는 데에는 한계가 있다. 이에 인공지능 기술을 활용하여 학생들의 학습 데이터를 실시간으로 수집·분석하고 독자적인 판단에 의해 개별 학습자와 소통할 수 있는 AI 튜터가 대안으로 부상하고 있다. AI 튜터는 AI를 이용해 학생의 학습상태를 분석하여 부족한 부분의 원인을 찾아 학생에게 직접 개선 전략을 조언해 주는 기능이다. 챗봇, 음성인식, 대시보드 등 다양한 형태를 가질 수 있으며, 개발사의 특성을 살린 형태로 자유롭게 조언을 제시한다. 생성형 AI의 발달로 인해 AI 튜터의 기술이 급속도로 고도화되고 있으며, 학습 지원과 함께 정서적 지원까지 제시하는 수준에 이르고 있다.

AI 튜터가 인간 교사의 모든 것을 대체하기에는 기술적, 윤리적 한계가 있다. 현실적으로 AI 튜터는 교사를 보조하여 개별화 수업, 다양한 학습 상황 제공, 과정중심 평가, 상담 등의 분야에서 교사의 역할을 일부 대체할 수 있을 것으로 기대하고 있다(유미나, 진성희, 서경원 외, 2023).

실제 AI 코스웨어에서 제공되는 AI 튜터 기능 또한 학생들이 과제 해결 도중 막히는 내용이나 궁금한 점을 물어보고 도움을 받는 보조적 장치로서 학습에 기여하고 있다. 머신러닝, 딥러닝, 컴퓨터 비전의 발달로 생성형 AI 기술의 수준이 높아짐에 따라 AI 튜터의 기능도 쓰임새가 다양해지고 있다. 질의 응답, 추가 학습 자료 제공, 학습 전략 제안, 학습 진도 모니터링, 피드백 및 성취평가, 오답노트 제공 등의 유형으로 나뉘며 개발 목적에 따라 그 유형이 다양하다.

1) 질의 응답

AI 튜터에게 궁금한 내용을 질문하면 AI 튜터가 즉각적으로 답변을 제공하는 기능으로, 특히 학생이 특정 개념에 대해 궁금한 점이나 이해하지 못한 부분이 있을 때 언제든지 도움을 받을 수 있는 기능이다.

2) 추가 학습 자료 제공

학습 과정에서 이해가 잘 안되거나 보충 설명이 필요한 내용에 대해 추가적으로 학습자료를 제공하는 기능으로, 개념에 대한 부연 설명, 연습 문제, 관련 학습 자료 추천 등을 통해 학습을 보완하는 기능을 제공한다.

3) 학습 전략 제안

학생의 과목별 맞춤형 학습 지원을 위해 학습 수준과 목표에 맞게 개별적인 학습 전략을 제안하는 기능으로, 학생의 학습 과정과 결과에서 분석된 데이터를 바탕으로 성취도를 평가하고 강·약점을 식별하여 적절한 학습 전략을 제공한다.

4) 학습 진도 모니터링

학생의 학습 계획 대비 학습 진도 상황을 모니터링하는 기능으로, 개별 학습 과정에서 분석된 학습 수행도, 학습 참여도 등의 주요 학습 활동 지표에서 부족한 부분을 개선하기 위한 정보를 제공한다.

5) 피드백 및 성취 평가

학습 진도 모니터링 과정마다 분석된 부족한 부분에 대해 시의적절한 피드백과 To do 리스트를 제공하고, 학습 성취평가 정보를 제공함과 동시에 분석된 데이터를 기반으로 개선이 필요한 항목에 대해 추가적인 학습 방향을 안내한다.

6) 오답노트 제공

학생이 풀었던 문제를 함께 분석하고, 틀린 부분에 대한 설명을 제시할 수 있는 기능으로 학습 과정마다 오답노트가 작성·누적되어 지난 시간에 틀렸던 내용을 다시 확인할 수 있다. 이를 통해 자신의 부족한 부분을 지속적으로 개선할 수 있는 기능을 제공한다.

실제 AI코스웨어의 예시를 살펴보면 AI 튜터가 실제 수업 환경에서 어떻게 사용되는지 파악할 수 있다. 칸아카데미는 전 세계에서 활용되고 있는 무료 AI 코스웨어로 수학, 과학, 인문학 학습 코스를 제공한다. 칸아카데미는 생성형 AI를 활용해 칸미고라는 AI 튜터를 출시했다. 학습자는 챗봇 형태의 칸미고와 대화하면서 실시간으로 학습 피드백을 받는다. 생성형 AI를 활용하였기 때문에 같은 주제라도 학습자의 질문에 따라 매번 다른 답변을 제공하고, 학습자의 다양한 흥미와 관심사를 모두 대응할 수 있다는 장점이 있다.

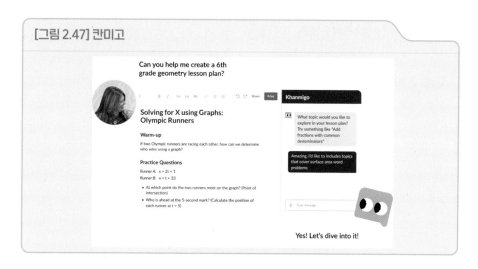

[그림 2.47] 칸미고

아이스크림 홈런의 아이뚜루는 학생에게 응원의 메시지로 학습의 흥미를 돋우며, 집중이 떨어졌을 때 학생의 집중도를 점검하는 메시지를 보내는 등 AI 튜터와 학습자가 정서적 유대를 가질 수 있도록 고안되었다(주정흔, 2022).

[그림 2.48] 아이뚜루

EBS에서 만든 영어 학습 AI 코스웨어인 AI 펭톡은 학생의 말을 인식하고 발음과 강세를 파악한 뒤, 음성인식 기술과 자연어 처리기술에 기반한 피드백을 제공한다. 적정 수준에 도달했을 때 제시되는 칭찬 메시지는 학습 동기를 일깨우는 역할로 사용된다(주정흔, 2022).

[그림 2.49] AI 펭톡

⑥ AI 보조교사

AI 튜터가 학생을 위한 지원 기능이라면 AI 보조교사는 교사를 대상으로 한 지원 기능이다. 교사가 AI 코스웨어를 활용하여 학생별 맞춤형 학습을 효과적으로 운영할 수 있도록 지원하는 서비스로, 수업 설계, 피드백, 평가, 학생 모니터링 기능을 지원한다. 딥러닝, 러신러닝을 통해 학습한 인공지능이 탑재된 AI 보조교사가 교사의 수업을 돕는다.

보조교사는 학생 관리 및 평가, 교사 지원 등으로 활용할 수 있다. 교육부가 제시한 교사를 위한 AI 보조교사 활용 기능은 자동 과제 관리 시스템, 자동 평가 시스템, 자동 토론 시스템이 있다. 궁극적으로 AI 보조교사의 목적은 교사의 행정업무를 감소시켜주며, 학습자의 중도 탈락 예측, 학생에 대한 배경 정보 제공, 진도 모니터링, 자동 채점 등과 같은 역할을 하는 것이다. AI 기술의 발달과 AI 코스웨어 완성도가 높아짐에 따라 AI 보조교사는 그 활용범위가 방

대해지고 있다.[3]

AI 코스웨어는 데이터에 기반한 학습 경로를 구축하기 때문에 교사는 학생들의 학습 데이터를 수집·분석한 결과를 바탕으로 AI 보조교사의 도움을 받아 학생들에게 적합한 교육 계획을 설계하고, 최적의 학습 코칭을 제공할 수 있다. 교사의 개인적 경험과 직접 수집한 자료에 근거하는 것보다 훨씬 더 방대한 자료를 활용하기 때문에 보다 객관적이고 정확한 의사결정을 내릴 수 있다는 장점이 있다.

교육부가 AI 디지털교과서 개발 가이드라인(2023)에서 제시한 AI 보조교사의 주요 기능의 유형은 총 네 가지로 수업 설계 지원, 피드백 설계 지원, 평가 지원, 학생 모니터 지원으로 나뉜다.

1) 수업 설계 지원

교육과정 내용과 담당 학생들의 성취기준 달성 정도를 분석하여 개별 학생에게 맞춤화된 수업 설계를 지원하고, 수업에 활용할 수 있는 다양한 콘텐츠 및 문항을 추천한다.

2) 피드백 설계 지원

학생들의 학습활동을 분석한 결과를 피드백 문장으로 구성하여 교사에게 제공하고, AI 보조교사가 제시한 피드백을 교사가 재구성할 수 있는 기능을 제공한다.

---

[3] KERIS에서 발간한 유미나, 진성희, 서경원 외(2023), 국내외 AI 보조교사 활용 사례 및 기술 동향을 참고하였다.

3) 평가 지원

학생들의 평가 결과에 대한 채점을 지원하고 교사가 담당 학생들의 평가 결과를 한눈에 볼 수 있도록 정보를 제공한다.

4) 학생 모니터링 지원

학생들이 학습을 원활하게 진행하고 있는지 모니터링하여 교사에게 알림 등의 정보를 제공한다.

AI 보조교사 도입 사례를 살펴보자. 클래스팅AI의 경우 AI 보조교사인 '젤로'를 서비스하고 있다. '젤로'는 생성형AI를 활용한 보조교사로서 교사만 사용할 수 있게 설정되어 있다. 전형적인 유형의 AI 보조교사로 학급 게시판에 과제를 올릴 때 게시물의 초안을 작성해주거나 교사가 질문하는 내용을 보조교사가 답해준다.

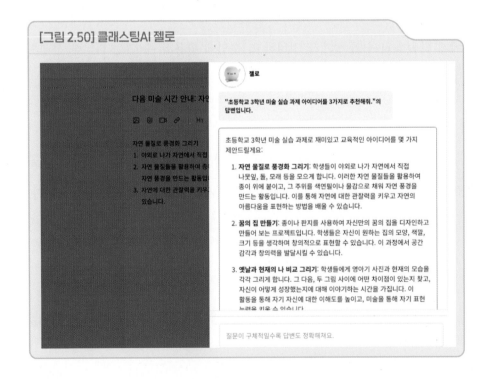

[그림 2.50] 클래스팅AI 젤로

패들렛은 생성형 AI 기능을 통해 수업 설계 기능을 제공한다. 생성형 AI가 요구하는 수업 주제, 수업 대상, 수업 내용 등을 입력하면 수업 계획이 담긴 보드를 생성한다. 해당 주제에 필요한 자료 및 과제를 같이 제시해주기 때문에 교사의 수업 설계 시간을 확연히 단축해준다는 장점이 있다.

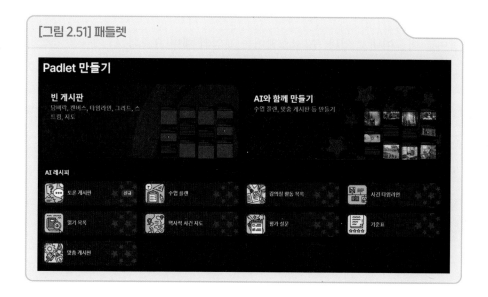

[그림 2.51] 패들렛

2 AI를 활용한 학습 참여 증진 및 맞춤형 학습 사례

❶ 게이미피케이션

게이미피케이션[4](Gamification)은 'Game(게임) + ification(접미사)'의 조합으로 이루어진 신조어다. 그 뜻은 '게임화하다.' 정도로 해석할 수 있다. 게이미피케이션은 비 게임적인 요소에 게임의 요소들을 접목하여 생산성을 증진하고 효

---

4 '이삭(2019), 게이미피케이션 기반 AI 챗봇 활용 수업이 초등학생의 영어 말하기 수행 및 정의적 영역에 미치는 영향. Primary English Education.'을 참고하였다.

율적인 목적 달성을 도모하도록 도입된 개념이다. 최근 교육 현장에서는 게이미피케이션을 학습에 적용하여 게임과 비슷한 상황을 설정하고 학습자로 하여금 학습 내용에 몰입하도록 유도하는 수업이 많아지고 있다. 디지털 기기의 보급으로 게임 요소를 적용하기에 편리해졌기 때문이다.

AI코스웨어 또한 게이미피케이션을 활용해 학생의 흥미를 높이고 적극적인 참여를 이끌어내고 있다. AI코스웨어는 게임의 재미 요소와 AI 기술을 결합하여 학생 개개인의 수준에 맞는 맞춤형 학습 경험을 제공한다.

게이미피케이션 도입으로 학습자는 몰입과 학습 동기를 고조시킬 수 있다. 학습자는 다양한 미션 가운데 자신의 현재 수준에 적합한 미션에 도전하고 성공하면 성취감과 학습에 흥미를 갖게 된다. 또한 미션을 해결하는 순서와 방법 등을 스스로 선택하면서 자율성을 느끼고 함께 게임을 플레이하는 구성원들과 협력하여 문제를 해결하고 공감하는 과정을 통해서 소속감을 느끼게 된다.

하지만 게이미피케이션을 학습 과정에 활용하려면 신중하고 치밀한 고민이 선행되어야 한다. 재미있는 활동에만 그치고 학습 내용이 내면화되지 못하거나, 지나치게 어려운 난이도에 학생들이 오히려 학습 동기를 잃는 일도 있기 때문이다. 게임 요소를 적절히 활용하여 문제를 해결하고 학습을 장려하는 것이 올바른 게이미케이션의 모습이다.

대부분의 AI 코스웨어 플랫폼은 학습 결과 및 참여도에 따라 보상 시스템을 도입하고 있다. 그 유형은 포인트, 배지 형태 등으로 제공되며 보상 부여 프로토콜은 코스웨어마다 각기 다르다. 칸아카데미, 아이스크림 홈런, 똑똑! 수학탐험대 등은 출석, 과제 수행와 같은 참여도, 정답 여부, 성취 수준 도달과 같은 성취도 등에 따라 포인트를 부여받는다. 부여받은 포인트는 학습 소프트웨어 내에서 캐릭터의 꾸미기 용도로 사용되는 정도로 사용처가 부족한 편이나 그럼에도 불구하고 학생들은 보상으로 제공되는 포인트에 흥미를 느끼고, 학습 동기를 얻는 편이다. 아이스크림 홈런의 경우 학생들이 받은 포인트인 콘을 '코니월드'에서 실제 현금과 같이 사용할 수 있도록 하여 기프티콘 형태의 상품을 포인트로 직접 결제할 수 있도록 했다. 실제 콘을 활용해 나눔을 실천할 수도 있어 자기효능감을 기르는 도구로 활용하고 있다.

[그림 2.52] 아이스크림 홈런 콘

수학 교과 학습 코스웨어인 체리팟도 보상시스템에 따라 체리, 체리씨앗 등의 포인트를 얻을 수 있다. 적립된 체리와 씨앗은 간식을 구매하거나 이어폰을 앱 내 상점에서 구매할 수 있다(주정흔, 2022).

[그림 2.53] 체리팟 씨앗

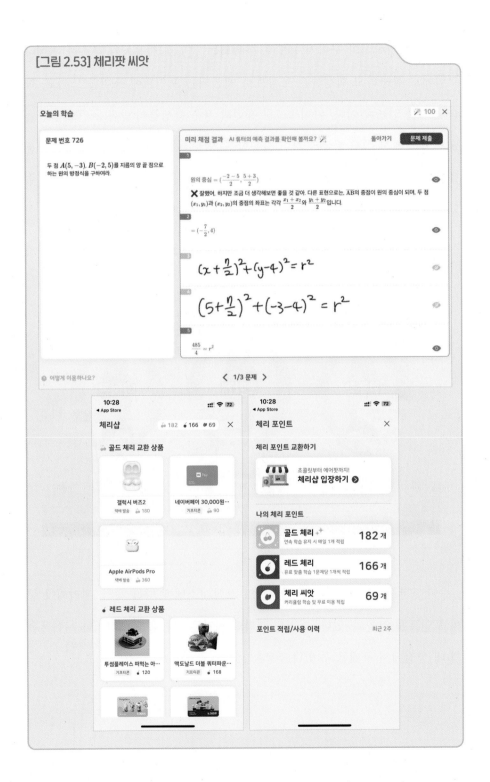

포인트뿐만 아니라 디지털 배지의 방식도 제공된다. 일정 단계를 도달하거나 과제를 수행했을 때 적절한 명칭이 부여된 디지털 배지를 수여받는 방식이다. 디지털 배지의 형태는 트로피, 인형, 인장 등 다양한 방식이 있다. 성인학습자를 대상으로 한 AI 영어 학습코스웨어인 플랭의 경우 얼마나 자주 플랭 앱을 사용했는지에 따라 브론즈, 실버, 골드로 등급을 구분해놓았다. 토도수학의 경우 몬스터 아이템과 트로피를 획득할 수 있도록 했다. 스테이지가 끝날 때마다 진행되는 평가에서 80% 이상을 맞추면 몬스터를 획득하고, 획득한 몬스터는 몬스터 콜렉션에서 확인할 수 있다. 똑똑! 수학탐험대 또한 멸종위기 동물 카드를 모으며 학습 동기를 얻을 수 있다.

그 외에도 학생들의 성취감 향상을 위해 사용자 전체의 랭킹을 제시하거나 등급을 제시하여 경쟁심에 기반한 성취 의욕을 고조시키는 방법도 있다.

게이피케이션의 여섯 가지 요소는 스토리, 목표, 도전, 경쟁·협력, 성취·보상, 피드백이다(권민영, 정현미, 2022). AI코스웨어들은 성취·보상 이외에도 다양한 게임 요소들을 넣어 학습 과정을 설계하고 있다. AI펭톡은 학생들의 말하기를 점수로 피드백하며 학생들의 도전 의식을 높이는 영어학습 방식을 택하고 있다. 코드모스의 경우 코딩 과제를 스토리텔링 방식으로 학생에게 제공하여 학생들이 높은 몰입 상태에서 과제를 해결하도록 유도한다. 1,600여 개의 미션형 스토리 기반 콘텐츠를 탑재하여 학습자가 높은 집중도를 유지하며 학습 코스를 따라가도록 설계했다.

[그림 2.54] 코드모스

메타버스를 활용하여 게이미피케이션 학습을 구현한 경우도 찾아볼 수 있다. 메타버스란 Meta와 Universe의 합성어이다. 학자들마다 정의는 다르지만 대체로 현실세계와 가상세계를 융합한 공간을 메타버스라고 부른다. 코로나-19로 비대면 연결의 필요성이 대두되며 메타버스의 교육적 활용이 본격화되었고, 현재 다양한 교과와 주제를 담은 메타버스 기반 AI 코스웨어가 출시되고 있다.

알공은 AR, AI챗봇을 활용한 초등 영어학습게임으로 학생들의 흥미를 최대로 끌어내어 자기주도적인 학습을 가능하게 하는 서비스이다. 교과서 맞춤 구성으로 학교 수업, 숙제, 보충수업 등에 활용할 수 있다. 메타버스를 기반으로 활동하기 때문에 학생들의 흥미를 더욱 이끌어 낼 수 있다.

원더버스는 메타버스를 통해 디지털 리터러시, 세계시민교육, 직업교육, 진로교육 등의 학습 콘텐츠를 제공하고 있다. 스토리 기반의 학습자 중심 게임 콘텐츠가 탑재되어 있다.

위캔버스의 경우 3D 공간 안에서 학습 문제를 해결할 수 있다. LMS가 탑재되어 있어 교사의 학습 관리가 가능하다. 학습자 스스로 캐릭터를 꾸밀 수 있고, 교사가 직접 다양한 퀴즈, 미션 등의 학습 활동을 구성할 수 있다.

메타버스를 활용한 수업은 학생들에게 다양한 감각을 통해 학습할 수 있는 기회를 제공하고, 학생 간 또는 학생과 교사 간 상호작용을 훨씬 증대시킬 수 있다. 실제 학생들은 온라인 공간 속에서의 소통을 더욱 선호하는 경향이 있기 때문이다. 더불어 실제 체험하기 어려운 교육내용을 메타버스 공간 안에서 시뮬레이션해봄으로써 효과적인 교육을 제공할 수 있다. 역사 수업 속에서 사건을 재현하거나 다른 문화를 체험해보는 경험을 제공하는 등의 예를 들 수 있다.

교사들이 직접 게이미피케이션 학습 코스를 구성하여 메타버스 플랫폼을 사용하기도 한다. ZEP과 같은 메타버스 플랫폼은 교사가 직접 맵과 과제를 구성할 수 있다. 이러한 커스터마이징 기능을 활용하여 교사가 직접 방탈출 미션을 제작하거나 학습 점검용 과제를 만드는 등 제작된 코스웨어를 사용하기만 하는 것이 아니라 직접 개발을 하고 재구성하는 수업을 운영하기도 한다.

❷ 개인 맞춤형 학습 플랫폼

개인 맞춤형 학습 플랫폼은 학생 개개인의 학습 수준, 학습 스타일, 학습 목표 등을 분석하여 맞춤형 학습 콘텐츠와 학습 경험을 제공한다. 학습 초기 단계부터 학생의 이해 수준을 고려한 맞춤형 학습 제공을 통해 지속적으로 학습할 수 있도록 한다. 개인 맞춤형 학습 플랫폼은 AI 기술을 기반으로 학습 결손에 따른 격차를 예방하고 모든 학생의 학습 역량을 키울 수 있도록 고안되었다.

1) 책열매

학생의 독서 성향 진단, 독서 이력 정보를 바탕으로 인공지능(AI) 기반 도서 추천, 어휘 학습 지원하여 개별화 맞춤형 국어 수업의 실현을 돕기 위해 설립된 웹사이트이다.

[그림 2.55] 책열매

2) 클래스팅 AI

국어, 수학, 과학, 사회, 영어 교과 AI 활용 학습 플랫폼이다. CAT 방식으로 학생의 문제 풀이 반응에 따라 실시간으로 지식수준을 측정하고 개별 학생의 세부 요소 성취도를 진단한다. 최소 6개 문제로 AI학습 진단을 실시할 수 있으며 각자 수준에 맞는 문제들이 제시되며, 학생이 본인만의 속도로 학습할 수 있다.

3) Carnegie Learning

과학, 수학, 영어 등의 과목을 위한 맞춤형 학습 플랫폼이다. 학생들은 가상 실험, 문제 해결, 프로젝트 등 다양한 활동을 통해 학습할 수 있다.

4) 리딩앤

리딩앤은 '로라'라는 AI튜터를 활용해 학생의 선경험에 따른 다양한 글 이해를 존중할 수 있도록 학습 과정을 설계했다. 생성형 AI 기술을 통해 학생이 책

속의 등장인물과의 영어로 된 대화를 통해 자연스럽게 영어 말하기 능력을 기를 수 있도록 하였다.

[그림 2.56] 리딩앤

READING &
65개국 150만명이 사용 중인 글로벌 플랫폼

❸ 혁신적 교수·학습 사례

교육부에서는 2023년부터 디지털 기반 교육혁신 선도학교를 운영하며 AI 코스웨어를 활용한 수업 사례를 확보하고 있다. AI 코스웨어를 전면적으로 활용하면서 축적된 사례를 보면 학습 진단 기능을 이용한 수업 설계의 실제적인 모습을 살펴볼 수 있으며, 미래 교육 현장의 모습을 그릴 수 있다.

[표 2.9] A초등학교 코스웨어 활용 모델

1. AI 코스웨어 활용 선수 학습 확인

가. 진단평가 문항 제작
· 평가 문항 구성: 난이도는 중과 하로 선택
· 학생 추가: 학급 내 특수교육대상학생은 대상 명단에서 제외

나. 진단평가 실시 및 결과 분석

① 진단평가 실시	② 진단평가 결과 확인	③ 진단평가 결과 분석

다. AI 코스웨어 활용 진단평가 결과 분석 및 보충학습 실시

① 진단평가 결과 분석	② 보충학습 개설	③ 보충학습 실시

2. 교사와 함께하는 차시별 개념학습

⇒ 교사와 함께하는 개념학습을 통해 수학 수업 시작
⇒ 성취기준 달성을 위한 개념 이해 및 문제 해결 방법 등에 대한 학습

개념학습	기본 개념 확인	문제해결 방법 확인

3. AI 코스웨어 활용 유형학습

가. AI 코스웨어를 활용해 개념별 유형학습 실시
1) AI 코스웨어 활용 개념별 유형학습

개념별 유형학습 실시	유형학습 도전하기	대표유형 보기

나. 개념별 유형학습 후 보충학습
⇒ 교사용 대시보드로 학생별 및 문항별 유형 학습 결과 실시간 확인

2) 부족 학생 대상 보충학습
⇒ 미흡, 노력, 보통 학생을 대상으로 AI클리닉 문항 제공
⇒ 유형학습 결과가 우수 이상 되도록 지속적인 지도

3) 부족 학생 대상 피드백 실시

개인 피드백	학생 간 피드백	전체 피드백

다. 개념별 유형학습 후 심화학습 실시

4. AI 코스웨어 활용 형성평가 및 단원평가

가. 차시별 형성평가 실시 및 분석

⇒ 유형학습 후 차시별 형성평가 실시

⇒ 틀린 문항에 대한 차시별 형성평가 결과 분석 및 피드백

⇒ 차시별 형성평가 결과 학급 및 학생별 분석 및 피드백

나. 2단원 평가 실시 및 분석

⇒ 차시별 학습과 평가가 끝난 후 2단원 평가 실시

⇒ 단원 평가 결과 60점 이하 학생 대상 보충학습 실시

5. AI 코스웨어 리포트 활용 학부모 상담

⇒ 단원 평가 결과를 바탕으로 한 학생 성취 수준 학부모 통지

[표 2.10] B초등학교 AI코스웨어 활용 모델

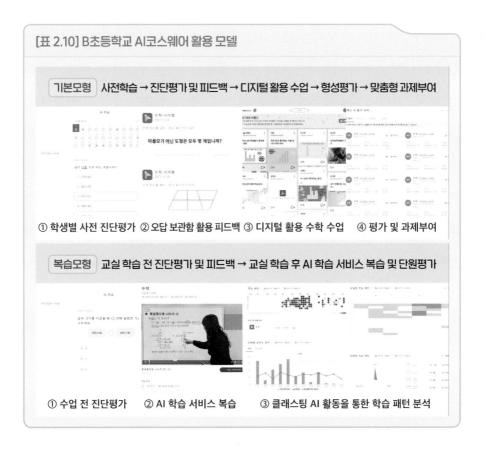

| 기본모형 | 사전학습 → 진단평가 및 피드백 → 디지털 활용 수업 → 형성평가 → 맞춤형 과제부여 |

① 학생별 사전 진단평가 ② 오답 보관함 활용 피드백 ③ 디지털 활용 수학 수업   ④ 평가 및 과제부여

| 복습모형 | 교실 학습 전 진단평가 및 피드백 → 교실 학습 후 AI 학습 서비스 복습 및 단원평가 |

① 수업 전 진단평가   ② AI 학습 서비스 복습   ③ 클래스팅 AI 활동을 통한 학습 패턴 분석

교과보충 클래스팅 AI 수학 학습 동영상 시청 및 자기주도적 학습으로 학습 루틴 구성

① 클래스팅 AI 수학 학습   ② 담임교사의 학습 독려   ③ 학습 루틴 만들기   ④ 여정맵 활용 동기부여

3 AI 코스웨어 마켓맵(Market Map)

마켓맵이란 시장의 추세를 시각화하여 한눈에 볼 수 있게 해주는 지도이다. 앞으로 디지털 전환 이후에는 현재 매년 검정교과서를 선정하고, 비교 분석하는 행위만큼이나 학습활동에 적합한 에듀테크를 선정하는 것 또한 학교의 중요한 의사결정 중 하나가 될 것이다. 에듀테크 시장에 워낙 많은 AI 코스웨어가 출시되어 있으나, 어떤 것이 우리 학교, 학급 상황에 적합한지 비교 분석하는 것에는 어려움이 있다. 이제 AI 코스웨어들의 특징을 비교·분석하고 마켓맵을 만들어 학교 상황에 적절한 AI 코스웨어를 선택할 수 있는 자료를 제작했다. [표 2.11]은 러닝스파크의 에듀테크 마켓맵과 Askedtech 웹사이트의 AI 코스웨어의 목록을 참고하여 작성했다.

[그림 2.57] 에듀테크 마켓맵

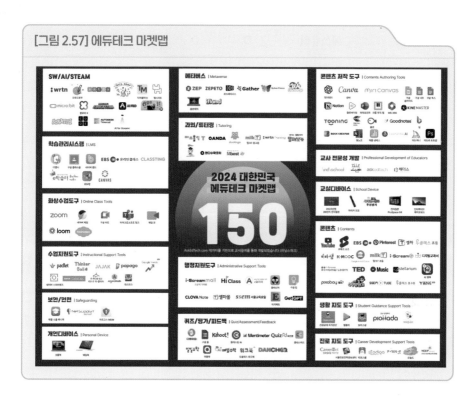

[표 2.11] AI코스웨어 선택 자료

과목	서비스명	데이터 분석	AI 튜터	학생 대시 보드	교사 대시 보드	비고
수학	일프로연산	O	X	O	O	
수학	매쓰홀릭T	O	O	O	O	
수학	토도수학	O	O	O	O	유아, 저학년
수학	수학대왕	O	O	O	O	
수학	풀리수학	O	O	O	O	
수학	매쓰플랫	O	O	O	O	

수학	매쓰튜터	O	O	O	O	
수학	콴다	O	O	O	O	
수학	AI마타수학	O	O	O	O	
수학	노리AI스쿨수학	X	O	O	O	
수학	스마트올AI 학교수학	O	X	O	O	
수학	옥수수	O	O	O	O	
전과목	지니아튜터	O	O	O	O	
전과목	클래스팅AI	O	O	O	O	
수학, 사회, 과학	AI 클래스	O	X	X	O	무료
국어, 영어, 수학, 사회, 과학	미래엔초코	O	O	O	O	
전과목	아이스크림 홈런	O	O	O	O	기기 대여형
국어, 영어, 수학, 과학	토도원	O	O	O	O	기기 대여형 (유아, 저학년)
전과목	밀크T	O	O	O	O	기기 대여형
영어	스마트리 영어	O	O	O	O	
영어	원아워	O	X	O	O	
영어	리도보카	O	O	O	O	
영어	버터타임	O	O	O	O	

영어	알공	O	O	X	O
국어	리드	O	O	O	O
국어	비토미	O	O	X	O
국어	키위티	O	O	X	X
국어	자작자작	O	O	O	O
국어	아이설렘한글	O	O	O	O
국어	리딩앤	O	O	X	O
정보	코드모스	O	O	O	O
정보	코들	O	O	O	O
메타버스	원더버스	O	O	O	O

참고문헌

· 주정흔 외(2022) 개별 맞춤형 인공지능(AI) 활용교육의 가능성과 과제: 'AI 튜터 마중물학교'운영 사례를 중심으로. 서울특별시교육청교육연구정보원.

· 교육부(2023), AI 디지털교과서 개발 가이드라인.

· 유미나, 진성희, 서경원 외(2023), 국내외 AI 보조교사 활용 사례 및 기술동향, 한국교육학술정보원.

· 권민영, 정현미(2022). 게이미피케이션 수업설계를 위한 지원도구 프로토타입 개발, 차세대 융합기술학회 논문.

· 이정환, 안성훈(2023), AI 디지털교과서 주요 기능 개발을 위한 사례 분석, 창의정보문화연구.

· 이삭(2019), 게이미피케이션 기반 AI 챗봇 활용 수업이 초등학생의 영어 말하기 수행 및 정의적 영역에 미치는 영향. Primary English Education.

· 러닝스파크에듀테크 마켓맵 https://www.askedtech.com/document/689

CHAPTER 4

▶ AI 디지털교과서 활용 프로젝트 학습

▶ 김동준

1 수업 설계 프로젝트의 교안 작성 방법

❶ 수업 계획하기

AI 디지털교과서 활용을 위해 교수·학습모델을 이해하고 수업을 계획할 수 있다. 일반적으로 AI 디지털교과서를 활용한 맞춤형 수업모델 개발을 위해 수업 및 학습자 분석 → 교수·학습모형 결정 → 교수전략 결정 → AI 디지털교과서 기반 교수·학습활동 선택을 과정으로 수업을 계획하게 된다.

1) 수업 및 학습자 분석하기

[표 2.12] 수업 계획표

구분	내용
수업 내용 선정 및 교육과정 분석	교과 및 단원, 관련 성취기준, 교수·학습방법 및 유의사항
학습자 분석	선수 지식, 정서적 특성, 스마트 기기 활용 경험
학습 환경 분석	학교 환경, 관련 시설, 교사 특성
AI 디지털교과서 활용 적합성 분석	AI 코스웨어 활용 필요성, 적합성

(1) 수업 내용 선정 및 교육과정 분석

수업 분석 단계에서는 교과 및 단원, 관련 성취기준을 확인하여 적절한 교수·학습방법과 유의사항을 선정한다.

(2) 학습자 분석

학습자 분석은 학습자의 성별, 연령, 능력, 선수학습, 학습 성향, 학습 태도, 선호도, 공기, 학습자 집단의 특성 등을 파악하는 것인데 여기서는 수업 내용과 관련된 선수 지식, 정서적 특성, 스마트 기기 활용 경험 등을 분석하여 AI 디지털교과서 활용에 필요한 정보를 수집·분석하는 과정이 필요하다. 학습자 분석 방법은 다양하다. 설문조사, 면담, 관찰, 기존 자료 분석, 역량 진단 도구 등을 활용할 수 있다. 특히 AI 디지털교과서 활용을 위해 학생들의 스마트 기기 활용 수준, 특성 등에 따라서 학습 내용의 전개가 달라질 수 있기 때문에 AI 디지털교과서 활용과 관련한 학습자 분석이 요구된다.

(3) 학습 환경 분석

학습 환경 분석은 학생들이 성취기준을 달성할 수 있도록 수업이 설계되고 개발되는 환경, 수업이 제공될 때의 환경, 학습된 내용을 적용할 실제 문제해결 환경 등 학습 환경을 이루고 있는 모든 요인들이 수업 목표 달성을 위한 수업 활동에 영향을 미치는 모든 요소를 포함하여 각 요소를 정확히 인식하고 파악하여 목표 달성을 위한 최적의 환경을 구축하는 것이다.

현재 교실 수업 환경은 상당히 빠르게 변하고 있다. AI 디지털교과서는 양방향 수업과 학생 개별 맞춤형 학습을 구현할 수 있고, 학교와 교실은 미래형 교육환경 기반 조성 사업의 결과 대부분의 일반 교실에도 WiFi가 설치되어 있고, 학생용 태블릿 PC가 보급되어 있어서 이를 통해 온·오프라인 하이브리드 상호작용 수업이 가능한만큼 이를 충분히 활용할 수 있는 학습 환경에 대한 이해가 요구된다.

(4) AI 디지털교과서 활용 적합성 분석

AI 디지털교과서 활용 적합성 분석은 수업 내용이 AI 코스웨어 활용을 필요로 하는지 여부, AI 디지털교과서의 기능 중 수업 설계에 반영할 부분, AI 디지털교과서의 다양한 학습자료와 학습지원 기능을 수업 중 어떻게 활용할 것인가 등을 고려하여 판단할 수 있다.

2) 교수학습 모형 정하기[1] – 디지털 기술 활용 교수·학습 모델

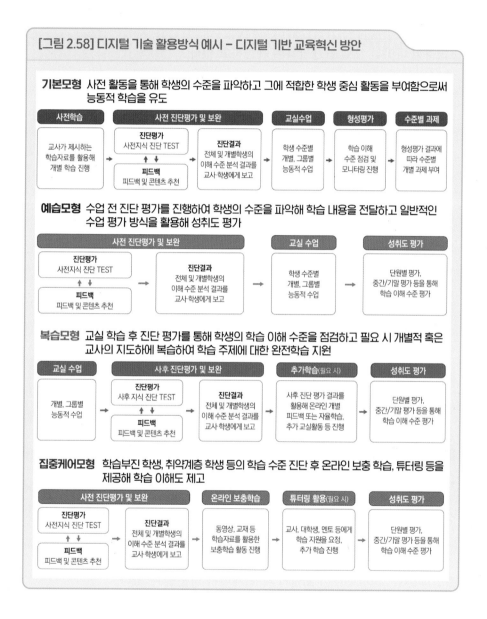

[그림 2.58] 디지털 기술 활용방식 예시 – 디지털 기반 교육혁신 방안

기본모형 사전 활동을 통해 학생의 수준을 파악하고 그에 적합한 학생 중심 활동을 부여함으로써 능동적 학습을 유도

사전학습	사전 진단평가 및 보완	교실수업	형성평가	수준별 과제
교사가 제시하는 학습자료를 활용해 개별 학습 진행	**진단평가** 사전지식 진단 TEST / **피드백** 피드백 및 콘텐츠 추천 → **진단결과** 전체 및 개별학생의 이해 수준 분석 결과를 교사·학생에게 보고	학생 수준별 개별, 그룹별 능동적 수업	학습 이해 수준 점검 및 모니터링 진행	형성평가 결과에 따라 수준별 개별 과제 부여

예습모형 수업 전 진단 평가를 진행하여 학생의 수준을 파악해 학습 내용을 전달하고 일반적인 수업 평가 방식을 활용해 성취도 평가

사전 진단평가 및 보완	교실 수업	성취도 평가
진단평가 사전지식 진단 TEST / **피드백** 피드백 및 콘텐츠 추천 → **진단결과** 전체 및 개별학생의 이해 수준 분석 결과를 교사·학생에게 보고	학생 수준별 개별, 그룹별 능동적 수업	단원별 평가, 중간/기말 평가 등을 통해 학습 이해 수준 평가

복습모형 교실 학습 후 진단 평가를 통해 학생의 학습 이해 수준을 점검하고 필요 시 개별적 혹은 교사의 지도하에 복습하여 학습 주제에 대한 완전학습 지원

교실 수업	사후 진단평가 및 보완	추가학습(필요 시)	성취도 평가
개별, 그룹별 능동적 수업	**진단평가** 사후 지식 진단 TEST / **피드백** 피드백 및 콘텐츠 추천 → **진단결과** 전체 및 개별학생의 이해 수준 분석 결과를 교사·학생에게 보고	사후 진단 평가 결과를 활용해 온라인 개별 피드백 또는 자율학습, 추가 교실활동 등 진행	단원별 평가, 중간/기말 평가 등을 통해 학습 이해 수준 평가

집중케어모형 학습부진 학생, 취약계층 학생 등의 학습 수준 진단 후 온라인 보충 학습, 튜터링 등을 제공해 학습 이해도 제고

사전 진단평가 및 보완	온라인 보충학습	튜터링 활용(필요 시)	성취도 평가
진단평가 사전지식 진단 TEST / **피드백** 피드백 및 콘텐츠 추천 → **진단결과** 전체 및 개별학생의 이해 수준 분석 결과를 교사·학생에게 보고	동영상, 교재 등 학습자료를 활용한 보충학습 활동 진행	교사, 대학생, 멘토 등에게 학습 지원을 요청, 추가 학습 진행	단원별 평가, 중간/기말 평가 등을 통해 학습 이해 수준 평가

---

1   디지털 기반 교육혁신 방안(2023.2. 교육부).

디지털 기술을 활용한 교수·학습 모델은 초/중/고 학교급, 예습형, 복습형, 수업 활용형 등 활용 방식, 정규 또는 방과후 과정의 적용 과정 및 교과목 등을 고려하여 다양한 모델을 개발하여 제공하고 있다.

[표 2.13] 교수학습 모형 종류

구분	내용
기본모형	사전 활동을 통해 학생의 수준을 파악하고 그에 적합한 학생 중심 활동을 부여함으로써 능동적인 학습을 유도
예습모형	수업 전 진단평가를 진행하여 학생의 수준을 파악해 학습 내용을 전달하고 일반적인 수업 평가 방식을 활용해 성취도 평가
복습모형	교실 학습 후 진단 평가를 통해 학생의 학습 이해 수준을 점검하고 필요 시 개별적 혹은 교사의 지도하에 복습하여 학습 주제에 대한 완전학습 지원
집중케어모형	학습부진 학생, 취약계층 학생 등의 학습 수준 진단 후 온라인 보충 학습, 튜터링 등을 제공해 학습 이해도 제고

(1) 기본모형[2]

기본모형은 디지털 AI 기반 교육을 통해 맞춤형 교육을 지원할 수 있는 장점을 살리면서 교실 수업에서의 효과성을 도모하도록 설계된 모형이다. 정도의 차이는 있지만, 디지털 AI 기술을 활용한 사전학습 경험과 교실의 대면 학습 경험이 통합된 형태이다. 기존의 플립러닝과 유사한 형태로서, AI 디지털 기반 학습과 교실 수업이 융합된 것이기 때문에 일반적인 교실 수업 및 디지털 기반 수업의 기술 및 전략들이 모델의 각 단계에서 적용될 수 있다.

전통적인 형태의 교실 수업은 수업 시간에 강의 중심의 학습 활동이 이루어

---

2 AI 활용 맞춤형 교육 가이드 I (경기도교육청).

지고, 수업이 끝난 후 과제가 주어지는 순서로 진행이 된다. 이에 비해 '기본모형'에서는 수업 전에 미리 교사가 제시하는 학습자료를 활용하여 개별 학습을 수행한다. 일반적으로 교실 수업에서 이루어지는 강의의 형태는 교수자로부터 학습자에게 일방향적으로 지식의 전달이 이루어지는 경우가 흔하다. 그리고 강의에서 주로 다루어지는 내용은 블룸의 학습목표 분류학의 관점에서 하위 단계인 지식의 기억과 이해와 관련된 기본사고능력이 주로 관련이 된다. 그러므로 전통적인 수업에서 학생들은 수업 시간 동안 단순한 지식을 기억하고 이해하게 되며, 수업 이후의 과제를 통해 수업 시간에 다룬 내용을 이용한 적용 단계의 경험을 하게 된다. 하지만 AI를 활용한 맞춤형 교수학습의 기본모형에서는 학생들이 수업 전에 AI 플랫폼을 통해 사전학습을 하고 진단평가의 결과가 교사에게 공유된다. 그리고 실제 교실 상황에서의 수업 시간에는 토의토론 활동, 수준별로 편성된 모둠을 통한 협력 활동, 문제기반학습 등 블룸의 텍사노미에서 고등사고능력에 해당하는 학습활동에 참여할 수 있다. 즉, AI를 활용한 맞춤형 사전학습과 진단 시스템을 통해 학생들은 보다 높은 수준의 학습활동을 하는데 더 많은 시간을 쓸 수 있게 되고, 그 결과 깊은 수준의 개념적 이해와 적용에 도달할 수 있게 되는 것이다.

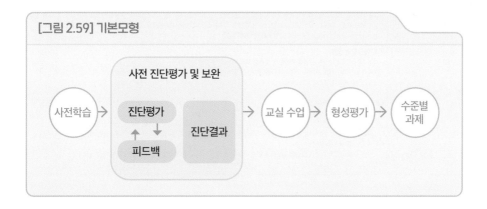

[그림 2.59] 기본모형

기본모형에서는 사전 활동을 통해 학생의 수준을 파악하고 그에 적합한 학생 중심 활동을 부여함으로써 능동적 학습을 유도한다. 흐름에 따라 정리하면 교사가 제시하는 학습자료를 활용해 개별학습을 진행하는 사전 학습 후 사전 지식을 진단하는 진단평가를 실시하여 전체 및 개별학생의 이해 수준 분석 결과를 교사·학생들에게 제공하는 진단결과와 함께 피드백 및 콘텐츠 추천 활동이 이루어진다. 이어지는 교실 수업에서는 사전 활동을 통해 파악한 학생의 수준을 고려하여 학생 수준별 개별 또는 그룹별 능동적 수업활동을 진행한다. 형성평가를 통해 학습 이해 수준 점검 및 모니터링을 진행하며, 형성평가 결과에 따라 학생 개인별 수준별 과제를 부여하여 학습 성취를 돕는 형태로 수업이 이루어진다.

[그림 2.60] 기본·예습 모형 수업 개요

AI 활용 모형	☑ 기본 예습 모형　□ 복습모형　□ 집중케어모형		
수업 대상	초등 4학년	과목명	사회
환경 구성	• 수업 장소: 일반 교실 • 운영 유형 : 오프라인, 온라인(선택활동) • 스마트 환경: 태블릿, PC, 크롬북	AI기반 코스웨어	• 이름 : EBS 인공지능 단추 • 웹사이트 : https://ai.ebs.co.kr/ • 개발사 : EBS • 운영체제 : Window, Android, iOS • 가격정책 : 무료
학습 주제	성취기준		• [4사04-01] 촌락과 도시의 공통점과 차이점을 비교하고, 각각에서 나타나는 문제점과 해결 방안을 탐색한다. • [4사04-02] 촌락과 도시 사이에 이루어지는 다양한 교류를 조사하고, 이들 사이의 상호 의존 관계를 탐구한다.
	AI코스웨어를 활용한 평가 방향		• 본 단원의 학습이 진행되기 전, 4학년 1학기 사회 교과의 사전 이해 수준을 EBS 인공지능 단추 진단평가를 통해 점검하고, 피드백을 제공함과 동시에 점검 결과에 따른 맞춤형 학습을 지원. • 단원 학습 중에는 [AI문제추천] 기능을 활용하여 제시된 주제별 AI추천 문제를 통해 학습 결손 여부 파악 및 취약한 문제 유형 교정.
수업 설계 방향	**기본·예습 모형 설명** • 사전 진단평가의 AI진단 결과를 기반으로 맞춤형 학습 제시 및 수준별 그룹 설정. • 촌락과 도시라는 학습 제재를 학생들이 자신의 수준에 맞게 능동적으로 학습할 수 있는 교실 수업 제공. • 형성평가를 통해 점검하고 피드백 제공. **EBS인공지능 단추 활용의 효과** • 사전 진단평가 및 보완 ➡ [진단평가] 기능 활용, [AI 강좌추천] 기능 활용 　- AI의 진단평가 결과분석을 기준으로 수준별 학습 그룹(심화·기본·기초)을 설정하고, 단원 학습의 전개 과정에서 교사가 학생들의 수준에 맞는 학습 목표 제시. 선택 활동으로 AI가 추천한 강좌를 수강하도록 하여 사전학습의 결손 내용 복습. • 교실 수업 ➡ [AI 문제추천] 　- 단원 학습 도중에도 내용 요소별 학습이 끝났을 때 AI문제 추천 기능을 통해 학생 수준에 맞는 맞춤형 학습 문제 제공.		

(2) 예습모형

예습모형에서는 수업 전 진단 평가를 진행하여 학생의 수준을 파악해 학습 내용을 전달하고 일반적인 수업 평가 방식을 활용해 성취도를 평가한다.

학습 흐름에 따라 정리하면 사전지식을 진단하는 진단평가를 실시하여 전체 및 개별학생의 이해 수준 분석 결과를 교사·학생들에게 제공하는 진단결과와 함께 피드백 및 콘텐츠 추천 활동으로 보완이 이루어진 후 교실 수업을 실시한다. 교실 수업에서는 학생 수준별 개별 또는 그룹별 능동적 수업을 진행하고, 단원별 평가, 중간/기말 평가 등을 통해 학습 이해 수준을 평가하는 성취도 평가를 진행하는 형태로 수업이 이루어진다.

(3) 복습모형

복습모형은 교실 학습 후 AI 기반 코스웨어의 진단평가를 통해 학습 이해 수준을 점검하고, 필요 시 개별적 혹은 교사의 지도하에 복습하여 학습 주제에 대한 완전학습을 지원하는 모형이다. 복습 모형에서는 먼저 교실 수업을 통해 개별 또는 그룹별로 능동적인 학생 중심 수업을 진행한다. 그리고 그 이후에 AI 기반 코스웨어를 통한 사후 진단평가가 이루어진다. 이 평가에서는 사후 지식에 대한 진단 평가가 진행되고, 그 결과에 따른 피드백과 콘텐츠 추천이 이루어진다. 그리고 교사에게는 전체 및 개별 학생의 이해 수준에 대한 분석 결과가 보고된다. 학생들 또한 자신의 진단 결과를 확인할 수 있다. 이후 필요에 따라 추가 학습이 진행된다. 사후 진단 평가에서 주어지는 온라인 개별 피드백을 기반으로 자율학습이나 추가적인 교실 활동이 진행될 수 있다. 그리고 최종적으로는 성취도 평가가 진행된다. 학습에 대한 이해 수준을 평가하기 위해 단원별 평가, 중간평가나 기말평가가 이루어진다.

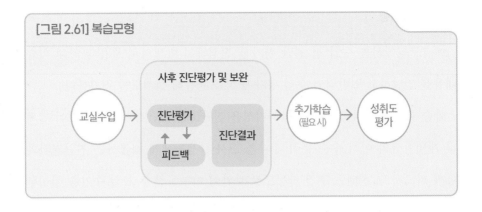

[그림 2.61] 복습모형

사후 진단평가 및 보완

교실수업 → 진단평가 ⇄ 피드백 / 진단결과 → 추가학습 (필요시) → 성취도 평가

복습모형은 교실 학습 후 진단 평가를 통해 학생의 학습 이해 수준을 점검하고 필요 시 개별적 혹은 교사의 지도하에 복습하여 학습 주제에 대한 완전학습을 지원한다.

학습 흐름에 따라 정리하면 개별, 그룹별 능동적 수업 형태의 교실 수업 종료 후 사후 지식 진단 평가를 실시하여 실시하여 전체 및 개별학생의 이해 수준 분석 결과를 교사·학생들에게 제공하는 진단결과와 함께 피드백 및 콘텐츠 추천 활동이 이루어지고 필요 시 추가 학습을 진행하게 된다. 사후 진단 평가 결과를 활용해 온라인 개별 피드백 또는 자율학습, 추가 교실 활동 등을 진행할 수 있으며, 단원별 평가, 중간/기말 평가 등을 통해 학습 이해 수준을 평가하는 성취도 평가를 진행하는 형태로 수업이 이루어진다.

[그림 2.62] 복습모형 수업 개요

AI 활용 모형	□ 기본 예습 모형 ☑ 복습 모형 □ 집중케어 모형		
수업 대상	초등 4학년	환경 구성	• 수업 장소: 일반 교실 • 운영 유형: 오프라인 • 스마트 환경: 태블릿 30개 (ANDROID)
과목명	과학		
학습 주제	교육과정 성취기준	[4과14-01] 물이 수증기나 얼음으로 변할 수 있음을 알고, 물이 얼 때와 얼음이 녹을 때의 부피와 무게 변화를 관찰할 수 있다. [4과14-02] 물이 증발할 때와 끓을 때의 변화를 관찰하여 차이점을 알고, 이와 관련된 예를 우리 주변에서 찾을 수 있다. [4과14-03] 수증기가 응결하는 현상을 관찰하고, 이와 관련된 예를 우리 주변에서 찾을 수 있다.	
	하이러닝을 활용한 평가 방향	• 이전 학년에서 배운 기체·액체·고체 상태에 대해 알고 이해하는지 AI 학습분석을 통해 확인하고 이를 토대로 단원 수업 설계 운영에 반영함 • 다양하게 제시되는 사례를 통해 물의 상태 변화가 이루어지는 다양한 상황을 이해하는지 점검하고, 이를 플랫폼 내 수업 설계 운영을 통해 다양한 방식으로 확인함 • 실험 설계 과정에서 맞춤형 플랫폼의 기능을 바탕으로 학생 주도형 활동이 이루어질 수 있도록 운영하며, 일련의 과정을 평가의 준거로 삼을 수 있도록 플랫폼상에서 활동 진행 및 결과를 수행함	
수업 설계 방향	수업 모형 설명 하이러닝은 강력한 평가 기능을 활용할 수 있습니다. 진단·형성·단원평가 등의 상시 평가를 아날로그 환경에서 하기 쉽지는 많습니다. 이때, 온라인 학습의 '허브' 역할을 하는 통합학습창 또는 하이러닝이 보유한 평가 출제 기능은 수업의 전 중 후에 짧게 배움 정도를 확인할 수 있도록 도울 것입니다. 따라서, 이번 단원의 전체 10차시는 아래와 같은 구조로 구성하였습니다.		
	[이전 학년진단평가 (하이러닝 선택출제)] ⊙ [중단원별 형성평가 (하이러닝 편당출제)] ⊙ [대단원 단원평가 (하이러닝 AI진단평가)] ⊙ [선택학습 후 마무리평가 (하이러닝 AI추천출제)]		
	수업 중간 성취수준 도달 정도를 평가하게 되지만, 통합학습창 수업 설계 운영을 통해 디바이스 위에서 머무르며 수업 과정을 진행한다면, 기존 수시 평가와는 달리 효과적으로 수시 성취수준 도달 정도를 실시간 파악하며 수업할 수 있습니다. 이러한 평가 구조 아래에서 전체적으로 수업을 설계한 사례를 아래 제시합니다.		

(4) 집중케어모형

집중케어모형은 학습 부진 학생이나 취약계층 학생들의 학습 수준을 AI 기반 코스웨어로 진단하고, 이를 바탕으로 온라인 보충 학습이나 튜터링을 제공하여 학습 이해도를 높이는 모형이다. 먼저 사전 진단평가 및 보완 단계에서는 진단평가와 피드백이 이루어진다. 진단평가에서 사전 지식을 테스트하고, 이에 따라 피드백과 콘텐츠 추천이 진행된다. 진단 결과에 대해서는 전체 및 개별 학생의 이해 수준에 대한 분석 결과가 교사에게 보고된다. 그리고 학생은 자신의 진단 결과를 확인할 수 있다. 이후 온라인 보충학습 단계에서는 동영상, 교재 등 학습 자료를 활용하여 보충학습 활동이 진행된다. 그리고 필요에 따라 튜터링 단계에서는 추가 학습이 진행될 수 있다. 이 단계에서는 학생이 교사에게 학습 지원을 요청할 수 있고 또는 교사의 판단에 따라 추가 학습이 진행될 수 있다. 튜터링 차시는 학생의 진단 결과 및 온라인 보충학습 상황에 따라 유연하게 편성될 수 있다. 튜터링이 전체 교육 프로그램의 뒷부분에 집중적으로 편재할 수 있고, 온라인 보충학습 차시와 연계하여 분할하여 편재할 수도 있다. 마지막으로 성취도 평가 단계에서는 학습에 대한 이해 수준을 평가하기 위해 단원별 평가, 중간평가나 기말평가가 이루어진다.

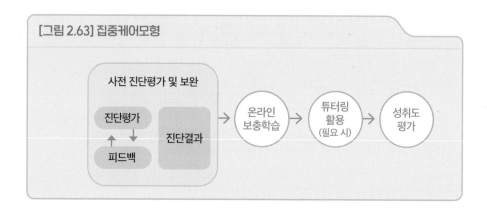

[그림 2.63] 집중케어모형

집중케어모형은 학습부진 학생, 취약계층 학생 등의 학습 수준 진단 후 온라인 보충 학습, 튜터링 등을 제공해 학습 이해도를 제고한다.

학습 흐름에 따라 정리하면 사전지식을 진단하는 진단평가를 실시하여 전체 및 개별학생의 이해 수준 분석 결과를 교사·학생들에게 제공하는 진단결과와 함께 피드백 및 콘텐츠 추천 활동으로 보완이 이루어진 후 동영상, 교재 등 학습 자료를 활용한 온라인 보충 학습을 진행한다. 필요 시 교사, 대학생, 멘토 등에게 학습 지원을 요청하거나 추가 학습을 진행하는 튜터링을 활용하며 단원별 평가, 중간/기말 평가 등을 통해 학습 이해 수준을 평가하는 성취도 평가를 진행하는 형태로 수업이 이루어진다.

[그림 2.64] 집중케어모형 수업 개요

AI 활용 모형	☐ 기본·예습 모형 ☐ 복습 모형 ☑ 집중케어 모형		
수업 대상	고등학교 1학년	환경 구성	• 수업 장소: 일반 교실 • 운영 유형: 오프라인 • 스마트 환경: 크롬북
과목명	영어		
학습 주제	교육과정 성취기준	[10영01-01] 친숙한 일반적 주제에 관한 말이나 대화를 듣고 세부 정보를 파악할 수 있다. [10영01-02] 친숙한 일반적 주제에 관한 말이나 대화를 듣고 주제 및 요지를 파악할 수 있다. [10영03-01] 친숙한 일반적 주제에 관한 글을 읽고 세부 정보를 파악할 수 있다. [10영03-02] 친숙한 일반적 주제에 관한 글을 읽고 주제 및 요지를 파악할 수 있다.	
	하이러닝을 활용한 평가 방향	•【AI 학습진단】을 활용하여 학생들의 듣기, 읽기, 문법 사전 학습 진단평가와 단원평가로 활용 •【문제집】에서 제공되는 다양한 유형의 듣기, 읽기, 문법 EBS 문항들을 선택, 랜덤, AI 출제 가능	
수업 설계 방향	수업 모형 설명 • 집중케어 모형: 학습 부진 학생들을 대상으로 운영한 집중케어 모형이기에, "온라인 보충 학습"과 "튜터링" 단계를 같은 차시에 편성 후 반복 운영하며 교사의 튜터링 단계를 더욱 보강함. 이를 통해 개별 학생에게 교사의 피드백을 제공해 줄 기회가 많도록 변형함. • 하이러닝의 경우, EBS를 기반으로 학습데이터가 구축되어 있음. 따라서 하이러닝을 활용하여 기초학력이 부족한 학생들을 지도하면 읽기, 쓰기, 문법 기능 위주로 수업을 설계하기 용이함. AI 활용 차시 적용의 효과 •【문제집】에서【AI 추천 출제】를 활용하여 학생 맞춤형 추가 학습자료 제공 •【통합학습창】에서【발표시키기】를 활용하면 학생들이 직접 문항을 풀었던 과정(끊어 읽기 및 정답 유추 과정)을 학급 친구들에게 공유 가능		

3) 교수·학습 전략 결정하기

교수·학습 전략은 크게 동기유발, 이해증진, 참여촉진, 상호작용으로 분류할 수 있다.

(1) 동기유발 전략

동기유발 전략으로 게이미피케이션 요소를 활용할 수 있다. 게이미피케이션은 게임 속 스토리, 다양한 미션, 재미를 불러오는 요소 등을 교육에 접목하여 싫어하거나 어려워하는 활동을 게임처럼 즐기도록 만드는 방법이다. AI 디지털교과서의 여정 맵 기능을 활요하여 현재 학생들이 자신의 학습 수준을 시각화하여 볼 수 있다. 여정 맵의 이동 수단, 예를 들면 비행기와 같은 존재를 경험치와 포인트를 활용하여 구입할 수 있고, 다른 친구들의 비행기와 여정 위치를 확인할 수 있다. 이와 같은 게이미피케이션 요소를 통해 학생들이 흥미를 갖고 수업 활동에 참여할 수 있도록 동기를 유발할 수 있다.

(2) 이해증진 전략

이해증진 전략은 학습 데이터를 분석하고 피드백을 제공하는 것으로 교사는 학생 개별 AI 학습 분석 리포트를 다양한 형태로 확인한다. 학생은 사전 학습 진단 평가, 총괄 평가 등 학습 데이터를 기반으로 맞춤형 문제를 풀 수 있고, 결과 리포트와 오답 노트를 제공받을 수 있다. 이를 통해 학생 개별 맞춤형 평가와 학습이 지속적으로 이루어진다.

(3) 참여촉진 전략

AI 디지털교과서를 활용한 수업에 적극 참여하도록 지속적으로 독려한다. 매일매일 꾸준한 학습 습관을 지닐 수 있도록 전체 학생 또는 특정 학생에게 교사의 피드백을 푸쉬 알림 형태로 전송할 수 있다. 평가 미완료 또는 보완학습 참여율 저조 시 활용할 수 있으며, 이를 통해 학생 개개인의 참여를 이끌어낼 수 있다.

(4) 상호작용 전략

친구와 협력하여 오답 문제를 해결하는 상호 작용 전략은 AI 디지털교과서의 오답 보관함 기능을 활용하여 친구와 협력하여 오답을 다시 풀어보는 활동을 제시할 수 있다. 학급에서는 교우 관계를 확인하고 데이터로 분석하는 방법을 적용할 수 있다.

❷ 수업 설계 및 개발

1) AI 디지털교과서 기반 교수·학습 활동 선택

(1) 학습 진단

학습 진단은 평가 시기에 따라 학습 전 단계의 진단 평가, 학습 중 단계의 형성 평가, 학습 후 단계의 총괄 평가로 구분할 수 있다. 진단 평가는 학습 시작 전으로 주로 학습 단원, 학기, 학년 초에 학습 전 성취 수준, 사전 지식 및 생각, 학습 곤란의 원인 진단 등의 내용을 평가 내용으로 하며 시험, 퀴즈, 자가진단 등의 다양한 평가도구를 활용할 수 있다. 형성 평가는 학습 과정 중으로 학습 단원이나 학습 차시 진행 중 학습 이해도, 학습 진행 상황 진단 등 교수·학습 과정에서의 다각적인 정보 확인을 위한 평가라고 할 수 있으며 시험, 퀴즈 등의 평가 도구를 이용한다. 총괄 평가는 학습 종료 후로 단원 종료, 또는 학기말 등에 학습 목표 달성 여부, 학습 성과 등을 평가하며 시험을 주된 평가 도구로 사용한다.

(2) 맞춤형 콘텐츠

맞춤형 콘텐츠는 AI 기능을 이용하여 주로 학습 콘텐츠 추천과 문항 추천으로 구분할 수 있다.

학습 콘텐츠 추천은 학생들의 학습 내용 이해 수준을 분석하여 개인의 능력, 목표에 맞춘 개인화된 학습 경로 혹은 추가 콘텐츠를 제시하는 데 목적이 있다. 핵심 흐름은 현재 교과 진도 달성 수준 및 이해도 진단, 개별 진단 결과에 적절한 학습 경로나 추가 콘텐츠를 추천하는 형태로 이루어진다. 일반적으로 분수 학습에 어려움을 겪고 있는 학생의 세부 취약 영역, 예를 들면 분모가 다른 분수의 덧셈 등을 진단·예측하여 학생 수준에 적합한 세부 보충 학습 활동으로 유도하여 학생의 이해도를 향상하도록 지원할 수 있다. 또한 말하기를 좋아하는 학생의 영어 학습을 위해 음성 인식 기반의 대화 시뮬레이션 콘텐츠를 제공하여 학생이 지속적으로 학습에 몰입할 수 있도록 개인의 학습 패턴을 고려한 학습 콘텐츠를 추천할 수 있다.

문항 추천은 학습 내용의 이해도 점검 후 그 결과에 따른 처방 문항 형태의 피드백을 제시하는 데 목적이 있다. 핵심 흐름은 학습 내용 이해도를 진단하는 평가 문항 제시 결과에 따라 유사 문항 혹은 난이도 조정 후 문항 제시 결과에 따라 문항 풀이 및 추가 문항을 제시하는 형태로 이루어진다. 일반적으로 학습 내용 이해 수준을 측정하여 추가적인 문항 추천과 단계적 피드백을 제시할 수 있다.

(3) AI 튜터

AI 튜터는 AI를 이용해 학생의 학습 상태를 분석하여 부족한 부분의 원인을 찾아 이를 개선할 수 있는 전략을 조언해 주는 서비스를 의미한다. 주로 챗봇형, 음성 인식형 등 다양한 형태로 존재할 수 있다.

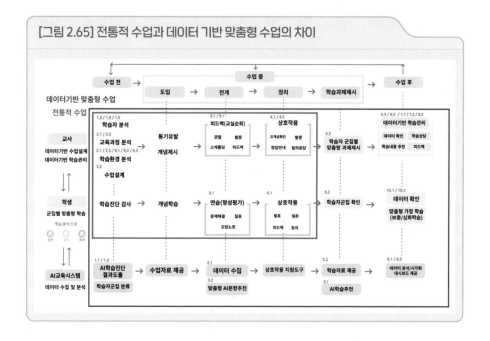

[그림 2.65] 전통적 수업과 데이터 기반 맞춤형 수업의 차이

(4) 수업 흐름도

AI 디지털교과서를 활용한 수업 흐름도를 전통적인 수업과 비교하면 '수업 전' 상황에서는 기존에 종이로 실시하던 학습진단검사를 AI 학습진단으로 대체하여, 시스템에 축적된 수많은 학습 데이터를 바탕으로 짧은 시간 동안 해당 학생의 영역별 이해도 수준 및 선수학습수준을 파악할 수 있다.

'수업 중' 상황에서는 교사가 동기유발과 개념제시를 할 때 AI 디지털교과서처럼 활용할 수 있는 수업자료를 제공할 수도 있다. 그리고 형성평가를 실시하며 문제를 풀 수 있는데, 형성평가를 수행할 때마다 학생들의 데이터를 수집할 수 있다. 이렇게 축적되는 데이터를 바탕으로 추후 학생별로 AI문항추천이 가능해진다. 또한 수업의 정리 단계에서 인공 지능 교육시스템이 자동으로 갱신해주는 학습자 군집 정보를 바탕으로 학습안내를 해줄 수 있다. 예를 들어, 학

습자 군집은 '칭찬', '유지', '독려' 세 가지로 구분할 수 있는데, '칭찬' 군집에게
는 심화학습을 위한 과제를 안내해줄 수 있고, '유지' 및 '독려' 군집에게는 보충
학습을 위한 과제를 안내해줄 수 있으며, AI학습진단 결과에 따른 AI 추천학
습을 안내해줄 수 있다. 학생들은 인공지능 교육시스템에서 제공해주는 학습
자료를 바탕으로 수업 후에 가정에서 맞춤형 학습을 진행할 수 있다. 학습내용
추천은 교사가 할 수도 있고, 인공지능 교육시스템의 AI학습추천 기능을 이용
할 수 있다.

'수업 후' 상황에서는 교사는 인공지능 교육시스템이 수집해주는 데이터를
기반으로 학습상담을 하거나, 학습내용을 추천하거나, 개인별로 피드백 해주
는 등 데이터 기반 학습관리가 가능하다. 그리고 다시 수업 전으로 돌아가서
데이터에 기반해서 다음 수업을 설계할 수 있다. 인공지능 교육시스템에 데이
터가 지속적으로 축적되고, 대시보드를 통해 데이터를 확인하는 것을 통해 이
러한 데이터 기반 학습관리 및 수업설계가 가능해지는 것이다.

(5) 지도안 작성 기본 틀 제시

[표 2.14] 지도안 작성 기본 틀

단계	활동 유형(교수방법)	교수 학습 활동	AIDT학습 자원 및 AI DT수업전략
도입			
전개			
정리			

AI 디지털교과서 활용 교수·학습과정안 작성 시 각 단계별 활동 유형, 교수·학습활동, AI 디지털교과서 학습자원 및 수업전략 등을 기록하는 형태로 기본틀을 제시할 수 있다.

(6) AI 디지털교과서 기반 교수·학습활동 제시

[그림 2.66] AI 디지털교과서 기반 교수·학습활동 제시

학습동기 유발	맞춤형 학습	맞춤형 평가		코칭 및 상담		기타
게임	콘텐츠 추천	진단평가	수시평가	학습활동 모니터링	학습활동 피드백	인공지능 교구
자유활동	학습경로	형성평가	차시평가	평가결과	진단분석	교과서 활동
사전학습	문항추천	총괄평가		AI튜터		수업관련 영상

학습 동기 유발, 맞춤형 학습, 맞춤형 평가, 코칭 및 상담, 기타 등 AI 디지털교과서를 활용한 교수·학습활동으로 반영할 수 있는 요소를 선택한다.

(7) AI 디지털교과서 기반 수업설계 예시

[표 2.15] AI 디지털교과서 기반 수업설계 예시

학년및학기	초등 4학년	과목	수학	단원명	6. 곱셈
수업주제		평면도형의 이동		차시	1-10

성취기준	[4수02-04] 구체물이나 평면도형의 밀기, 뒤집기, 돌리기 활동을 통하여 그 변화를 이해한다. [4수02-05] 평면도형의 이동을 이용하여 규칙적인 무늬를 꾸밀 수 있다.
학습목표	구체물이나 평면도형의 밀기, 뒤집기, 돌리기 활동을 통하여 그 변화를 이해할 수 있다. 평면도형의 이동을 이용하여 규칙적인 무늬를 꾸밀 수 있다.

수업흐름	단계및내용	교수·학습 활동		활동 안내
수업 전	설계하기	사전학습	학습활동 모니터링	· 개인별 학습 이력 및 성취수준 등을 확인하고 본차시 수업설계 · 필요 시 사전 학습 수업 제공
수업 중	이전차시 확인 수업 목표 제시	게임	진단평가	· 퀴즈 게임을 통해 이전 차시에 배운 내용 확인 및 선수학습 진단하기(각, 직사각형 내용, 각도와 각을 그리는 방법과 각도기, 자의 올바른 방법 생각하기) · 평면도형의 밀기, 뒤집기, 돌리기, 학습목표 파악하기
		진단분석	수업관련 영상	
	설명식 교수 학습 및 AI 피드백 형성평가	인공지능 교구	교과서 활동	· 수학책 활동, 수학 3D 기능을 활용하여 밀기, 뒤집기, 돌리기 활동 · 활동 중 어렵거나 이해가 되지 않는 부분은 AI튜터에게 질문하여 문제 해결하기 · 학생의 부족한 부분을 파악하여 콘텐츠 추천 · 개별 피드백 제공하기 · 평가결과에 따라 학생 수준에 맞는 문항 추천 및 학습경로를 재설정 · 학생들은 자신의 수준에 맞는 수업 진행을 하고 필요 시 AI튜터나 교사의 도움을 받음 · 교사는 평가 결과 및 활동 현황을 파악하여 학생들에게 개별 피드백 제공
		AI 튜터	콘텐츠 추천	
		학습활동 피드백	형성평가	
		평가결과 / 문항추천 / 학습경로		
	요약 및 정리 복습 계획 수립	교과서 활동	수업관련 영상	· 학습한 내용을 되돌아 보고 필요한 수업 영상을 활용하여 정리하기 · 스스로 학습 현황을 확인하고 복습계획 수립하기
수업 후	수업 평가 및 반영사항 도출	수업관련 영상	학습활동 피드백	· 수업 활동 평가를 바탕으로 학생 개인에 맞는 학습활동 피드백과 그에 맞는 콘텐츠 추천, 수업영상을 확인하고 필요 시 AI 튜터 활용
		콘텐츠 추천	AI 튜터	

2) 수업 발표하기

(1) AI 디지털교과서 활용 수업 설계안 발표

AI 디지털교과서 또는 AI 코스웨어를 활용한 수업 설계 과정 및 지도안을 발표하고, 장점 및 추가 아이디어를 수렴하여 보완한다.

(2) 피드백 참고 요소

- 학생들의 수준을 고려한 학습목표 진술이 이루어졌는가?
- 동기유발 방법은 적절한가?
- 학습단계별 교사의 발문 또는 안내는 적절한가?
- AI 디지털교과서의 기능을 적절하게 활용하고 있는가?
- 평가 및 피드백은 적절하게 제시되고 있는가?

2 AI 디지털교과서와 프로젝트 기반 학습

❶ 프로젝트 기반 학습(PBL)

1) 프로젝트 기반 학습의 개념

프로젝트 기반 학습(PBL)은 실제와 근접한 과제로 학습자 중심의 '목표지향적 활동'에 주안점을 두며, 학습자가 중심이 되어 스스로 계획을 세우고 구체적인 실천을 통하여 유기적 상호작용을 하고 주어진 과제의 최종산출물을 창의적 주제로 생성하면서 적극적으로 지식으로 구성해 나가는 학습을 의미한다.

2) 프로젝트 기반 학습(PBL)의 특징

(1) 실생활과 관련된 의미 있는 가치 포함

지식은 상황 맥락적인 것이며, 인지 전력과 도구, 학습자들을 자원으로 활용해 실제적인 문제들을 해결한다. 지식이 사용되는 상황이 다르기 때문에 습득된 지식을 실제 상황에 그대로 적용하기는 어렵다. 따라서 지식이 실제로 적용되는 맥락 속에서 습득되도록 문제를 설정한다.

(2) 질문을 만들고 다듬기

서로의 의견을 나누며, 예측하고 실험, 설계, 정보수집, 분석, 결론을 이끌어낸다. 자신의 생각과 발견물을 다른 사람과 공유하는 조사, 연구 활동 등이 포함된다.

(3) 협력학습 강조

동료, 교사, 지역 공동체, 외부 전문가와의 접촉 등의 협력학습이 강조된다. 학습은 사회적인 맥락이며, 학습자는 커뮤니티 속에서 표현한다.

(4) 지식을 표현할 수 있는 보조물 활용

의문점이나 문제들을 다룰 때 다양한 방법으로 지식을 표현할 수 있는 보조물을 활용한다. 학습자가 정보를 받아들이는 방법보다는 스스로가 무엇을 배우고 있는지에 중점을 둘 필요가 있다. 다양한 학습자원을 스스로 탐색하고, 유용성 유무를 판단하여 지식을 구성한다.

(5) 기술적 지원

학습자의 학습을 지원하는 요소로서 데이터의 수집, 분석, 의사소통의 원활화, 보고서 준비 등을 도와주는 기술적인 지원이 필수적이다. 협력학습의 성공은 신속하고 정확한 정보의 교환을 통해 이루어진다.

3) 프로젝트 기반 학습(PBL)의 장점

학생들은 프로젝트 기반 학습을 통해 호기심을 불러 일으키고 동기 부여에 더 깊게 다가가며 자신의 관심사와 경험에 부합하는 프로젝트에 참여함으로써 학습 활동에 더 많이 참여하고 집중하게 된다.

프로젝트 기반 학습을 통해 학생들은 학습 속에서 비판적 사고, 문제 해결력, 의사소통, 협업, 창의성 등 다양한 기술을 습득하게 된다. 일상과 관련된 복잡한 문제를 해결하고 프로젝트 속에서 도전 과제를 탐색하면서 실생활 문제 해결력을 준비하게 된다.

4) 프로젝트 기반 학습(PBL) 설계 중점

AI 디지털교과서 활용을 중심으로 프로젝트 기반 학습(PBL)을 구현할 때는 교육과정, 학년, 수준 및 학습 목표에 맞는 프로젝트를 선택하는 것이 중요하다. 학생들에게 의미가 있고 매력적이어야 하며, 관심을 끌고 호기심을 불러 일으킬 수 있어야 한다. 또한 다양한 과목을 융합하여 학제 간 다양한 학습 경험을 허용할 필요가 있다.

5) 프로젝트 기반 학습(PBL)의 성과

프로젝트 기반 학습을 통해 학생들은 내용 지식을 실제 상황과 연계하여 비판적 사고를 키우며, 복잡한 문제를 해결하기 위한 지식의 적용을 촉진하여 내용 지식에 대해 보다 깊은 이해가 가능하다. 프로젝트 기반 학습(PBL)을 통해 직접 실습하고 협업하는 과정은 학생들의 관심과 동기를 불러 일으켜 적극적인 수업 참여와 능동적 학습, 교육에 대한 주체성을 높이게 된다. 프로젝트 기반 학습(PBL)을 통해 배운 지식으로 머리 속에서 적극적으로 구성할 수 있기 때문에 학생들은 정보를 더 잘 유지하고 오래 지속할 수 있는 개념으로 이해하게 된다. 의미 있는 프로젝트 과정에 직접 참여함으로써 교육을 통해 배운 내용과 실제 적용 가능성을 경험하면서 학습에 대해 긍정적으로 인식하는 계기를 마련하게 된다.

❷ 프로젝트 기반 학습(PBL) 절차

1) 팀 빌딩

조직 안에서 구성원들 간의 협력과 팀워크를 높이고 효과적인 성과를 달성하기 위한 과정 또는 활동을 팀 빌딩이라고 한다. 이를 교실 현장에 적용하면 모둠원들과 함께 하는 아이스 브레이킹 게임이나 토론, 역할 배분, 문제 해결 시뮬레이션 등 다양한 활동을 진행할 수 있다.

(1) 자기소개

프로젝트 수행을 위해 자신이 중요하게 생각하는 가치와 그 가치를 모둠원들이 함께 어떻게 이뤄나가기를 바라는지 자신에 대한 충분한 소개를 권장한다.

(2) 아이스 브레이킹

아이스 브레이킹은 모둠원들 간의 서먹한 분위기를 깨고 활기찬 분위기를 만들기 위한 활동을 의미한다. 즉, 수업 본 활동에 집중할 수 있도록 분위기를 조성하는 것이다. 일반적으로 아이스 브레이킹은 간단한 게임으로 진행되는 경우가 많다. 학생들의 흥미를 유발하고 부담없이 참여를 이끌 수 있기 때문이다. 때문에 서로 잘 알지 못하는 단계에서 아이스 브레이킹을 진행했을 때 효과가 높다.

홍미를 유발하기 위해 아이스 브레이킹을 사용하지만 해당 시간의 목적 의식과 교육적 의미가 반드시 포함되어 있어야 한다. 또한 자발적으로 참여하게 해야 하므로 구성원들의 수준에 맞는 방법을 강구해야 한다. 게임을 싫어하는 학생에게 복잡한 게임을 강요할 경우 오히려 역효과를 낳을 수 있고, 게임에서 진 학생이 참기 힘든 모욕감을 느낀다면 수업 진행에 오히려 방해가 될 수도 있다. 강제성이 없어야 하며 할 만한 가치와 즐거움을 담은 아이스 브레이킹 연구가 필요하다.

(3) 기본 규칙 정하기

프로젝트 수행을 위해 자신의 역할을 분명히 하고, 상호 역할의 중요성을 강조한다. 모둠에서의 역할은 혼자서만 수행하는 것은 어렵고 상호 협력과 도움이 우수한 성과를 내는 모둠 활동의 원천이라는 것을 알려준다. 모둠 내부 분위기를 자율적으로 지키기 위해 자율적인 원칙에 대해 아이디어를 이야기해서 기본 규칙을 정하는 것을 추천한다.

2) 프로젝트 계획 수립

- 주제 선정: 학생들의 관심과 수준에 맞는 주제를 선정한다. 교사는 학생들에게 다양한 주제를 제시하거나 학생들 스스로 주제를 선택하도록 할 수 있다.
- 탐구 질문 설정: 주제를 바탕으로 학생들이 탐구해야 할 질문을 설정한다. 탐구 질문은 명확하고 답하기 어렵지만, 학생들에게 홍미를 유발하고 학

습 방향을 제시할 수 있어야 한다.

- 학습 목표 설정: 탐구 질문을 바탕으로 학습 목표를 설정한다. 학습 목표 는 구체적이고 측정 가능해야 한다.
- 역할 분담: 프로젝트 진행 과정별로 해야 할 일을 나누어 담당한다.
- 수행 일정 계획: 프로젝트의 전체적인 일정 계획을 수립한다.

3) 자료 수집 및 과제 해결

- 정보 검색: 학생들은 다양한 자료(책, 인터넷, 전문가 인터뷰 등)를 통해 탐구 질문과 관련된 정보를 검색한다.
- 자료 수집 및 공유: 수집한 자료를 분석하고 중요한 정보를 추출한다.
- 수집자료 분석 및 결과 도출: 분석된 정보를 바탕으로 지식을 구성하고 탐 구 질문에 대한 답을 찾는다.
- 프로젝트 초안 작성: 프로젝트 계획의 초안을 작성한다.

4) 결과물 개발

- 결과물 형식 선택: 프로젝트 결과물을 어떤 방향으로 정리할 것인지 선택 한다. 보고서, 포스터, 발표, 웹사이트 등 학생들이 원하는 형식으로 결과 물을 제작한다.
- 결과보고서 작성: 학생들은 협력하여 결과물을 제작한다.
- 발표자료 개발: 결과물을 발표할 준비를 한다.
- 리허설 진행: 다른 학생들과 교사 앞에서 결과물을 발표하는 리허설을 진 행하여 수정·보완한다.
- 발표: 학생들은 다른 학생들과 교사 앞에서 결과물을 발표한다.

5) 성찰 및 평가

- 학습 내용 성찰: 이번 프로젝트를 통해 무엇을 배웠는지, 어떤 어려움을 겪었는지, 어떻게 개선할 수 있었는지 전반적인 운영과 관련하여 성찰한다.

- 자기평가: 학생들은 자신의 역할 수행, 협력, 학습 결과 등을 스스로 평가한다.

- 동료평가: 서로의 결과물과 발표, 참여 태도를 평가한다.

- 교수자평가: 교사는 학생들의 학습 과정, 결과물, 발표 등을 평가한다.

❸ AI 디지털교과서를 활용한 PBL 설계

[표 2.16] 프로젝트 기반 학습 설계 단계

수업단계		학습내용
준비하기		• 프로젝트 기반 학습 개념 및 절차 소개 • AI 디지털교과서를 학생들과 함께 살펴보며 공통점이 많은 단원들을 중심으로 통합 운영할 단원 선정
주제 결정하기		• 단원 제재 및 매체, 성취기준 등의 공통성 등에 따른 학습활동 주제 선정 • 마인드 맵을 이용하여 주제망 구성하기
활동 계획하기		• 주제망에 따른 모둠별 또는 개인별 활동 주제 정하기 • 모둠별인 경우 구성원 역할 정하기
탐구 및 표현하기	탐구하기	• 도서관 이용, 인터넷 검색, 현장 활동 등 자료 탐색
	협의하기	• 토의 및 토론하기
탐구 및 표현하기	표현하기	• 표현 방식 : 보고서, 동영상, 뉴스, 그림 등 • 표현 방식에 따라 교실 또는 컴퓨터실 등 다양한 장소에서 활동 가능
	전시및발표하기	• 모둠별/개인별 프로젝트 기반 학습 결과물 발표하기 • 모둠 발표의 경우 전원 참여 원칙

탐구 및 표현하기	반성하기	· 집단 및 개인 반성하기
	평가하기	· 모둠 및 개인 활동 과정 및 결과 평가 · 학습 성취기준 요소 내용 추출 · 프로젝트 기반 학습 과정을 통해 영역별 성취기준을 학생 스스로 발견하도록 교사 유도

1) 준비하기

- 수학과 AI 디지털교과서 중 변화량을 표현하는 4학년 꺾은선 그래프 단원을 중심으로 올림픽, 월드컵과 같은 스포츠 경기와 관련된 실제 통계자료를 온라인 사이트 검색을 통해 지역별 데이터와 환경 변화, 우리나라의 위상, 노력 및 개선할 점, 시사점 등과 연계한 프로젝트 주제를 학생들과의 의견수렴을 통해 설정할 수 있다.

- 프로젝트 기반 학습 활동이 단원/차시의 성취기준 달성과 연계되도록 사전 성취기준 내용 요소를 확인한다.

> [4수05-02] 연속적인 변량에 대한 자료를 수집하여 꺾은선그래프로 나타낼 수 있다.
> [4수05-03] 여러 가지 자료를 수집, 분류, 정리하여 자료의 특성에 맞는 그래프로 나타내고, 그래프를 해석할 수 있다.

- AI 진단평가를 통해 선수학습 요소인 자료 정리, 그래프 개념 이해 정도를 사전에 분석하여 과제 제시, 학습 활동 중 보충 지도 등의 방법을 이용하여 본수업의 성취수준을 달성할 수 있도록 지도한다.

2) 주제 결정하기

- 꺾은선 그래프 단원의 여러 제재, 수업에서 활용하는 매체, 성취기준 등을 살펴보고 프로젝트 기반 학습활동을 위한 주제를 선정한다.
- 온라인 게시판, 마인드 맵과 같은 온라인 소통도구를 활용할 경우 발표에 소극적인 학생들도 의견을 제시할 수 있어 여러 학생들의 다양한 생각을 교류할 수 있는 기능을 충분히 이용하여 주제망을 구성하는 것을 권장한다.

3) 활동 계획하기

- 주제망에 따른 모둠별 또는 개인별 활동 주제를 정할 수 있다. 공통된 과업을 수행할 수도 있고, 모둠/개인의 창의적 아이디어를 활동 주제로 정하는 것도 가능하다.
- 활동 수행을 모둠으로 추진할 경우 구성원의 역할을 명확히 정하도록 하여 협력을 통한 과업 수행이 가능하도록 운영한다.
- 통계 자료의 방대함으로 활동을 정리하는 데 어려움을 겪을 수 있으므로 지역, 연령, 종목 등을 한정하여 학급에서 필요로 하는 프로젝트 수행 주제를 표현하는 활동에 집중할 수 있도록 계획을 지도한다. 특히 데이터의 범위를 한정시킴으로써 학생들이 자료를 정리하여 표와 그래프로 나타내는 데 어려움을 겪지 않도록 수정 지도한다.

4) 탐구 및 표현하기

- 탐구하기: 학생들은 프로젝트 주제를 해결하기 위해 도서관 이용, 인터넷 검색, 현장 활동 등 다양한 자료 탐색 활동을 할 수 있다. 일반적으로 인터넷 검색 활동의 비중이 높을 것으로 판단할 수 있어 통그라미, 이지통계,

혹은 해당 정보가 담긴 스포츠 관련 사이트를 살펴보면서 다양한 표와 통계 그래프를 성취기준에 적합한 단계로 안내하는 조력자 역할 수행이 필요하다.

- 협의하기: 프로젝트 과제의 해결 과정 속에서 모둠원 간의 토의 및 토론을 통해 수업목표 달성에 도움이 되는 방향으로 협의가 진행되도록 살펴볼 수 있다. 탐구하기 단계에서 활동 자료 및 결과를 수합하는 과정에서 계획의 변경 또한 가능하므로 협의하기 단계에서 활동 주제에 맞게 결과 표현하기 단계가 이어지도록 지도한다.

- 표현하기: 표현 방식에는 보고서, 동영상, 뉴스, 그림 등 학생들의 활동 결과를 충분히 나타낼 수 있는 다양한 방법을 안내한다. 표현 방식에 따라 교실 또는 컴퓨터실 등 다양한 장소에서 활동이 가능하다.

- 전시 및 발표하기: 모둠별 또는 개인별 프로젝트 기반 학습 결과물을 발표하는 단계에서는 표현 방식 및 장소 등을 고려하여 전시 및 발표 순서를 조절할 수 있다. 모둠 발표의 경우 전원 참여를 원칙으로 한다.

- 반성하기: 프로젝트 결과의 발표가 끝나면 집단 및 개인 반성하기 과정을 통해 수행한 과정을 격려하고, 잘된 점과 보완할 점을 분석하는 기회를 제공한다.

5) 평가하기

- 평가하기 단계는 모둠 및 개인 활동 과정 및 결과를 평가하는 과정으로 학습 성취기준 요소 내용을 추출하여 도달 정도를 평가한다.

- 프로젝트 기반 학습 과정을 통해 영역별 성취기준을 학생 스스로 발견하도록 교사가 유도하는 방법을 권장한다.

· 참고문헌

· 인공지능 교육시스템을 활용한 데이터 기반 맞춤형 수업 설계원리 개발(서울 대학교 대학원 이홍규).

CHAPTER 5

▶ AI 디지털교과서 교수학습모델 설계와 HTHT의 실제

▶ 장 덕 진

1 AI 디지털교과서 교수학습모델설계

교사가 AI 디지털교과서를 활용하여 개별 맞춤형 교육을 구현하기 위해서는 교사의 교수학습 설계권을 보장하는 것이 중요하다. 교사가 AI 디지털교과서를 마주하여 이를 활용한 교수학습 설계를 할 수 있도록 지원하기 위해서는, 기존의 일반적인 수업 방식과 교사 역할에 대한 이해에서 더 나아가 새롭게 등장할 다양한 수업의 형태와 교사의 역할에 발맞춘 교수방법, 교수전략, 교수학습활동에 대한 학습이 필요하며 이를 체계화할 수 있는 모델에 대해 여러 사례를 통해 살펴볼 필요가 있다. 이러한 교수학습 설계를 지원하기 위해서는 기존의 수업 방식과 교사의 역할에서 더 나아가 새롭게 등장할 다양한 수업의 형태와 교사의 역할에 발맞춘 교수방법, 교수전략, 교수학습활동이 필요하며 이를 체계화한 모델이 필요하다.

일반적인 수업 상황에서 교사는 수업 설계 시 다음과 같은 요소들을 고려하여 자신만의 수업을 구안한다.

첫째, 학습자 분석 및 환경 분석을 실시한다.

둘째, 구체적으로 측정 가능한 '학습목표'를 설정한다.

셋째, '학습내용'을 체계적으로 '구조화'한다.

넷째, 학습목표와 학습내용에 적합한 '교수전략'을 선택한다.

다섯째, 학습목표 도달 여부를 확인할 수 있는 '평가 방법'을 선정한다.

여섯째, 교수학습 과정에 대한 지속적인 '모니터링'과 '개선'을 실시한다.

그렇다면 이러한 교수학습설계의 원칙들이 AI 디지털교과서의 특징과 결합하여 교실에 들어온다면 어떻게 구현될 수 있을지 그리고 이를 위한 교수학습모델의 체계는 어떠한지를 살펴보면 다음과 같다.

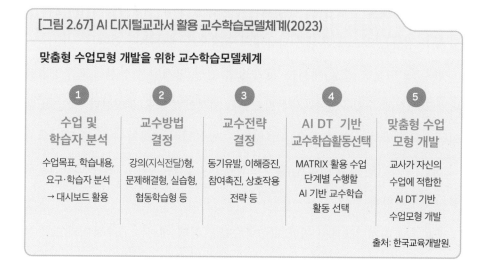

[그림 2.67] AI 디지털교과서 활용 교수학습모델체계(2023)

맞춤형 수업모형 개발을 위한 교수학습모델체계

①	②	③	④	⑤
수업 및 학습자 분석	교수방법 결정	교수전략 결정	AI DT 기반 교수학습활동선택	맞춤형 수업 모형 개발
수업목표, 학습내용, 요구·학습자 분석 → 대시보드 활용	강의(지식전달)형, 문제해결형, 실습형, 협동학습형 등	동기유발, 이해증진, 참여촉진, 상호작용 전략 등	MATRIX 활용 수업 단계별 수행할 AI 기반 교수학습 활동 선택	교사가 자신의 수업에 적합한 AI DT 기반 수업모형 개발

출처: 한국교육개발원.

AI 디지털교과서 활용 맞춤형 수업 모형 개발을 위한 기본적인 교수학습모델 체계에서는 크게 5단계에 걸쳐 교사가 수업을 설계할 수 있도록 안내하고 있다. (본 절차는 예시적인 단계로서, 학교 및 교실 상황에 따라 유동적으로 적용할 수 있다.)

첫째, 「수업 및 학습자 분석」에서는 개별 맞춤형 교육을 위한 수업을 구안(설계)하기 위해 '수업목표, 학습내용, 학생특성' 등에 대해서 종합적 분석하고 탐색한다. 교사는 자신이 가지고 있는 교과 지식 및 학생 특성에 대한 이해도를 바탕으로 AI 디지털교과서의 데이터 기반 정보(대시보드)를 참고한다. 이를 바탕으로 교사는 해당 수업에서 다루는 교과적 지식을 파악하며, 학생들의 선수 지식 정도, 관심도와 선호하는 학습 패턴 등을 점검한다.

둘째, 「교수방법 결정」에서는 「수업 및 학습자 분석」단계에서 분석된 결과를 바탕으로 수업목표를 달성할 수 있는 최적의 방법을 모색하며 어떤 교수방법으로 수업을 전개할지를 준비한다. 이 때, 교사의 수업설계권이 많이 작용하는데 내가 가르칠 교과 지식과 관련하여 학습자들의 배움이 가장 크게 일어날 수 있는 수업 방법을 선정한다. 예를 들어 문제해결 수업, 협동학습 수업, 실습 수업 등을 정하는 것으로 흔히 수업유형의 결정으로 생각할 수 있다.

셋째, 「교수전략 결정」에서는 「교수방법 결정」단계에서 선정된 교수방법을 바탕으로 실제 수업을 운영할 때 필요한 구체적인 전략을 설정한다. 단순히 수업목표에 도달하기 위한 전략을 선정하는 것을 넘어 교사가 수업 중 달성하고자 하는 부가적인 효과들(동기유발, 기초학력 향상, 맞춤형 지원)을 위한 교수전략도 동시에 결정한다.

넷째, 「AI 디지털교과서 기반 교수학습활동 선택」에서는 교수방법과 교수전략에 기반하여 수업목표 달성에 효과적이라 생각하는 교수학습활동을 선택하여 모듈형으로 조합하여 활용한다. 이때, 모든 AI 디지털교과서의 기능을 활용하는 것이 아니라 내 수업에 가장 적합한 AI 디지털교과서 활용 방법은 어떤 것인지를 살펴보고 교사와 학생의 필요에 따라 선택한다.

다섯째, 「맞춤형 수업 모형 개발」에서는 앞의 네 단계를 바탕으로 AI 디지털교과서 활용 맞춤형 수업 모형을 내 교실 환경에 맞추어 개발한다. 이와 관련하여 연구기관 및 현장 연구자에 의해 AI 디지털교과서를 활용한 다양한 형태의 수업 모형이 개발되었는데 앞선 장에서 살펴본 바와 같다.

> **AI 디지털교과서 활용 수업 모형 예시(안)**
>
> ① 디지털 기반의 사전 학습과 교실 속 대면 학습을 결합하여 학생들의 자율적이고 능동적인 학습을 유도하는 '기본모형',
> ② AI 디지털교과서를 활용하여 수업 전 진단평가한 후 학습자 분석에 기반하여 교수학습을 설계하여 진행하는 '예습모형'
> ③ 학습자의 학습 데이터를 바탕으로 개별 이해도에 기반하여 사후 완전 학습을 지원하는 '복습모형'
> ④ 기초학력 지원을 위하여 개별 맞춤형 튜터로서 교사의 역할을 강조한 '집중케어모형' 등이 초기에 제시되었다.

더하여 일반 수업 상황과 자기주도학습 상황 등을 가정하여 수업 모형이 개발되고 있으나 아직 AI 디지털교과서가 완전히 세상에 드러나지 않았기에 언제든 수정이 될 수 있다. 특히 AI 디지털교과서가 적용되는 각 교과별로 그 특성과 환경, 필요 요소가 다르고, 개별 학교 및 학급의 환경과 학습자 상황도 모두 다르므로 실제 적용에서는 다양하게 변형되어 제시될 수 있다. 그럼에도 중요한 것은 500만명의 모든 학생들을 위하여 AI 디지털교과서로 개별 맞춤형 교육을 하듯 마찬가지로 교사 역시도 AI 디지털교과서를 활용하여 교실 변화를 이끌기 위해 자신만의 개별 맞춤형 교수설계에 도전할 수 있어야 한다는 점이다.

여기에서는 AI 디지털교과서를 활용하는 상황을 가정하여 맞춤형 수업모형을 만들고 적용해본 사례를 소개하고자 한다. (현재 AI 디지털교과서가 공개되지 않은 상황으로, 한국교육학술정보원에서 개발한 인공지능 활용 초등 수학 수업 지원시스템인 똑똑수학탐험대를 예시로 활용한다.)

[표 2.17] 나만의 AI 디지털교과서 교수·학습설계

수업상황	1:1 코칭 수업 상황
수업대상	초등학교 3학년
교과지식	3학년 2학기 3단원
학습자 분석	도형에 대한 추가적 학습이 필요하며, 단순 지식 이해 수업보다 콘텐츠 기반의 탐구 활동을 좋아하는 학생
교수방법	개별화 교육 기반 '강의형' 게이미피케이션 자료 활용 '실습형'
교수전략	학습자 스스로 목표 설정하기 도형감각 향상
AI DT 기반 교수학습활동	**· 도입 단계** 　[수업에 대한 학생의 기대 확인] 　[진단평가 실시] 　[개별 학생 학습계획과 해당 수업 관련성 설명] **· 전개 단계** 　[이해 수준별 맞춤형 콘텐츠 추천] 　[학습 진단을 통한 즉각적 피드백 제공] **· 정리 단계** 　[수준별 평가 문항을 통한 이해도 평가] 　[학생 대시보드 확인을 통한 학습 성찰]

※ AI 디지털교과서의 개별 기능을 적용한 수업 지도안 및 수업 설계 방법은 본 사례에서 생략한다.

❶ 수업 및 학습자 분석

방과 후 코칭 수업에 참여한 학생은 초등학교 3학년으로 2학기에 수학 학습을 하면서 도형 영역의 '원' 단원을 학습함에 어려움을 겪고 있다. 학습자 데이터를 기반으로 대시보드를 분석한 결과 '원' 단원과 관련해 기본 문항에 대한 이해를 증진해 줄 필요성이 제기되었고, 이에 따라 학습의 목표를 '원' 단원과 관련된 기초학력을 지도하는 것으로 설정하고 교수학습설계가 되었다.

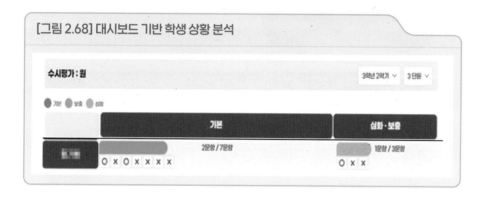

[그림 2.68] 대시보드 기반 학생 상황 분석

또한, 개별 학습자의 서책형 교과서 학습 과정에 대한 분석과 면담을 통해 학습의 방식 측면에서 단순 지식 전달 보다 콘텐츠 기반의 활동을 좋아함을 파악할 수 있었다.

[그림 2.69] 학습자 면담을 통한 분석

선생님 3학년 2학기 수학 공부를 하면서 어떤 부분이 많이 어렵나요?

❷ 교수방법 결정

'원' 단원을 다양한 학습콘텐츠로 익히고 이를 활동 중심으로 탐색하기 위하여 개별화 교육 기반의 '강의형'과 똑똑수학탐험대의 게이미피케이션 자료를 활용한 '실습형'의 수학 수업을 병행하여 진행하기로 교수법을 선택했으며, 선택된 두 교수법은 다음과 같은 방법으로 실제에서 구현되었다.

첫째, 원의 지름과 관련된 AI 기반 맞춤형 교육의 강의형 콘텐츠를 학생과 함께 시청한다. 이때, 모르는 내용에 대해 실시간으로 질의응답하며 학생의 이해도 향상을 지원한다. (다인수 학급의 경우 향후 AI 디지털교과서의 주요 기능 중 하나인 학생용 AI튜터의 지원을 받을 수 있다.)

[그림 2.70] 영상 콘텐츠 시청(강의형)

선생님 원의 지름과 관련된 영상을 보고, 문제를 풀어보도록 합시다.

둘째, 학생은 게이미피케이션 기반의 활동을 실습 중심으로 실시한다. 학습자가 선호하는 방식으로 학습을 진행하여 수업 목표 달성 확률을 높이는 방향으로 이끌어가며 동시에 교사는 학생의 문제풀이 과정을 관찰하고 적절한 정보적 피드백을 줄 수 있다. 만약, 다수의 학생이 있을 때는 학습자 데이터가 누가기록되어 있는 대시보드를 기반으로 교사가 직접 분석하거나 AI 디지털교과서가 제공해주는 인사이트 정보를 제공받아 학생을 지원한다.

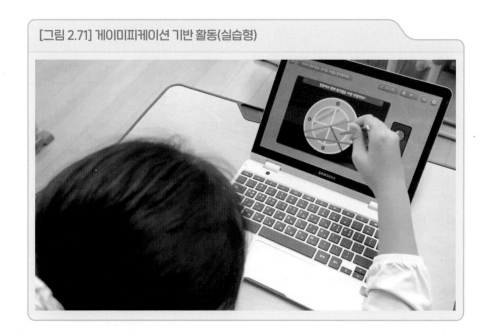

[그림 2.71] 게이미피케이션 기반 활동(실습형)

❸ 교수전략 결정

교수전략 결정 단계에서는 앞서 선택한 강의형 및 실습형의 수업을 운영하기 위한 구체적인 교수전략을 지정한다. 이때, 수업목표에 도달하기 위한 구체적인 방법들을 선정하는 것에 더하여 동기유발은 어떻게 하면 좋을지, 학생에게 맞춤형 지원을 하기 위해 교사는 어떤 요소를 어떻게 준비할 지 등에 대해 생각할 수 있다.

실제 수업 사례에서는 교수전략 중 하나로서, 학생이 스스로 자신이 필요한 부분을 떠올리고 목표를 지정하도록 안내했다. 이를 통해 학습자가 스스로 학습의 필요성에 대해 이해할 수 있게 된다. 또한, 수업을 진행할 때 부가적인 효과로서 기초학력의 향상을 설정하여 수업의 목표 달성과 더불어 도형 단원과 관련된 학생의 기하 관련 감각과 기초학력을 동시에 향상하고자 추진했다.

[그림 2.72] 교수전략: 스스로 목표 설정하기(학습계획)

선생님 오늘 혹시 어떤 것을 공부하면 좋을 것 같나요?

❹ AI 디지털교과서 기반 학습활동 선택 및 맞춤형 수업 모형 개발

AI 디지털교과서의 핵심 기능과 교수학습활동을 연계하여 수업에서 활용할 수 있도록 도와주는 교수학습활동은 매트릭스의 형태로 여러 기관과 교육연구자에 의해 제시되었다. 그 중 모듈형 매트릭스로 개발되어 교사 개인의 수업에 가장 적합한 교수학습활동을 선택 및 조합하여 수업을 설계하는 방식이 널리 활용되고 있다. 예를 들어 매트릭스 형태의 활동들이 제공된다면 교사는 수업 단계에 맞추어 각 단계에 따른 매트릭스 속 교수학습활동을 선택하여 맞춤형 수업 모형을 개발한다.

위 사례에서는 지면의 한계상 모두 담지 못하였으나, AI 디지털교과서 기반 교수학습 매트릭스를 기준으로 다음과 같이 학습활동이 이루어졌다.

도입 단계: [수업에 대한 학생의 기대 확인]

　　　　[진단평가 실시]

　　　　[개별 학생 학습계획과 해당 수업 관련성 설명]

전개 단계: [이해 수준별 맞춤형 콘텐츠 추천]

　　　　[학습 진단을 통한 즉각적 피드백 제공]

정리 단계: [수준별 평가 문항을 통한 이해도 평가]

　　　　[학생 대시보드 확인을 통한 학습 성찰]

이상의 사례를 바탕으로 AI 디지털교과서 혹은 AI 코스웨어 등을 활용한 교사의 개별 맞춤형 수업 모델은 기본적인 큰 틀의 예시는 제공될 수 있으나, 학생, 교사, 학교의 다양한 상황에 따라 각양각색으로 개발되고 적용될 수 있음을 알 수 있다.

2 하이터치 하이테크 교육의 실제

❶ 하이터치 하이테크 교육 다시 살펴보기

하이터치 하이테크 교육은 기존의 단순·반복적인 지식 이해 및 암기 지원, 채점 등의 행정 행위를 기술의 도움을 받아 해결하고, 교사는 다양한 학생 참여형 수업을 설계하고 학생의 사회·정서적 지지자로서 나아갈 수 있도록 하는 교육을 의미한다. 즉, 기본 단계에 있는 학습은 AI 디지털교과서를 비롯한 하이테크의 지원으로 모든 학습자가 기본적인 수준을 갖추도록 지원하며, 미래 사회에 맞는 창의적인 학생을 만들기 위한 다양한 학습자 참여 수업의 설계와 학생의 사회정서 지원은 교사가 담당하는 것이다.

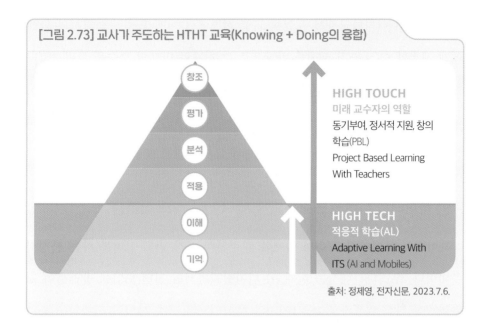

[그림 2.73] 교사가 주도하는 HTHT 교육(Knowing + Doing의 융합)

HIGH TOUCH
미래 교수자의 역할
동기부여, 정서적 지원, 창의
학습(PBL)
Project Based Learning
With Teachers

HIGH TECH
적응적 학습(AL)
Adaptive Learning With
ITS (AI and Mobiles)

창조
평가
분석
적용
이해
기억

출처: 정제영, 전자신문, 2023.7.6.

저출산 위기 사회 속에서 학생 한 명, 한 명이 매우 소중한 상황에서 우리는 기존의 대량 학습 체제 기반의 수업에서 벗어나 학생 개인의 학습 수준과 속도에 최적화된 상태로 맞춤형 교육을 제공할 필요가 있다.

이때, 하이터치(High-Touch) 하이테크(High-Tech)라는 용어의 순서와 교육부의 자율수업 혁신의 슬로건인 '교사가 이끄는 교실혁명' 그리고 디지털 기반 교육 혁신의 슬로건이었던 '교사와 AI가 함께 이끄는 교실혁명'에서 살펴볼 수 있듯 기술보다 앞서서 생각해야 할 부분은 바로 '교사의 역할과 주도성'이다. 즉, 교사의 수업 설계 역량과 사회·정서적 지지 능력을 함양토록 지원하는 것이 AI 디지털교과서를 활용한 개별 맞춤형 교육 성공의 열쇠로, 자율적 수업 혁신에 기반하여 교사의 성장이 이루어지는 것이 디지털 기반 교육 혁신의 핵심이며 교실혁명이 이루어진 교실일 것이다.

이 장에서는 AI 디지털교과서를 활용한 하이터치 하이테크 교육의 실제를 살펴보며 AI 디지털교과서가 실제 교실 현장에서 어떤 효용성을 교사와 학생에게 제공할 수 있는지 사례를 바탕으로 그 현재와 미래의 모습을 살펴보고자한다. 아직 국가 수준의 AI 디지털교과서에 대해 베일이 벗지 않은 상황에서우리는 과도기적인 단계의 프로토타입, 코스웨어, AI 기반 교수·학습 플랫폼의모습을 통하여 하이터치 하이테크 교육의 실제를 엿볼 수 있다.

❷ 하이터치 하이테크 교육의 실제-(1) 시작의 어려움

하이터치 하이테크 교육의 실제와 관련하여 가장 먼저 살펴볼 바는 환경적준비이다. 우리나라에서는 현재 AI 디지털교과서의 전면 도입에 발맞추어 교수학습을 위한 인프라로 1인 1기기와 무선인프라 구축 사업이 진행되는 중이다. 2020년도 전 세계적인 감염병 사태로 인하여 학교 현장의 디지털 전환은매우 빠르게 진행되었고, 원격수업을 위하여 현장에 보급된 기기들은 이제 디지털 기반 교육 혁신을 위한 기자재로서 역할을 하게 되었다.

이 중 기자재와 관련해서는 올바른 정책적 방향성과 대비되는 문제점이 존재한다. AI 디지털교과서 도입을 통한 디지털 기반 교육 혁신 정책의 명확한목표는 '교사의 역할 변화'이며 인공지능과 디지털 기술 등은 보조적이며 도구적인 내용일 뿐이다. 그러나 많은 선생님은 아직 디지털에 대한 막연한 두려움을 가지고 있으며 운영상의 어려움으로 디지털 기기 자체의 문제점을 호소하고 있다. 학교 현장에서 하이터치 하이테크 교육을 시작하기에 앞서 먼저 경험한 내용을 바탕으로 선생님들이 겪고 있는 디바이스 관련 실제적 문제와 이와대비하여 불편함을 감수할 상대적인 장점들에 대해 살펴보고자 한다.

"이번 시간은 수학입니다. 교과서를 꺼내고 21쪽을 펴세요."

AI 디지털교과서 수업을 진행하는 데 있어서 가장 큰 문제점은 학생들이 쉽게 펼 수 없는 교과서가 존재한다는 점이다. 물론 중학교 이상의 학생들의 경우 수업 자료 정리용으로 태블릿PC를 활용함이 익숙하나, 초등학생들의 경우 서책형 교과서에 친숙한 경우가 더 많다. 서책형 교과서의 경우 학생들이 구체적 '실물'을 바탕으로 즉각적이고 직관적으로 책을 펴서 학습활동에 참여할 수 있으나 태블릿과 노트북의 경우 바로 책을 펼칠 수 없고 일부 학생으로부터 오류를 해결해달라는 요청이 올 수 있어 교사 입장에서는 추가적인 번거로움이 발생한다.

[그림 2.74] 서책형 교과서 활용 수업

[그림 2.75] 디지털 기반 수업(스마트기기 활용 수업)

AI 디지털교과서를 활용할 시 "이번 시간은 수학입니다. 스마트기기를 가져와서 AI 디지털교과서 앱에 들어가서 로그인한 후 교과서 21쪽으로 이동하세요, 안되는 사람은 손을 드세요"와 같이 지시를 주어야 한다. 펼쳐지지 않는 교과서가 있다는 자조적인 목소리가 일부 선생님 사이에서 존재하며, AI 디지털교과서 학습 초기 단계로서 교사의 지도를 바탕으로 차근차근 익혀나간 후에도 오류 발생 가능성이 있을 수 있어 이러한 스마트 기기와 관련된 이슈는 디지털 기반 교육 혁신에 도전하고자 하는 선생님들의 진입 장벽으로 작용할 수 있다.

이상의 내용을 정리하면 교수학습을 위한 인프라가 갖추어져 가는 중으로 전국적으로 상향 평준화된 환경이 구성 중인 것은 매우 고무적인 사실이다. (비단 AI 디지털교과서에 접속하여 교과서 수업을 하지 않더라도 무한한 확장이 가능한 온라인 세상의 콘텐츠와 도구들을 활용할 수 있다는 점은 분명한 장점이다.) 다만, AI 디지털교과서는 기본적으로 디지털 기술을 기반으로 제공되기 때문에 이를 활용하기 위해 디지털 기기가 필수적으로 활용되는 상황에서 겪을 수 있는 문제점을 보다 더 구체적으로 다루어 보고자 한다.

[그림 2.76] 스마트기기 충전 상황

첫째, 디지털 기반 수업을 위해서는 스마트기기가 충전된 상태여야 한다. 디지털 기반의 활동을 위해서는 스마트기기가 상시 충전되어 있어야 하며 한 명의 학생이라도 기기가 준비되지 않았을 때는 2인 1조로 활동해야 하는 등의 문제점이 발생한다.

둘째, 학생이 스스로 로그인 할 수 있도록 충분한 교육이 필요하다. 중학생 이상의 그룹에서는 그나마 자판을 입력하는 방법에 대해 보다 나은 상황에 있을지 모르나, 초등학생에게 있어 로그인은 어떤 활동을 하는데 가장 높은 진입장벽으로 작용한다. 디지털 수업이 원활하게 이루어지고 정해진 시간에 교사가 목표했던 교수학습이 이루어지기 위해서는 이 문제가 선결되어야 한다.

[그림 2.77] 웹/애플리케이션 로그인 이슈

    현재 정부 및 공공기관에서 제공하는 서비스의 경우 보안상의 이슈 등으로 인해 비밀번호를 설정할 때 '1234'와 같이 간단한 숫자로 설정할 수 없다. 이에 초등학생도 성인과 마찬가지로 영문자, 특수문자 등이 조합된 어려운 비밀번호를 입력해야 한다. 더하여 한 번 로그인 후 일정 시간이 지나면 보안상 로그아웃이 되는 정책 역시 보안을 위해 존재하고 있어 AI 디지털교과서를 지속해서 쓰지 않을 시 다시 로그인해야 하는 이슈가 발생할 수 있다. 현장에서 이러한 어려움에 대한 대안으로 가장 많이 활용되는 방식은 담임 교사가 모든 학생의 계정으로 초기 전체 로그인을 한 후 구글 자동 로그인 기능을 이용하여 학생이 아이디만 입력해도 로그인할 수 있도록 하는 방법이다. 담임 교사가 특정 플랫폼을 사용하기 전에 해당 학생의 계정에 모두 전체적으로 초기 로그인을 해주는데, 이때 크롬 브라우저의 '비밀번호 자동저장기능'을 이용하여 학생들이 저장된 아이디의 첫 글자만 입력해도 하단의 드롭박스로 계정이 나타나고 해당 계정 선택 시 자동으로 저장된 비밀번호 입력되어 쉽게 로그인할 수 있는 방식이다.

셋째, CMS(콘텐츠관리시스템)에 탑재된 학습용 콘텐츠의 원활한 작동에 대한 이슈가 존재한다. 기존의 디지털교과서에서도 마찬가지의 이슈가 존재했는데 이 부분은 기기 사양의 문제와 무선인프라 문제 등이 복합적으로 연계되어 발생하는 것으로 특정 잘못으로 단정할 수는 없다. 현재 학교에 보급되는 스마트기기의 경우 전체 사양을 기준으로 중급기 수준이 제공되고 있어서 일반적인 교수학습활용에는 전혀 문제가 되지 않는다. 다만, 최근의 학교 현장은 최신 신기술의 향연이 이루어지고 있는 중으로 첨단 기술을 활용한 콘텐츠를 볼 때 스마트기기에 과부하가 걸릴 수 있으며, 만약 앱 버전으로 제공되는 콘텐츠의 경우 별도의 콘텐츠를 다운로드한 후에야 수업에 들어갈 수 있다는 문제 외에도 기기의 용량 이슈가 발생할 수 있다는 점이 지적되고 있다. 이에 CMS(콘텐츠관리시스템)에 탑재되는 다양한 콘텐츠의 최적화 및 무결성 문제에 대해서도 전체학교 확산 전 선도학교 단계에서는 겪을 수 있다.

[그림 2.78] 학습용 콘텐츠 다운로드 문제 및 고사양 콘텐츠 구동

넷째, 기기의 고장 발생 가능성이 있다. 기존 서책형 교과서 체제와 대비하여 디지털교과서 체제의 장점으로 교과서에 탑재된 콘텐츠가 물리적으로 훼손되지 않는다는 점이 제시되곤 한다. 클라우드 공간에 저장된 학습 콘텐츠는 이론상으로 그 훼손불가능성과 안정성이 보장되나, 실제로는 역설적으로 스마트기기라는 학습 콘텐츠를 표출할 수 있는 기기가 고장날 시 모든 콘텐츠에 접근할 수 없다는 단점이 존재한다. 단순 수치상으로는 1인 1기기의 보급이 이루어져 모든 학생이 자신만의 기기를 가지고 수업할 수 있다 볼 수 있으나 이는 기기의 완전 무결성을 가정한 상황이며 실제로는 초등학생의 사용 환경을 생각해보면 파손의 위험성이 매우 크기에 기기의 완전성을 담보할 수 없다. 앞서 언급한 미충전 기기가 있는 문제와 더불어 고장 및 파손되어 활용할 수 없는 기기가 존재한다면 수업이 원활하게 이루어지기 어려울 것이다. 이에 1인 1기기를 넘어서서 보다 여분의 기기를 보급해주는 것도 중요하지만, 더 중요한 것은 한편으로 서책형 교과서와의 공존 및 병행에 대한 연구도 필요하다고 볼 수 있다.

[그림 2.79] 기기 고장 시 구동 불가

가령 현재 서비스되는 한 수학 AI 코스웨어 업체의 경우 학생들의 교과서 상황과 AI 코스웨어를 상호매칭하여 학습자가 서책형 교과서로 학습한 결과 데이터를 별도로 입력해도 그것이 학습 데이터에 반영될 수 있도록 설계되어 있다. 더하여, 초기 진단 데이터를 넣어주는 용도로도 활용되어 서책형 교과서와 AI 디지털교과서를 병행하여 학습해도 문제가 없도록 서비스되고 있다. 이에 AI 디지털교과서가 현장에 적용될 때 서책형과의 공존과 병행하는 방안에 대해서 초등학교급에서는 고려할 필요가 있다.

다섯째, 종이책이 가지고 있는 정서적 효과 및 활동들에 대한 축소 우려가 존재한다. AI 디지털교과서에 대한 가장 큰 우려 역시 디지털로 되어 있는 활자를 읽으면서 발생할 수 있는 문해력에 대한 이슈이다. 특히, 학생에게 있어 교과서는 단순히 하나의 책이 아니라 평생 기억될 지적 경험을 제공하는 기본적인 학습자료로서 그 역할을 한다. 종이책이 전자책에 대비하여 정보구성력과 몰입도 등 독서 효과가 더 높다는 상투적인 연구 결과들을 굳이 언급하지 않더라도, 초등학교 수준에서는 학생들이 교과서와 함께 할 수 있는 다양한 활동들과 이를 바탕으로 한 정서적 정적 효과가 감소하지 않을까 하는 우려를 실제 운영 과정에서 인지할 수 있다. 농담으로 초등학교에서 교과서를 활용한 학급 놀이로 가장 많이 활용되며 아이들이 좋아하는 '교과서 탑 쌓기' 놀이와 관련해서 AI 디지털교과서가 도입되면 책의 권수가 줄어서 이제 더 이상 놀이를 하지 못하며, 교과서를 떨어트리면 액정이 파손되어 수리비가 엄청날 것이라고 웃음 섞인 이야기가 있기도 하다. 물론 이는 AI 디지털교과서가 교과목 특성에 따라 일부 교과에서만 다루어질 것임을 간과한 내용이며 대부분 정책을 꼼꼼하게 살펴보지 않은 데서 발생한 우려이지만 "2025년 AI 디지털교과서 전면 도입"과 같은 문구에 집중하다 보면 이와 같은 생각에도 도달할 수 있어 생각할 거리를 제공하기 위해 제시한다.

[그림 2.80] 서책형 교과서 활용 놀이 모습

여섯째, 구독형 서비스가 교과서 체제에 적용될 수 있을까에 대한 우려가 존재한다. 우리가 넷플릭스와 같은 OTT 서비스, 마이크로소프트 오피스365와 같은 구독형 서비스를 사용하는 이유는 무엇일까? 기존의 카피(Copy)구입 형태에서 구독형 서비스로의 전환은 기업과 개인이 '현재 시점에서의 완결된 형태의 콘텐츠'를 거래하는 것이 아니라 '지속해서 서비스를 업데이트하여 제공할 것'이라는 약속이 담보되었기에 운영되는 구조이다.

그렇다면 과연 검·인정교과서의 체제에서 AI 디지털교과서에 들어올 시스템과 콘텐츠들은 계속해서 업데이트되어 제공될 것인가에 대해 제도적 부분에 대한 고민이 발생하게 된다. 검·인정을 상시로 받을 수 없다면 어떻게 CMS에 들어갈 콘텐츠들이 지속해서 추가되고 AI 디지털교과서의 성능이 학습 기반으로 발전할 수 있을지에 대한 우려가 존재한다. 이는 물론 부처와 기업들이 협업하여 해결해야 할 문제이며 예산 역시 정부에서 지출되는 부분이지만 수요자인 학교에서는 우리 아이들을 위해 국가가 거금을 들여 지출하여 제공하는 AI 디지털교과서가 과연 구독형으로 그만한 가치를 학생들에게 주고 선생님들에게 효용을 주는지에 대해 우려가 생길 수 있다.

지금까지 하이터치 하이테크 교육을 시작하기 전 단계에서 환경적 구성을 준비하는 과정에서 실제로 많은 선생님이 겪을 수 있는 고민을 먼저 경험한 입장에서 정리하여 제시하였다. 여기까지 글을 읽다 보면, 하이터치 하이테크 교육의 실제를 마주하기에 앞서 걱정이 크게 올라올 것이다.

"도대체 왜 우리가 그럼 AI 디지털교과서를 해야 하는데요?"

디지털 전환으로 하는 수업들은 지금껏 우리가 무사하게, 조용하게 이미 잘해왔던 것들에 비해서 이렇게 어려운 점들, 우려되는 점들이 있는데 도대체 어떤 장점이 있길래 수많은 이들이 지금 그 이야기를 외치고 있으며 다들 그쪽으로 몰려가는지 의구심이 들게 된다. 그렇다면, 이제 이러한 단점과 우려에도 불구하고 왜 현장의 많은 선생님들이 AI 디지털교과서를 기대하며 실제로 그 과도기적 단계로서 AI 코스웨어를 활용하고, 아이들에게 적용하며 하이터치 하이테크의 미래를 준비하는지를 실제적 이익을 바탕으로 살펴보고자 한다.

❸ 하이터치 하이테크 교육의 실제-(2) 직관적 이점

하이터치 하이테크 교육을 선구적으로 찾아 수업에 적용하고 확산하고자 노력하는 터치교사단이 1기와 2기에 걸쳐 양성되었고, 교실혁명 선도교사 양성과 전체 교원 대상의 연수를 통해 확산될 준비가 되고 있다. 그렇다면 이 시점에서 우리는 그렇게 많은 수만 명에 달하는 선생님이 자율적 수업 혁신을 하고 자 하는지, 그리고 그것을 AI 디지털교과서를 비롯한 디지털 기반으로 하고자 하는지 생각해 볼 필요가 있다.

여기에서는 하이터치 하이테크 교육을 할 때 당장 선생님들이 직관적으로 느낄 수 있는 이점들을 정리하여 설명하고자 한다. 실제 하이터치 하이테크 교 육을 도입했을 때 얻게 되는 학생에 대한 정확한 이해를 바탕으로 한 교사로서 의 효능감의 측면과 같은 이상적인 부분을 벗어나 우선은 단순히 교사에게 어 떤 도움을 주는지에 초점을 맞추고자 한다.

가령 과거 구글 워크스페이스를 학교 현장에 도입할 때 가장 많이 활용되던 논리는 "교육용 구글 워크스페이스를 구축하면 교육기관당 100TB의 클라우드 용량을 무료로 쓸 수 있다"였으며 이를 바탕으로 구글 드라이브를 쓰던 것에서 각종 구글 도구의 활용으로 확장되고 이러한 도구들을 연계하여 구글 클래스 룸을 LMS(학습관리시스템)으로 한 교실 운영까지 확산하였다. 이와 같은 방식으 로, AI 디지털교과서 및 AI 코스웨어와 같은 에듀테크를 활용할 때 교사에게 바로 다가오는 직관적 이점에는 무엇이 있을지 실제 경험을 바탕으로 나누어 그 확산이 이루어지도록 마중물을 주고자 한다.

앞서 이야기한 디지털 기반 환경을 구성하고 운영함에 많은 문제를 마주해 야 함에도 기존 방식에서 완전히 벗어난 수업 혁신이 전국에서 동시다발적으 로 이루어지고 있는 그 이유는 바로 다음과 같다.

AI 디지털교과서 및 AI 코스웨어를 사용하지 않는 것에 대비해 가장 명확한 효과는 모호했던 나의 수업에 대해, 그리고 학생에 대해 '정확한 판단'의 근거 를 제공한다는 점과, 학생을 더 바라보고 관심을 줄 수 있는 '시간의 확보'로 하이터치를 할 수 있는 여력을 만들어 준다는 점이다. 즉, 교사들이 단순반복적인 일을 하이테크가 해결해주며 매우 바라던 교사의 본질인 수업에 대한 준비 시간 그리고 학생을 이해하기 위한 더 많은 물리적 시간을 제공하며, 교수학습과 관련된 부가적 업무 경감에 효과가 있다.

첫째, 교사의 단순 반복적인 일을 줄여주며, 더 나아가 학생의 학습과 나의 수업에 대한 인사이트를 제공한다. AI 디지털교과서를 이용한 하이테크를 이용했을 때 실제 사례를 바탕으로 가장 좋았던 점은 바로 단순 반복적인 일을 하이테크가 대신 해주고 나는 그 시간을 벌 수 있다는 점이다. 그리고 이렇게 확보된 시간은 디지털 기반의 수업을 준비하는 시간에 대비하여 몇 배 이상이 되기에 앞서 언급했던 여러 가지 준비의 어려움과 우려를 경험하더라도 시행착오의 일부로 생각하고 충분히 극복할 수 있었다.

가령 교사가 30명의 학생에게 매일 한 과목에 10문제의 형성평가를 주고 이에 대한 피드백을 준다고 가정하면, 교사는 매일 과목당 300문항을 직접 채점한 후 학생들에게 맞춤형으로 피드백을 주어야 한다. 동일 문제의 30회 연속 채점이라는 반복적인 작업에 따라 많은 시간이 소요됨은 물론 뒤쪽으로 갈수록 앞쪽에서 채점한 학생들에 대한 인식이 희미해져서 교사가 직접 채점해줄 때의 장점은 희석되고 만다. 이에 따라 개별 학생에게 가장 적합한 피드백을 제공하기 어려워지며 단순히 점수에 따라 심화 학습지 또는 보충 학습지를 주는 방식의 개별 수준 맞춤형 피드백을 제공했던 한계가 존재했다. 그러나 하이테크가 적용된 교실에서는 교사의 이러한 단순 반복적인 일을 기술이 대신해 경감시킴과 동시에 학습자가 수행한 모든 데이터가 누가 기록되고 학습되며 교사에게 개별 학생 맞춤형의 인사이트를 제공하고 맞춤형 피드백에 대한 조언을 제공하게 된다. 더하여, 나의 수업에 대한 데이터 역시 누가기록되고 학생의 풀이 결과와 대응하여 살펴볼 수 있어 스스로에 대한 반성 기능도 제공한다는 점이 특별한 장점으로 다가온다.

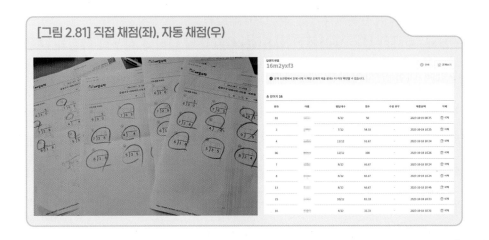

[그림 2.81] 직접 채점(좌), 자동 채점(우)

둘째, 데이터 기반의 정확한 진단을 할 수 있도록 '대시보드'가 주어진다.

일반적인 과밀학급에서 교사는 모든 학생들의 특성을 바라보기 어려웠고 특정 학생을 보고자 할 때는 상당히 오랜 기간 그 학생을 바라보거나, 시험과 같은 특정 이벤트가 있을 때에 한해 개별 학생 특성을 인식할 수 있었다. 가령 A라는 학생에 대해 파악하고자 한다면 오랜 기간에 걸친 생활 습관과 학습 습관에 대한 이해를 바탕으로 추상적으로 인사이트가 형성된다. 또한, 해당 학생의 인지를 평가하고 제대로 분석하기 위해서는 '평가'라는 이벤트가 존재해야만 진단을 할 수 있었다. 그러나 하이테크의 발달로 인하여 이제는 상시 데이터를 기반으로 모든 학생들을 정확하게 진단할 수 있게 되었으며, 더 나아가 이러한 진단에 기반하여 학생 및 학부모와 근거 중심으로 소통할 수 있게 된다. 즉, AI 디지털교과서라는 하이테크는 교사의 하이터치가 학생을 넘어 학부모까지 지원하는 도구가 될 것으로 기대된다.

교육의 세 주체인 학생, 교원, 학부모는 모두 학생의 성장을 위해서 소통하고 협력하는 관계로서 서로에 대한 정보를 객관적으로 공유하고 논의할 필요가 있다. 실제 학생 상담 및 학부모 상담에서 교사는 일반론에 가까운 이야기를 하는 경우가 대다수였으며 일부 데이터 기반으로 제시하는 것 역시 평가지를 기반으로, 점수를 바탕으로 이야기하는 것이 주였다.

그러나 하이테크가 도입된 상황에서는 객관적이고 시의적인 자료를 바탕으로 이야기할 수 있으며, 데이터 리터러시가 부족하더라도 이를 지원하는 '대시보드'와 '리포트'가 자동으로 생성되어 교사를 보조하기에 교사의 학생 이해를 위한 준비 단계를 간소화하고, 동시에 교원 전문성을 보조할 수 있다.

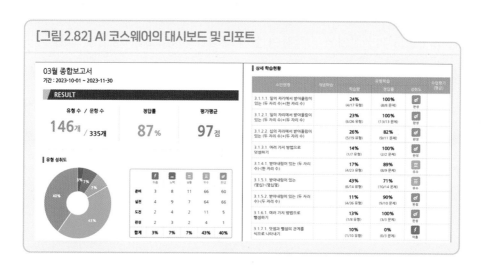

[그림 2.82] AI 코스웨어의 대시보드 및 리포트

실제 학생 사례를 살펴보면 다음과 같다. 위의 그림 속 리포트 대상 학생은 덧셈과 뺄셈에서 대부분 유형을 우수하게 풀어내며 높은 학업 성취를 보이는 학생이다. 그런데 유일하게 '덧셈과 뺄셈의 관계를 식으로 표현하기' 유형에서만 3개 문항 중 3개를 모두 틀려 취약한 모습을 파악할 수 있다. 만약 개별 교사가 문항을 직접 채점하고 기록한다면 해당 학생은 단순히 95점 이상 나오는 우수한 학생으로 기억되며, 적절한 교정적 처방이 제공되지 않았을 가능성이 높다. 그러나 AI 디지털교과서를 비롯한 하이테크가 적용된 교실에서는 개별 맞춤형 교육이 구현되고 해당 학생에게는 덧셈과 뺄셈의 관계식에 관련된 유형 콘텐츠 및 문항이 피드백되어 제공된다. 이때, 교사는 하이터치를 통해 학생에 대해 깊이 이해하고 있음을 표현할 수도 있을 것이다.

비단, 이러한 단편적인 사례 외에도 교사는 데이터를 기반으로 각종 학습자의 데이터를 기반으로 한 인사이트들을 얻을 수 있으며 직관적인 효용성을 느끼는 경험이 쌓이게 된다면, 아이들의 기초학력이 담보된 상황에서 더 높은 창조적인 수업을 설계할 수 있게 된다. 현재 단계에서 하이테크를 교실에 적용하는 교사들도 의구심에서 시작하여 실제 경험을 기반으로 효능감을 느껴 적용을 늘린 경우가 대다수이다.

더하여 학생이 부진을 겪고 있다면 어떤 부분에서 어떻게 어려움을 겪는지를 한눈에 파악할 수 있다는 것도 매우 직관적인 이점이다. 이를 이용하면 오개념에 대한 해소와 학생의 기초학력 향상에도 도움을 받을 수 있다.

[그림 2.83] AI 디지털교과서 프로토타입(스쿨PT) 활용 사례

	00:11	수학 문제 Q9
○	00:09	수학 문제 Q10
○	00:09	수학 문제 Q11
○	00:13	수학 문제 Q12
◎	00:10	수학 문제 Q13
○	00:20	수학 문제 Q14
○	00:19	수학 문제 Q15
○	00:26	수학 문제 Q16
○	00:35	수학 문제 Q17
✕	00:34	수학 문제 Q18
◎	00:24	수학 문제 Q19
○	00:37	수학 문제 Q20
✕	02:25	수학 문제 Q1
✕	01:49	수학 문제 Q2
✕	00:11	수학 문제 Q3
○	00:15	수학 문제 Q4
✕	01:15	수학 문제 Q5
○	00:23	수학 문제 Q6
✕	01:09	수학 문제 Q7
✕	00:51	수학 문제 Q8
◎	01:02	수학 문제 Q9
✕	00:46	수학 문제 Q10

← 이전 학습

문제 풀기 (102 / 160)

참고 자료 0   해설 및 정답 노출 방식 : 항상 노출

❌오답 수학 문제 필수 Q2   5점 | 발전

$$3 \quad 2 \quad 5$$
$$+ \quad 3 \quad 3 \quad 8$$

ⓘ 6513   오답 | 내 답변
ⓘ 663   정답

제출자 수 25명 정답자 수 15명 정답률 60%

✓ 2023-09-18 10:22 제출완료

[그림 2.83]의 학생은 덧셈과 뺄셈에서 받아올림이 없는 경우 대부분 정답을 선택하고 있다. 따라서 얼핏 보기에는 덧셈 계산에 어려움이 없는 것으로 판단되나, 어느 순간 모든 문제를 틀리며 '이상 데이터'를 표출한다. 이는 하이테크가 제공하는 모니터링 기능에 포착되어 교사에게 신호가 전달된다. 이렇게 하이테크에 도움을 받은 교사는 해당 학생에게 맞춤형으로 하이터치를 제공할 수 있으며, 어떤 하이터치를 제공할지는 수업의 디자이너이자 사회·정서적 지지자인 교사의 몫으로 남아 있다.

구체적으로 이 학생의 경우 받아올림을 할 때 자릿수를 올리는 방법에 대한 오개념이 존재하고 있음을 찾아낼 수 있는데 이러한 모니터링 기능은 AI 디지털교과서 개발 가이드라인(한국교육학술정보원, 2023)에 포함된 핵심적인 기능이다. 개발 가이드라인 속 핵심 기능을 프로토타입을 통해 예시적으로 살펴보면 다음과 같다. 해당 AI 디지털교과서 프로토타입에서는 다음과 같은 모니터링 기능이 있으며, 교사에게 하이터치를 주어야 할 학생이 누군지에 대해 판단의 근거를 제공한다. 첫째, 전체 학생의 수업 진도가 실시간으로 반영되어 한눈에 드러난다. 둘째, 개별 학생이 교과서 웹 페이지에서 동작이 없거나 이탈한 경우 경고 알람을 표출한다. 셋째, 과제답안 작성 펜 필기가 저장된다. 넷째, 학생의 문제 풀이 화면을 추적·녹화하여 실제 특정 학생이 행동한 모습을 그대로 보여준다. 이처럼 데이터 기반 기술을 활용하면 이상 데이터에 대한 안내와 더불어 도움이 필요한 학생이 누구인지 직관적으로 판단할 수 있도록 도와주며 별도의 교실 순회와 물리적 탐색 없이 학생의 학습·사회·정서적 지원을 할 수 있게 된다. 지금까지 AI 디지털교과서를 비롯한 하이테크를 도입할 때 교사가 얻을 수 있는 직관적 이점에 대해 알 수 있었다. 하이테크는 교사가 단순·반복적으로 소요하는 교수·학습상의 시간을 줄여주며, 교사가 정확한 판단과 진단 그리고 피드백을 할 수 있도록 데이터를 기반으로 정보를 자동으로 시각화하여 제공한다. 이렇게 하이테크가 도와준 영역들을 바탕으로 교사는 어떤 학생이, 어떤 도움이 필요한지를 알게 되고 하이터치를 제공할 더 많은 시간을 가지게 된다.

다음으로 AI 디지털교과서를 국가 단위로 추진하는 가장 큰 목적인 수업의 변화, 교사의 변화, 즉 교실의 변화 측면에서는 실제 어떻게 구현되었는지를 함께 살펴보고자 한다.

❹ 하이터치 하이테크 교육의 실제-(3) 교실혁명 시도

하이터치 하이테크 교육에서는 최종적이고 궁극적으로 수업을 바꾸고, 교사의 역할을 바꾸어 교실을 바꾸는 교실 혁명에 도달하는 것을 목표로 한다.

하이터치 하이테크 교육의 근간이 되는 「Bloom's Taxonomy」에 따라 정렬된 'Adaptive Learning-Active Learning' 모델에 따르면 AI 코스웨어와 교실 수업의 연계에 있어 '이해'와 '기억' 부분은 교사 주도의 수업 전에 이루어져야 하며, '적용', '분석', '평가', '창조'와 같은 고차원적인 내용은 교사 주도의 수업에서 이루어져야 함을 이야기한다.

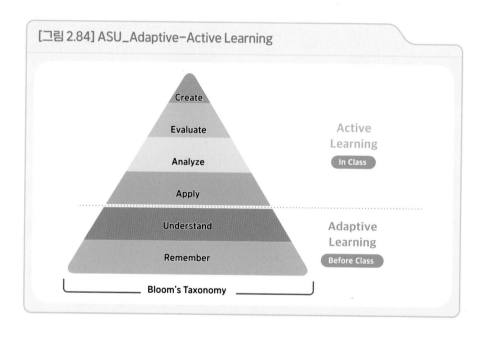

[그림 2.84] ASU_Adaptive-Active Learning

즉, 대규모 학급에서 평균 중심의 강의식 수업이 진행되던 현실을 개별 맞춤형 교육으로 전환하기 위해서는 하이테크의 도움을 바탕으로 '지식의 이해'와 '기억을 위한 단순한 강의 및 문제풀이' 등을 진행해야 한다. 그리고 선생님이 주도하는 수업에서는 다양한 학생 참여형의 고차원적인 수업을 구현하도록 한다. 이를 위한 교사의 역할 변화상으로 다양한 학생 참여형 수업의 디자이너이자 학생의 사회·정서적 지지자를 설정하고 있다. 그렇다면 이러한 결과를 만들고자 하는 '교실혁명'을 현실 교실에서는 어떻게 실제로 표상되는지 사례를 중심으로 살펴보고자 한다. 물론 이 사례들의 경우 '교실혁명'이라 불릴 정도로 높은 수준의 사례로 말할 수는 없으나, 학생 참여형 수업을 위해 기술의 도움을 받아 시도해 본 사례(도전기) 정도로 참고할 수 있다.

1) 수줍은 학생들의 발표를 이끌기

하이테크의 도움을 받아 하이터치를 시도하여 교실의 모습을 바꾸기 위한 첫 번째 사례는 학생들의 발표를 이끌기 위해 기술의 도움을 받은 경우이다. 초등학교 중학년 이상이 되면 수업에서 발표가 급격하게 줄어들게 된다.

이는 발달 단계상 자연스러운 일로 저학년 단계에서는 타인의 시선보다 자기중심적 사고를 하는 경향을 가지는 데 비해, 점점 학년이 오를수록 특정 역량에 대한 우열을 판단하게 되며 동시에 또래 집단을 의식하고 타인과의 관계를 지향하게 되기 때문이다. 이에 학생들은 더 이상 학급 내에서 발표하기를 선호하지 않으며 자신의 지식을 확인하거나 검정받는 것을 기피한다.

그러나 하이테크의 도움을 받으면 학생들은 자신이 현실에서 드러나지 않은 상태에서 학습활동에 대해 발표할 수 있으며, 더하여 교사에게 직접적으로 실시간 피드백 받을 수 있다. 또한, 이러한 과정은 개인의 선택에 따라 전체 공유 여부를 선택할 수 있어 개인의 특성을 존중하며, 더 나아가 전체적 발표의 공유과정에서 자연스럽게 학급 내 다른 친구의 학습 과정을 모델링하는 경험도 가질 수 있게 된다.

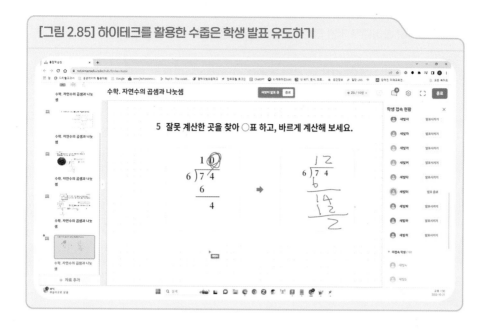

[그림 2.85] 하이테크를 활용한 수줍은 학생 발표 유도하기

특히, 기초학력에 대한 부진으로 인해 풀이에 대해 어려움을 겪는 학생들은 친구들에게 노출되지 않은 상태로 선생님과 1:1로 소통하고 도움을 받을 수 있어서 온라인상에서 선생님에게 도움 요청을 선호하는 경향이 있었다.

2) 협업 과제 수행하기(협동 학습)

프로젝트 기반의 학습 및 협동 학습의 중요성과 효과성에 대해 우리는 많은 연구와 실천적 경험을 통해 인지하고 있다. 그러나 현실적인 사유와 긴 호흡의 수업을 이끌어 본 경험의 부족 등으로 인해 이를 성공적으로 내 교실에 안착하는데 어려움을 겪는 교사들이 많다. 이러한 학습자 주도성이 발휘될 수 있는 참여형 수업을 교사가 쉽게 도전하고 설계할 수 있도록 도와주는 것 역시 현재 AI 디지털교과서 및 AI 코스웨어가 지원하는 주요 기능 중 하나이다.

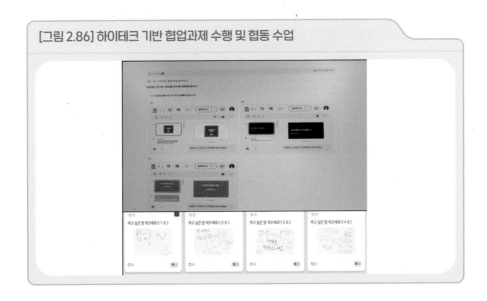

[그림 2.86] 하이테크 기반 협업과제 수행 및 협동 수업

현재 공개된 AI 디지털교과서 프로토타입(스쿨PT) 및 AI 활용 맞춤형 교수학습플랫폼(하이러닝)에 따르면 학생들이 잠에서 깨어나고 교실을 깨우는 다양한 협업 수업용 도구가 준비되어 있다. 간단하게 한 가지 기능만 대표적으로 소개하면 위쪽의 프로토타입에서는 학생 간의 디지털 기반 협동 학습을 지원하기 위해 공유 작업 문서를 과제에 자유로이 삽입할 수 있다. 또한, 이렇게 삽입된 공유 문서에서 작업하는 모둠활동을 한눈에 실시간으로 교사가 모니터링하며 어느 시점에 누구에게 하이터치를 줄지 판단할 수 있다. 교사와 학생 간, 학생과 학생 상호 간의 댓글과 피드백을 수행하는 기능도 포함되어 있어 우리가 막연하게 어렵게 생각했던 모둠학습과 협동학습을 도전할 수 있도록 지원한다. 부가적으로 모둠 배정 기능(자동 배정 또는 지정 배정)과 수업용 보조 도구들이 탑재되어 있어 다양한 액티브 학습을 위한 활동 유형을 설계할 수 있다. 또한, 일부 AI 기반 플랫폼에는 일련의 수업 과정이 전체적으로 보드 형태로 저장되는데 학생의 개별·모둠학습 데이터와 교사의 수업 데이터 모두 누가 기록되어 향

후 학생의 개인-모둠 복습, 과제용도와 교사의 수업복기 용도로 적용할 수 있어 협업 수업에 전천후로 활용할 수 있음을 알 수 있다.

3) 다양한 소통 및 사회·정서적 지지

하이테크의 도입은 기존 방식이 잘못되었고 이를 넘어서야 한다는 것을 의미하는 것이 아닌, 새로운 방법을 한 가지 더 제공해 줌을 의미한다. 교사가 기존 방식의 피드백에 더하여 학습자의 데이터를 기반으로 자세한 피드백을 제공할 수 있게 됨에 따라, 학생은 선생님이 자신에게 관심을 많이 가지고 있음을 인지할 수 있게 되며 상호 유대감과 사회·정서적 연결고리가 강화된다.

[그림 2.87] 학생 간 피드백(좌), 학생 오답 데이터 기반 개별 피드백(우)

이때, 상호 유대감과 사회·정서적 연결고리는 교사와 학생 사이는 물론 학생 간, 그리고 교사와 학부모, 학부모와 학생 간에도 형성된다.

또한, AI 디지털교과서 및 플랫폼을 활용하여 학생들과 친밀하게 다가갈 수 있는 새로운 형태의 소통 방법이 생기게 된다. [그림 2.88]을 살펴보면 학생이 선생님에게 대면으로 하기 어려운 질문을 할 수 있는 하나의 소통 창구가 새롭게 마련됨을 기술이 지원할 수 있음과 더불어 학생들이 할 수 있는 활동의 종류도 넓어짐을 알 수 있다. (아직 초등학교 3학년 학생으로 디지털 시민 교육의 필요성이 존재하나, 소통의 방법 확산 측면에서 탐색이 필요하다.)

[그림 2.88] 수업 중 질문(좌), 래포형성을 위한 다양한 활동(우)

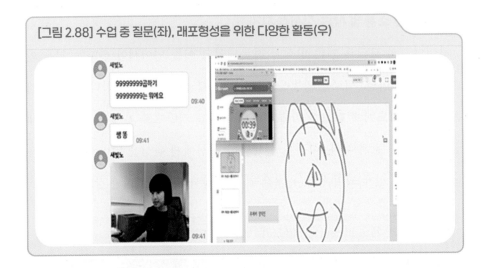

4) 프로젝트 활동 - 우리 반 사이트 만들기

교사가 설계한 프로젝트 순서에 따라서 학습자들이 단계별로 학습하며 배운 지식을 활용한 수업이 진행되었다. (국어과 '소개하는 글 쓰기'를 연계하여 온라인에서 스스로 자료를 수집하고 업로드하여 우리 반 학급 사이트를 공동 구축하는 프로젝트 진행)

첫째, '내 소개'에 사용하고 싶은 이미지 찾기 또는 직접 그리기.

초등학교 3학년 미술과와 연계하여 '나' 혹은 '친구'의 캐릭터를 디지털로 디자인한 결과물을 그대로 활용하거나 온라인에서 내가 원하는 이미지를 검색해서 가져온다. (초등 사회과 3학년 1학기 단원을 통해 학생들은 원하는 정보를 인터넷 세상에서 찾는 법을 학습한다.)

[그림 2.89] 디지털 드로잉으로 삽입할 얼굴 그리기

[그림 2.89] 디지털 드로잉으로 삽입할 얼굴 그리기

발표자 노트를 추가하려면 클릭하세요.

둘째, AI 기반 교수학습 플랫폼을 활용하여 사이트 도구 콘텐츠 학습하기.

학생들은 교사가 잘 설계한 콘텐츠를 바탕으로 우리 학급 내 자신을 소개하는 글을 쓰는 기초적인 방법과 지식을 스스로 또는 친구와 협동하여 학습한다. 학습의 진도와 학생의 활동 여부에 대해서는 화면 모니터링 기능을 이용하여 교사가 지원이 필요한 학생을 찾아 피드백 등의 하이터치 기반의 도움을 제공한다.

[그림 2.90] AI 기반 교수학습플랫폼 활용 기능 학습

셋째, 국어과 3학년 2학기 7단원. 「글을 읽고 소개해요」와 연계하여 '나를 소개하는 글쓰기' 활동을 운영한다. 이 활동의 장점은 학생들이 서책형 교과서로 수업할 때 겪는 주도성 저하를 디지털 기반 활동으로 극복할 수 있다는 점이다. 초등학교 3학년 학생들을 가르치며 겪었던 큰 어려움 중 하나는 '학생들이 자신의 답을 쓰기를 꺼려한다'는 점이었다. 교사는 창의성 있는 답안을 바라지만, 학생들은 오랜 경험을 바탕으로 선생님이 불러주거나 보여주는 글을 보고 그대로 베껴쓰는 경우가 대부분이었다. 즉, 창의적으로 자신의 무언가를 만들고 그것을 공유하기보다 안정적으로 선생님이 불러준 답을 기다리는 것이 학생들에게 있어 오랜 기간 학습된 결과였다. 이는 여러 요인이 복합적으로 작용해서 한 가지 처방으로 단순히 해결하기 어려운데 이러한 학생들에게 창의성을 끌어내고 학급 전체의 프로젝트를 성공시키기 위해 하이테크를 활용할 수 있다.

또한, 학생들은 맥락이 제공되지 않은 학습을 어려워하는데 글을 읽고 글의 제목, 주제, 내용 등을 소개하고 다른 친구와 나누는 활동이 지속적으로 제공되나 이에 대한 경험이 적어 실제 수행에는 어려움을 겪는 경우가 많다. 이때, 먼저 '나'를 소개하는 글을 디지털로 작성하며 소개하는 글을 작성하는 방법과 주요 내용은 어떤 것이 담겨야 하는지를 쉽게 수정하고 공유할 수 있는 하이테크 기반의 디지털 세상에서 이해한다. 그 후 디지털 쇼룸 형태로 상대방의 작품을 살펴보며 공유하는 연습을 한다. 이러한 경험을 바탕으로 다시 서책형 교과서로 돌아와서 특정 글을 읽고 그 제목과 주제, 내용을 파악하여 정리하고 소개하는 글을 써서 나누는 활동으로 연계하니 학습자들의 이해도는 보다 증진되었고, 전보다 창의적인 결과물이 나올 수 있었다.

[그림 2.91] 우리 반 학급 사이트 만들기 산출물

이상의 하이터치 하이테크 활용의 실제와 관련해 종합적으로 정리하면 내가 경험을 바탕으로 마주한 'HTHT'라는 것은 '아이들을 향한 교사가 더 잘해주고 싶은 마음', 다시 말해 교사가 되었을 첫날의 마음을 다시 회복하는 것, 교사로서의 소명 의식을 다시 생각하도록 하는 것이 아닐지 생각이 든다. 실제 하이테크를 활용한 수업을 진행하며 학생들에게 하이터치를 주는 경험을 가져보니 이것이 '교실혁명'인가라는 생각이 들 정도로 이미 많은 선생님이 현장에서 오랫동안 함께 잘해주셨던 부분이었다. 전에 없던 새로운 수업을 해보자는 것도, 선생님들을 완전히 에듀테크에 능수능란한 사람으로 만드는 재사회화를 하겠다는 것은 더더욱 아니다. 직접 해본 하이터치와 하이테크의 실제는 지면상으로는 잘 드러나지 않을 수 있겠으나 교사로서 우리가 원래 가지고 있었던 소중한 마음인 '학생이 성장했으면 마음', '조금 더 다양한 경험을 학생에게 주고자 했던 마음'을 실현하기 위한 구체물로서 AI 디지털교과서로 쓰는 것뿐이었다. 이미 선생님이 가지고 계셨던 다양한 교사의 전문성과 관련해 유관 기술이 교사의 전문성을 보조해줄 정도로 성숙하고 발전했으니, 조금 도움 받아서 보다 근거 기반으로 편리하고 정확하게 잘해보자는 것이다.

학생의 특성도, 학업 능력과 발달 속도가 모두 다른 상황 속에서 어쩔 수 없이 교사는 보통 수준에 맞추어 '평균 맞춤형 교육'을 했던 것에서 벗어나 기본적인 학습 내용은 500만 학생이 개인이 원하는 학습 형태와 방법으로 학습할 수 있도록 하이테크의 도움을 받아 데이터에 기반하여 '개별 맞춤형'으로 해결하는 것이 2025년 3월부터 시작된다.

데이터를 기반으로 별도의 지원이 필요한 학생들을 찾고, 보다 적극적으로 지원하고 격려하며 이끌어 줄 수 있는 교사가 되는 것이 '사회·정서적 지지자'로서의 교사이다. 그리고 AI 디지털교과서의 도움을 받아 맞춤형 교육이 이루어진 교실에서는 이제 교사 주도성 기반의 창의적 수업을 설계할 수 있는데, 고차원적인 역량을 함양할 수 있는 수업을 만드는 교사가 바로 '수업 디자이너로서의 교사'이다.

결론적으로 '교실혁명'은 거창한 것이 아닌, 아이들을 수업에 주도적으로 참여하기 위한 수업을 설계하고 모든 학생에게 진심을 전하는 것을 뜻한다.

참고문헌

이미지 출처

- 한국교육학술정보원(2023). AI 디지털교과서 활용 교수학습모델체계.
- 정제영(2023). 교사가 주도하는 HTHT 개념도. [ET시론] 교사 주도 하이터치 하이테크 미래교육을 구현하자. 전자신문.
- Ron Carranza(2019). ASU_Adaptive-Active Learning. ASU develops world's first adaptive-learning biology degree. ASU News

PART

03

교사가 만드는

교실 혁명

① 교사가 만드는 교실 혁명: 미래 교육을 위한 교사의 역량 (김진관)

CHAPTER 1

▶ 교사가 만드는 교실 혁명
: 미래 교육을 위한 교사의 역량

▶ 김진관

1 교육 혁신의 방향성과 AI 디지털교과서의 역할

⬆ 개별 맞춤형 인공지능 활용 교육은 또 다른 '이오'의 세계

영화 '매트릭스: 리저렉션(2021)'을 보면 매트릭스 시리즈 이후의 세계가 펼쳐진다. 나이를 먹어 예전 같지 않은 게임 개발자 네오가 수상하리만큼 안정적으로 반복되는 일상에 이상함을 감지한다. 네오는 동료들의 도움으로 받아 파란 약을 거부하고, 빨간약을 마침내 선택하게 되는데, 이전에는 볼 수 없었던 존재들로부터 도움을 받게 된다. 그들은 '합성 지성체'로 알려져 있으며, 본질적으로 기계이지만 인간과 협력하는 존재들이며, 이전 매트릭스 시리즈에서는 등장하지 않았던 새로운 캐릭터들이다. 이들은 영화 속에서 선과 악이 아닌 중간 지대의 협력을 상징한다. 영화 매트릭스 이전 시리즈는 0과 1로 이루어진 바이너리(Binary), 즉 이진의 세계였다. 이 세계에서는 네오와 스미스, 인간과 기계와 같이 명확하게 대립하는 요소들이 있으며, 중간 영역은 존재하지 않는다. 그러나 합성 지성체와 같은 새로운 존재들이 등장하면서, 이들과의 상호작용 및 협력을 통해 인간이 주도하는 새로운 세계가 형성되었고, 이곳은 기존의 '시온'이 아닌 '이오'라는 이름으로 알려지게 되었다.

영화 매트릭스에서 빠져나와 교사들의 이야기를 잠시 해보자. 교사들은 한 주간 54시간 평균 업무를 보며(Rand Corporation, 2022), 특히 K-12[1] 교사들은 전체 산업에서 가장 높은 번 아웃(Burn Out) 비율을 갖고 있으며, 44%가 실제로 소진을 경험하고 있다(Imed Bouchrika, 2022). 인공지능을 활용하여 교사들의 업무를 경감하여 교사들의 업무 부담을 줄이고 웰빙(Well-Being)을 향상시키는 것은 매우 중요한 일이다. 그러나 단순히 업무 경감과 효율성 향상에만 천착할 수는 없다. 왜냐하면 교사 본연의 주된 핵심활동은 수업이기 때문이다. 하지만 이게 생각보다 만만치 않다.

맞춤형 개별화 학습은 오랫동안 교육 분야가 꿈꿔왔지만 달성하지 못한 전대미문의 영역이다. 그런 의미에서 개별 맞춤형 인공지능 활용 교육은 마치 영화 매트릭스 속의 '이오'와 같이 전혀 다른 차원의 세계라고 할 수 있다. 이 새로운 세계를 이해하기 위해, 영화 속 주인공인 네오는 파란색을 더 이상 거부하고, 빨간약을 선택해야 했다. AI 디지털교과서를 중심으로 한 개별 맞춤형 인공지능 교육과 디지털 기반의 교육 혁신에 대한 논의를 진행해온 우리에게도, 매트릭스에서처럼 현실을 직시할 수 있는 빨간약이 필요한 것은 아닐까 생각해본다.

---

1   미국의 의무교육 체계, 유치원을 포함한 초등학교 1학년부터 고등학교 3학년까지를 의미한다.

> **[그림 3.1] 영화 매트릭스의 빨간약, 파란약**
>
> 출처: ChatGPT-4(2024.03.27.) "Draw the red medicine and the blue medicine in the movie Matrix".

❷ 가장 큰 변화의 메시지는 '인공지능 기술 자체'일 수 있다

세계적인 미디어학자인 마셜 매클루언(Marshall McLuhan)은 1964년에 출간한 저서 'Understanding Media(미디어의 이해)'에서 '미디어는 메시지다(The medium is the message)'라는 표현을 했다. 태초에 매스(Mass)라 불리는 대중(大衆)이 있었고, 이 대중이 미디어(Media) 곧, 매체(媒體)를 탄생시킨 것이라는 게 상식적인 이해겠으나, 매클루언은 이를 역으로 뒤엎는다. 매체가 탄생한 것이 먼저라는 말인데, 즉 매체 덕분에 서로 연결되며 공통의 특질을 갖게 된 군집들이 생겨났고, 이들이 연결되어 연합된 형태인 대중이 비로소 탄생할 수 있었다는 말이다. 책, 라디오, TV, 유튜브, SNS 등으로 대표되는 이러한 미디어의 진화가 현재는 인공지능의 큰 파도에 앵커링(Anchoring) 되어 있다는 점은 그 누구도 부인할 수 없는 사실이다.

백년지대계를 고민하며, 교육을 세심하게 다뤄야 한다는 의식을 가진 교육자들은 본질을 언제나 생각하지 않을 수 없다. 교육의 본질이 무엇이며, 그 본질을 이루기 위해 도입하는 수단의 위치를 명확히 한계 짓는 것은 매우 가치 있는 작업이다. 수단보다 본질을 추구하는 것은 무엇보다 배가 산으로 가지 않도록 방향을 잡아준다는 점에서 매우 중요하다.

하지만 때론 덜 중요하게 생각했던 도구가 세상을 변화시키기도 한다. 물론 여기에서의 도구는 인공지능 기술을 포함한 미디어 곧, 매체이다. 매체는 무언가를 담는 그릇에 비유될 수 있다. 그러나 그릇 수집가들에게 그릇은 무언가를 담는 용기로서의 그릇이 아니라 소장하고자 하는 대상 그 자체가 된다. 이러한 맥락에서 현재 생성형 인공지능(Generative AI)의 캄브리아기 시대를 맞이한 가장 중요한 변화의 메시지는 매클루언이 말했듯이 미디어 그 자체가 될 수 있다.

수단이라 여겨졌던 인공지능이 본질을 재정의하며, 전체 밑그림을 다시 그릴 것을 요구하고 있다면 우리는 어떻게 대응해야 할까? 본질에 대한 중요성은 가슴 깊이 간직하되, 인공지능에 대한 광범위하고 다양한 이해를 추구하는 것이 명확한 밑그림을 그리는 데 더욱 도움을 줄 수 있을 것이다. 이런 맥락에서 인공지능 리터러시(AI Literacy)는 언어와 수학 능력과 함께 중요한 디지털 기초소양으로 인식되어야 하며, 이는 2022 개정교육과정이 지향하는 바이다. 마셜 매클루언의 말을 요즈음 시대에 맞게 조금 변형해보면, 최근 가장 큰 변화를 가져오는 메시지는 바로 '인공지능 기술 자체'라고도 표현할 수 있겠다.

❸ 핵 개인의 시대, 인공지능과의 협업

데이터 마이너 송길영은 '시대예보: 핵 개인의 시대(2023)'라는 책에서 요즘 시대를 쪼개지고, 흩어지며, 홀로서는 핵 개인의 시대라 표현한다. 지능화와 고령화가 만나 만들어내는 이중나선은 시대변화의 방향을 알려주는 중요한 축이며, 이는 결국 인간이 모든 분야에서 신체적 작업을 자동화하는 로봇과 지적이고 창의적인 활동을 자동화하는 인공지능과 공존하게 될 것임을 시사한다.

인공지능과 협력하는 개인의 출현은 과거의 반인반마인 켄타우로스가 아닌, 인간의 절반과 인공지능의 도움을 받는 절반으로 구성된 증강된 인간(Augmented Human)으로서 인류의 새로운 진화를 예고한다.

과거 정보의 비대칭성에 기반한 권위주의 시대가 사라지고, 인공지능의 지원을 받는 개인이 느슨하게 연결된 네트워크를 통해 독립적으로 자립하는 새로운 형태의 개인이 등장하고 있다. 이러한 변화는 OECD 2030이 제시하는 학습 나침반(Learning Compass)에서 역량과 더불어 핵심 개념으로 등장한 학생의 행위 주체성(Student Agency)[2]에 대한 강조와도 맥을 같이 한다 볼 수 있다.

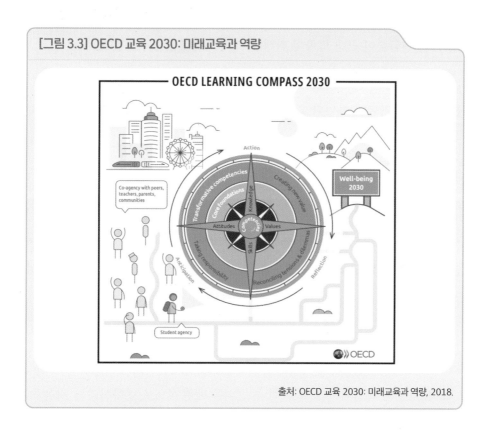

[그림 3.3] OECD 교육 2030: 미래교육과 역량

출처: OECD 교육 2030: 미래교육과 역량, 2018.

기술 발전의 속도와 사회 변화의 추세를 고려할 때, 인공지능은 그 범용성으로 인해 사회의 모든 분야를 재편할 수 있는 강력한 영향력을 가지고 있다. 특히 교육 분야에서 인공지능 기술의 활용을 금지하는 것은 마치 석기시대에서 철기시대로의 큰 도약(Quantum Jump)을 거부하는 것과 감히 비견될 수 있다.

과거, 주술과 과학의 경계에 있었던 연금술은 현대 과학의 엄격한 실험 방법

2 OECD 교육 2030(2018)에 의하면, 세계에 책임의식을 가지고 자신을 둘러싼 사람, 사건, 환경이 나아질 수 있도록 적극적이고 능동적으로 참여하는 것을 의미한다.

과는 거리가 멀었음에도 불구하고, 알코올, 아세트산, 에테르, 질산, 황산 등 중요한 화학 물질의 발견과 실험 도구의 개발 및 개선에 결정적인 역할을 했다. 이는 연금술이 근대 화학의 탄생에 크게 기여했음을 의미한다.

세상의 모든 물질을 금으로 만드는 만능의 기술은 없다. 마찬가지로 인공지능은 만능의 기술이 아니다. 그렇다고 해서 인공지능이 어떤 분야에도 쓸모없는 무용지물도 아니다. 중요한 것은 인공지능 기술의 장점과 한계를 정확히 이해하고, 재앙이 아닌 축복으로 활용하는 방법을 찾는 것이다. 이제 인공지능과의 협업은 선택의 문제가 아니라 생존의 문제이다. 인공지능을 사용할 것인가, 말 것인가의 논쟁을 넘어서서 교육 안에서 인공지능 기술을 어떻게 통합할 것인지에 대해 교육 당국, 교육 전문가, 현장의 교사들이 함께 고민하고, 전문성을 최대로 발휘해야 할 때임은 물론이다.

❹ 교육 혁신은 곧 자율적 수업 혁신

교육 혁신은 교실에서의 교수·학습 방식을 근본적으로 변화시키는 것을 의미한다. 이는 교사가 가르치는 방법과 학생이 배우는 방법에 실질적인 개선을 가져와야 하며, 결과적으로 교사는 가르침에서 만족감과 성취감을 느끼고, 학생은 미래사회가 요구하는 핵심역량을 주도적으로 획득하게 된다. 따라서, 교육 혁신은 단지 새로운 기술을 도입하는 것에 그치지 않고, 교실 내에서의 교수·학습 방식을 자율적, 근본적으로 변화시키는 것을 포함한다.

이러한 변화를 위한 노력의 일환을 교육부에서는 '디지털 기반의 교육 혁신'이라는 용어로 정의하고 있다. 이러한 변화의 중심에는 지금껏 책의 앞선 부분에서 상세히 살펴보았듯, 단연코 AI 디지털교과서가 있다. 그러나 AI 디지털

교과서가 단순히 AI 기술이 도입된 디지털화된 교과서라는 의미를 갖는 것만으로는 부족하다.

AI 디지털교과서는 교육과정의 재구성, 역량 중심 수업, 과정 중심 평가, 그리고 기록의 일체화를 지원하는 핵심 도구로 자리 잡아야 비로소 본래의 취지가 달성될 수 있을 것이다. 2025년 개발되어 선을 보이게 될 AI 디지털교과서가 다음과 같은 자율적 수업 혁신의 지원 도구 역할을 제대로 할 수 있도록 하기 위해서는 일선 현장의 교사들이 이를 어떻게 활용할지에 대해 심도 있게 고민하는 것이 필수적이다. AI 디지털교과서는 다음과 같은 네 가지 주요 역할을 할 수 있다.

첫 번째로, AI 디지털교과서는 교육과정을 좀 더 학생 맞춤형으로 유연하게 재구성하는 데 기여할 수 있다. 이는 자체적으로 탑재된 다양한 교수·학습 콘텐츠들을 데이터베이스(DB)로 구축하고, 이를 기반으로 인공지능을 활용하여 학생들의 현재 상황에 맞는 적절한 자료를 추천함으로써 가능하다. 교사들은 인공지능이 제안한 자료를 기반으로 학습 자료를 추가하거나 수정하고, 학습 순서를 조정하여 학생들에게 적용할 수 있다. 이러한 과정을 통해 학생들은 자신의 관심사와 필요에 맞춰 학습할 수 있으며, 교사는 학생 개개인의 학습 수준과 속도를 고려한 맞춤형 교육을 제공할 수 있다.

두 번째로, 역량 중심 수업 및 과정 중심 평가 지원 역할이다. AI 디지털교과서는 학생들의 역량을 중심으로 한 수업을 가능하게 하며, 학습 과정 자체를 중시하는 평가 방식을 지원할 수 있다. 학생들은 수업 중, 핵심 개념이나 원리를 탐구하며, 이를 내재화하여 자신의 것으로 만드는 과정이 필요하다. 그리고 자기화한 개념을 실제 삶의 맥락 속에 활용하는 과정을 통해 역량을 길러나갈 수 있게 된다. 배움의 과정에서 중요한 것은 각 단계에서 즉각적인 피드백을 통해 학습의 빈틈을 메우는 것이다. 학생들은 자신의 학습과정 속에서 무엇이 부족한지를 즉각적으로 진단받게 되며, 이러한 진단을 기반으로 자신의 부족한 개념을 채우고, 내재화하여 실제 삶의 맥락에 전이할 수 있는 힘을 얻게 된다. 현재까지 대부분의 AI 코스웨어들은 이러한 수준별 문제 풀이를 통한 개념 보완 정도의 수준에 머무르고 있다는 비판을 받기도 하지만, 2022 개정 교육과정이 궁극적으로 추구하는 핵심역량을 획득하기 위해서는 개념 기반의 탐구학습이 이루어져야 한다는 점에서 현 수준의 AI 코스웨어들도 학생들의 개념 형성 및 보완에 일정 부분을 기여할 수 있다. 현장의 교사들이 학생들의 개념을 형성시키는 데 있어 AI 디지털교과서를 효과적으로 활용한다면, 교사들은 교수·학습 과정 중에 학생들이 실제 삶의 맥락에서 배움을 활용할 수 있는 기회를 제공하여 학생들의 역량을 함양하는 데 더욱 집중할 수 있을 것이다.

세 번째로, 체계적인 학생 데이터의 기록 및 분석 역할이다. 학생 데이터를 체계적으로 기록하고 분석하는 것은 AI 디지털교과서의 중요한 기능 중 하나이며, 이를 통해 각 학생의 학습 이력과 현재 상태를 명확히 파악하는 데 도움이 된다. 교사는 이 정보를 활용하여 학생들의 학습 진도와 이해도를 실시간으로 확인하고 적절한 조치를 취할 수 있으며, 이는 교육 효과를 극대화하는 데 매우 유용하다. 데이터의 지속적인 축적과 기술의 발전으로 인해 AI 디지털교과서의 기능은 앞으로 더욱 향상될 것으로 기대된다. 또한, AI 디지털교과서에서 제공하는 기록을 나이스(NEIS)에 학생 개별 평가 결과를 기록하는 초안으로 활용하고, 평가 결과를 가정에 쉽게 전달할 수 있는 방안을 교사들이 고민한다면, AI 디지털교과서의 활용도는 더욱 증가할 것으로 예상된다.

네 번째로, 맞춤형 개별화 학습 지원 역할이다. AI 디지털교과서는 학생들 각자의 학습 수준과 속도에 맞춰 개별화된 학습 경험을 제공할 수 있는 잠재력을 가지고 있다. 물론 현재는 비슷한 수준의 문제를 제공하거나 학생의 특성을 고려하지 않고 난이도를 조절하는 수준에 머무르는 경우도 있어 비판을 받기도 한다. 그러나 학생들에게 단계별 학습의 기준이 될 수 있는 맞춤형 콘텐츠를 상황별로 제공하고, AI 튜터 기능을 통한 즉각적인 비계(Scaffolding)의 역할을 해줄 수 있다는 점에서 학생들의 자기주도적 학습을 촉진할 수 있다는 장점이 있다. 교사들이 AI 디지털교과서의 맞춤형 개별화 학습 지원 기능을 십분 활용하고, 각 학생들의 인지적 특성, 정의적 특성, 학습 메커니즘에 대한 총체적 이해를 더한다면 현재 상태에서도 교육적으로 큰 효과를 기대할 수 있다.

AI 디지털교과서를 전술한 네 가지의 교수·학습 지원 도구로서 효과적으로 활용하기 위해선, 교사들이 이 도구의 장단점을 정확히 파악하고, 그 활용법에 대해 심도 있게 고민해야 한다는 점을 다시 한번 강조한다. 이는 AI 디지털교과서를 사용하는 교사의 교수·학습 설계와 디자인에 따라 동일한 도구임에도 불구하고 교육적 활용도와 효과가 크게 달라질 수 있기 때문이다. AI 디지털교과서의 이러한 특징은 교사의 교수·학습 설계 능력을 향상시키는 데 기여하며, 이는 기술이나 도구 중심이 아닌 본질 중심의 교수·학습 혁신으로 나아갈 수 있게 하는 매우 긍정적인 현상이라 할 수 있다.

2 AI 디지털교과서 정책에 대한 현실적 우려와 극복

❶ 스톡데일 파라독스(Stockdale Paradox)

앞서 살펴본 바와 같이 AI 디지털교과서의 도입은 최근 우리나라 교육 정책에서 디지털 기반 교육 혁신의 중심 요소로 자리 잡고 있음을 볼 수 있다. 이는 정책적인 측면에서 AI 디지털교과서라는 도구가 교육 전문가인 교사에게 제공되어 교실 내 교수·학습 방식의 근본적인 변화를 이끌어낼 수 있는 중요한 역할을 할 것이라는 기대를 담고 있다. 그러나 AI 디지털교과서 정책에 대해 다양한 현실적인 우려와 비판적인 시각이 존재하는 것도 사실이다. 이러한 우려를 극복하고, 현실적인 인식을 바탕으로 문제를 해결하기 위해서는 스톡데일 파라독스(Stockdale Paradox)의 관점을 적용할 필요가 있다고 볼 수 있다.

[그림 3.4] 제임스 스톡데일

출처: 나무위키, 2023.

스톡데일 파라독스는 미 해군 제임스 스톡데일 제독이 베트남 전쟁 중 포로로 잡혀 8년 동안 베트남의 포로수용소에서 고난의 시간을 보낼 때의 경험에서 유래되었다. 스톡데일 제독은 스톡데일 파라독스를 통해 포로수용소에서 '내일이면 풀려나겠지'라고 단순히 기대만 하는 낙관주의자들이 살아남는 데 실패했으며, 현실을 냉정하게 직시하고 인정하면서도, 장기적으로는 긍정적인 결과를 믿는 태도를 갖는 것이 매우 중요함을 말해주고 있다. 즉, 스톡데일 파라독스는 냉정한 현실 인식과 미래에 대한 낙관적인 신념을 동시에 가지는 낙관적 현실주의의 교훈을 우리에게 일깨워준다. 그렇다면 AI 디지털교과서의 냉정한 현실과 우려는 무엇이며, 이를 극복하기 위해 교사가 가져야 할 태도는 무엇인지 알아보자.

❷ AI 디지털교과서가 도깨비방망이가 될 수 있을까?

AI 디지털교과서를 활용한 교육이 추구하는 궁극적인 목표가 무엇인지에 대해 묻는다면 단연코 학생 개별 맞춤형 학습이라 답할 수 있을 것이다. 1984년, 벤자민 블룸(Benjamin S. Bloom)은 2 시그마 문제를 통해 전통적인 교실 수업과 비교했을 때 1:1 맞춤형 학습이 학생들의 성취도를 평균적으로 +2 표준편차만큼 향상시킬 수 있다고 주장했다.

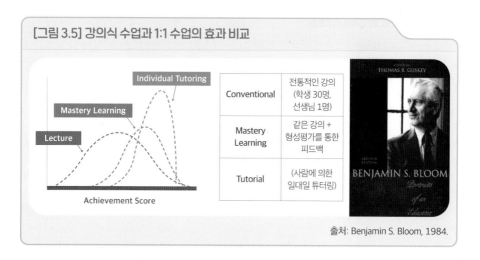

[그림 3.5] 강의식 수업과 1:1 수업의 효과 비교

출처: Benjamin S. Bloom, 1984.

1:1 맞춤형 학습은 교사가 학생 한 명 한 명의 필요와 속도에 맞춰 교육을 진행할 수 있어 학생들의 학습 효과가 크게 향상될 수 있다는 점은 많은 이들이 공감할 수 있을 것이다. 그러나 비용, 인력, 시간 및 공간의 제약으로 인해 이러한 학습 방식을 실현하는 것은 어려운 과제였다. 이제는 인공지능 기술과의 결합을 통해 1:1 맞춤형 학습의 가능성을 탐색하는 현재 단계에 도달했다.

AI 디지털교과서가 추구하는 맞춤형 개별화 학습은 개별화된 상호작용을 기본으로 한다. 이는 학생이 자기주도 학습이라는 이름 아래 동형 문제 풀이에만 몰두하는 것이 아니라, 교사와 학생, 그리고 학생 간의 상호작용을 통해 적절한 피드백과 함께 배움이 이루어지도록 하는 것이다.

[그림 3.6] 역사 속 티칭머신과 한계

시드니 프레시의 티칭머신(1926)

스키너의 티칭머신(1958)

컴퓨터 보조 수업(Computer-Aided Instruction, 1980)

역사적으로, 기계는 기능상 한계에 봉착했습니다.

1926년 시드니 프레시(Sydney Pressey)의 티칭머신, 1958년 스키너(Skinner)의 티칭머신, 1980년대에 처음 도입된 컴퓨터 보조 수업(Computer-Aided Instruction) 등은 기계를 통한 개인화 학습의 역사가 오래되었음을 보여준다. 이와 동시에 과거의 티칭머신들이 실패한 이유가 즉각적인 피드백을 주는 데에는 성공했지만, 구체적인 피드백과 상호작용을 개별적으로 제공하지는 못했기 때문이었다는 사실을 우리에게 알려준다. 그러므로 현 시점에서는 인공지능이 수준별 문제풀이식 접근을 담당하는 하이테크(High-Tech)의 역할을 하고, 교사는 수업 중 개별화된 상호작용을 담당하는 하이터치(High-Touch)의 역할을 맡을 것으로 예상된다.

하지만 많은 이들이 AI 디지털교과서가 에듀테크 대표 네 가지 기능인 학습 콘텐츠, 소통, 창작, 관리[3]를 올 인원(All-in-one)으로 통합할 수 있기를 내심 기대하고 있다. 1~2개로 대표되는 특정 핵심 기능만을 제공하는 다양한 에듀테크 도구 활용 경험이 축적되면서 AI 디지털교과서를 바라보는 교육자들의 기대치가 높아지고 있는 상황이다. 그렇다면 많은 이들의 바람대로 AI 디지털교과서가 과연 만능의 도깨비방망이가 될 수 있을까? 필자는 AI 디지털교과서가 만능의 도깨비방망이가 되기를 바라기보다는, 골리앗을 이긴 다윗의 무릿매(Slingstone)와 돌을 기억하는 것이 어떨지 제안한다.

[그림 3.7] 다윗과 골리앗

출처: Wikipedia, 2023.

3 한국교육학술정보원(2023). 에듀테크 수업 활용 가이드북(2023년 개정판).

성서에 보면 다윗은 자신이 가장 능숙하게 다루는 무기인 무릿매와 돌을 이용하여, 도저히 이기기에 불가능해 보이는 골리앗을 물리친다. 이러한 행동을 가능하게 한 것은 그의 용기와 지혜, 그리고 골리앗의 이마를 정확히 맞출 수 있다는 확고한 믿음이었다. 실제로 다윗은 아버지의 양 떼를 야생 동물로부터 보호할 만큼의 역량을 갖춘 목자였다. 이 믿음은 막연한 희망과 운에 기댄 것이 아니라 다윗 자신이 목동 역할을 충실히 해오며, 맹수로부터 가축들을 지켜 낸 자신의 경험이 증거가 되어 표현된 실력이었다. 다윗은 어찌보면 평범한 무릿매와 돌을 가지고, 골리앗이 아니라 또 하나의 맹수를 다룬 것이라고도 볼 수 있다.

마찬가지로 교사에게 있어 좋은 수업은 달성해야 할 목표이자, 다뤄야 할 맹수이기도 하다. 도깨비방망이와 같은 AI 디지털교과서가 나오지 않더라도, 평범하고 일반적인 종이나 연필 또는 아주 간단한 디지털 도구 하나만을 사용하여도, 중요한 것은 수업을 잘 다루고 요리하는 것이다. 어느 한 교사가 좋은 수업 설계를 할 줄 안다면, AI 디지털교과서 하나만으로 수업을 끝내버리려는 시도는 하지 않을 것일 텐데, 그 이유는 모든 문제를 단번에 해결할 수 있는 만능열쇠는 세상에 존재하지 않기 때문이다. 다만, AI 디지털교과서에게 무릿매와 돌의 역할은 충분히 기대해볼 수 있을 것이다.

다시 다윗의 이야기로 돌아가 보자. 다윗이 전투에 나가기 전에 사울왕이 다윗에게 갑옷과 투구, 무기들을 주는 장면이 나오는데, 다윗은 이를 거부하고, 자신에게 가장 편하고 자연스러운 무릿매와 돌만 갖고 나선다. 마찬가지로 교사들도 막상 수업에 임할 때, 다윗과 같은 선택을 하는 것을 보게 된다. 즉,

'빈도(Frequency)'가 아니라 '강도(Intensity)'[4]가 중요함을 아는 교사들은 막상 수업을 할 때에 성취기준과 학습 목표를 달성함에 있어서 본인이 가장 자신 있게 다룰 수 있는 에듀테크 도구를 한정해서 사용한다.

AI 디지털교과서가 만능의 도깨비방망이 대신에 현재로서는 무릿매와 돌의 역할 정도를 수행하는 것을 기대해도 충분할 것으로 생각된다. 교사들이 AI 코스웨어를 통해 익힌 무릿매 질을 통하여 수업 중 가장 자신 있게 활용할 수 있는 효과적인 도구로 AI 디지털교과서를 꼽을 수 있게 된다면 그것이 가장 이상적인 상황일 것이다.

❸ 정책 수립의 타당성과 대의명분만으로 충분할까?

인공지능 기술을 활용한 맞춤형 개별화 학습의 당위는 매우 타당하며, 논박의 여지가 크게 존재하지 않는다. 그런 의미에서 인공지능 기술을 활용한 맞춤형 개별화 학습을 실현하고, 디지털 기반 교육 혁신의 핵심 도구로서 AI 디지털교과서를 개발하여, 일선 학교에 보급하는 정책은 그 자체로서 타당하며 환영할 만한 일이다. 하지만 정책 수립의 타당성과 대의명분만으로 AI 디지털교과서 정책을 설명하고, 교육 관계자들과 현장의 교사들을 설득하기에는 분명히 한계가 존재한다. 학교 현장은 매우 다양한 상황과 환경, 맥락 등을 품고 있으며, 같은 도구라 하더라도 활용하며 전유(Appropriation)하는 양상이 매우 다를 수 있다. 그러므로 AI 디지털교과서를 개발하기에 앞서 다양한 교수·학습 상황과 교육적 환경을 고려하여야 함은 물론이며, 개발 과정 중에서도 꼼꼼하

---

4 주정흔(2022). 개별 맞춤형 인공지능(AI) 활용교육의 가능성과 과제. 서울특별시교육청교육연구정보원.

고도 치밀한 현장 적합성 검증을 다방면으로 거쳐야 할 필요가 있다. 즉, 디지털 교육 혁신의 당위에 지나치게 기댄 나머지, '어떻게'가 충분히 논의되지 않은 상태에서의 배치와 확산은 문제가 있을 수 있다.

이러한 점을 극복하기 위해서 당위의 차원을 넘어서서 학교 교육 안에서 AI 디지털교과서가 어떻게 통합되고, 포섭될 수 있을지에 대한 고민할 수 있는 시간들이 충분히 확보되어야 할 필요가 있다. 결국, AI 디지털교과서의 물리적인 사용 자체가 디지털 교육 혁신을 담보하는 것이 아니라, AI 디지털교과서를 활용한 일상적인 교육 활동에서의 경험과 지식의 축적, 그리고 시행착오를 겪는 과정에서 교육 혁신이 이루어진다. 즉, 추상적인 정책적인 구호가 아니라, 실제 실행과 실천을 통한 현실적 논의가 필요하며, 이를 위해서는 발 빠른 노력과 더불어 충분한 시간이 요구된다.

또한, 교사들에게 인공지능 기술과 AI 디지털교과서 활용 맞춤형 개별화 교육에 대한 신뢰와 마음의 동의가 우선 확보되어야 한다. 교사들에게 테크놀로지는 도구적 합리성보다 정서적 합리성이 우선함을 인지하고, 새로운 도구가 주는 낯섦과 거부감을 최소화할 수 있도록 매력적인 요소를 최대한 어필할 필요가 있다(주정흔, 2022).

❹ 윤리적 쟁점을 관리하고 감독할 규정이 충분한가?

AI 디지털교과서의 도입과 활용에 있어 윤리적 쟁점을 관리하고 감독할 규정의 부족이 문제로 지적되고 있다. AI 기술은 아직 완벽하지 않다는 점에서 기술적 한계가 분명히 존재하므로 AI 기술의 사용은 개인정보 보호, 데이터의 안전한 관리, 그리고 학생들에 대한 공정한 대우와 같은 윤리적 문제를 수반할 수 있다. 예기치 않은 오류나 문제 발생 가능성이 있으며, 이는 교육과정 실행 중 학생들의 심리나 정서에 부정적인 영향을 줄 수 있다. 또한 학생의 학습 데이터가 대량으로 생성된 후, 이를 어떻게 관리하고 감독할지에 대한 구체적인 규정이나 대책이 부족한 상황이다. 빠르게 기술을 도입하여 실현하는 것에 주된 초점을 맞춘 나머지, 사안 발생 후, 약방문 식의 대응이 되어서는 곤란할 것이다. 윤리적 쟁점에 적절히 대응하고, 관리·감독할 수 있는 여건과 기반을 마련하는 데에도 못지않은 관심과 촘촘한 지원이 필요하다.

⑤ AI 디지털교과서가 교육의 질을 담보할 수 있는가?

AI 디지털교과서를 통해 수업이 어떻게 바뀌는지에 관한 상세한 연구나 논의가 아직 충분하지 않다. 박주용(2023)에 의하면 수업 시간에 AI 디지털교과서로 학습한 후, 빠른 학습자들은 토의·토론이나 논술 등의 심화 과제를 수행하고, 어려움을 겪는 느린 학습자들은 다른 추가 보완 과제를 통해 학습을 진행하게 된다고 한다. 그러나 자칫 느린 학습자들은 핵심 개념 이해를 바탕으로 한 상호작용에서 완전히 배제될 위험이 있으며, 이들이 수업 시간 내내 단지 개념 보완을 위한 개별 학습에만 몰두하게 될 수 있다는 우려가 있다. 교사 입장에서는 느린 학습자들을 포함한 모든 학습자들의 수업 중 상호작용을 증진시킬 방안을 모색해야 하며, 이를 위해 빠른 학습자와 느린 학습자 집단을 동시에 효과적으로 지도할 수 있는 방안에 대한 지침이나 가이드라인이 필요한 상황이다.

또한, 학생들이 역량을 함양하기 위해서는 적절한 난이도의 내용을 학습하며 개념적 이해(Conceptual Understanding)에 다다르도록 충분히 생각해보는 것이 필수적이지만, AI 디지털교과서 내의 AI 튜터 기능이 학생들의 즉각적인 질문에 대해 언제나 답변을 제공한다면, 이는 학생들의 학습 능력 저하로 이어질 수 있다. 따라서 디지털 교육과 아날로그 교육의 효과성에 대한 면밀한 연구와 검토가 필요하며, 디지털 교육 방식이 모든 상황에 완벽한 해결책이 아니라는 것을 인식하고, 전통적인 아날로그 교육 방식의 유익한 측면을 통합하는 노력이 필요하다.

이에 더해, 학습 동기 면에서 교사의 학습 안내와 모니터링, 피드백이 없는 AI 학습 플랫폼[5] 활용은 성취동기가 이미 형성되어 있는 소수의 학습자들에게만 의미가 있었다는 연구 결과가 있다. 또한, 현재 AI 코스웨어가 제공하는 학습은 반복 학습을 통해 숙달과 습관을 형성하는 데는 도움이 되지만, 그 자체로 진정한 개념적 이해나 전이 학습을 가능하게 하는 배움을 제공하지 못함이 지적되기도 하였다.

마지막으로, 미국의 자율형 공립학교인 카르페 디엠 차터스쿨의 사례에서 볼 수 있듯이, 기술을 기반으로 한 개별화된 수업 방식이 모든 학생에게 효과적이지 않아 졸업생들의 성취도가 기대에 미치지 못한 경우도 있다.[6] 이는 맞춤형 학습 방식이 일부 동기 부여가 높은 학생들에게는 유익할 수 있으나, 대다수의 학생들에게는 적합하지 않다는 결론을 내리게 하며, 이러한 방법이 디지털 격차를 더욱 심화시킬지, 아니면 해소하는 데 도움이 될지에 대한 깊고

---

5   인공지능 기술을 활용하여 개인별 맞춤형 학습 경험을 제공하는 시스템을 의미한다. AI 학습 플랫폼은 학습 경험 전반을 개인화하고 관리하는 데 중점을 두는 반면, AI 디지털교과서는 특정 교과 내용의 학습을 지원하는 데 초점을 맞춘다.

6   성기선(2024). 공영형 협약학교, 실패한 미국 차터스쿨을 본 받으려는가. 교육플러스. Retrieved from https://www.edpl.co.kr/news/articleView.html?idxno=9173

추가적인 질적, 양적 효과성 검증이 요구된다.

이상에서 살펴보았듯, 이러한 우려들은 AI 디지털교과서를 활용한 교육이 효과적으로 이루어지기 위해 선결되어야 할 중요한 핵심 질문들이다. 현실과 이상의 간극을 좁히기 위해서는 이러한 문제들을 신중하게 고려하고, 이를 해결하기 위한 적절한 정책과 연구, 규제, 그리고 지원 체계 등을 촘촘히 마련하는 것이 시급하다.

3 인공지능 시대, 교육 혁신의 핵심이자 주체로서의 교사

❶ 새로이 요구되는 교사의 역량

학교의 디지털 전환 과정에서 인공지능 기술은 학생들에게 맞춤형 교육을 제공하는 데 큰 도움이 될 것으로 보인다. 이러한 변화 속에서 교사는 인공지능에게 모든 교육과정을 맡기기보다는, 인공지능을 효과적으로 활용하여 이전보다 효과적인 교수·학습이 전개될 수 있도록 노력할 필요가 있다. 새 술은 새 부대에 담아야 하듯이, AI 디지털교과서를 활용하는 교사에게는 단순한 지식 전달자를 넘어 기대되는 새로운 교사 역량들이 있다. 책에서 전술했듯, 교수·학습 설계자, 사회 정서적 지도자, 상호작용 촉진자 등의 역할이 바로 그것이다.

먼저 교사는 교수·학습 설계자이자 디자이너(Designer)로서의 전문성이 한층 더 강조될 전망이다. 교육과정은 학생들의 교수·학습의 과정에서 겪게 되는 교육적 경험의 총합이다. 교사는 교육과정에서 인공지능 활용이 필요한 성취기준을 선별하여, 교육과정을 재구성할 수 있는 능력이 요구된다. 또, 인공지능을 활용하여 개별화 학습(Personalized learning)을 설계하며 학생 스스로 주도성을 갖고, 배움에 임하는 것을 촉진할 수 있는 역량을 갖출 필요가 있다. 즉, 교사가 교사별 교육과정을 운영하며 인공지능 기반의 데이터 분석 결과로 얻게 되는 학습자의 진단과 그에 적응적으로 설정되는 학습 경로(Course Work)를 세심하게 조정하여 최적의 학습 과정을 설정할 수 있어야 한다. 이를 위해서 인공지능이 추천해주는 콘텐츠 초안을 바탕으로 교사의 전문성 한 방울이 녹아 들어간 방법론과 콘텐츠를 가미함으로써 적절히 큐레이션(Curation) 할 수 있는 역량이 필요하다. 또한, 과정 중심 평가와 그에 따른 피드백을 통해 학생들이 자기 주도적 학습이라는 이름하에 고립되는 것이 아니라 교사와 학생 간, 학생과 학생 간, 교사와 학생 및 학부모 간 상호작용을 촉진하기 위한 다각적인 방법을 모색할 수 있어야 한다. 이렇듯 교수·학습의 설계자이자 디자이너로서의 교사 역할이 일상화된 수업으로 정착되어 구현된다면 이것이 곧 집밥 같은 수업을 가능하게 하는 수업 루틴이 되고, 교사 포트폴리오가 되며, 하나의 교사 교육과정으로 자연스럽게 이어질 수 있게 된다.[7]

두 번째로 교사의 사회 정서적 지도자로서의 역할이 강조된다. 교사는 기존의 지식 전수자로서의 역할에서 벗어나 사회 정서적 지도자로서 학생들이 감정을 이해하고 관리하며, 타인과의 관계를 건강하게 유지할 수 있도록 지원할 수 있어야 한다. 인공지능 기술을 활용한 교육 환경에서도 학생들의 사회 정서적 발달은 하이테크(High-Tech)만으로 대체 불가능한 하이터치(High-Touch)의 중요한 부분으로 남아 있다.[8] 교사는 학생들이 온·오프라인을 넘나들며 상호

---

7   유영식(2020). 수업 잘하는 교사는 루틴이 있다. 테크빌교육(즐거운학교).

8   이주호, 정제영, 정영식(2021). AI 교육혁명. 시원북스.

작용하는 와중에도 긍정적인 사회적 관계를 형성하고 유지할 수 있도록 도움을 주는 사회 정서적 지원자이자 감정 코치로서의 전문성을 발휘해야 한다. 이러한 전문성을 발휘하기 위해 인공지능 기술을 물론 활용할 수 있으며, 대표적인 사례로 영국의 한 초등학교에서 77명을 대상으로 실시된 iTalk2Learn 인공지능 튜터링 시스템을 꼽을 수 있다.[9] 이 시스템은 학생들이 대화를 통해 학습하는 동안 학생의 목소리로부터 감정 상태를 분석하여, 그에 맞는 정서적 피드백을 제공함으로써 학생들의 학습 성과와 과제 수행 지속율을 향상시켰고, 지루함과 같은 부정적 감정을 느끼는 빈도를 줄였다.

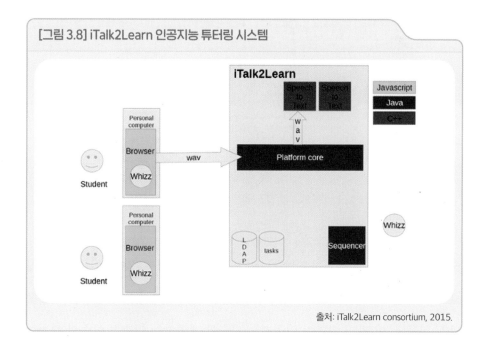

[그림 3.8] iTalk2Learn 인공지능 튜터링 시스템

출처: iTalk2Learn consortium, 2015.

9 iTalk2Learn consortium(2015). Talk, Tutor, Explore, Learn: Intelligent Tutoring and Exploration for Robust Learning. Retrieved from https://www.italk2learn.com

Microsoft EDU가 선보인 Reflect는 학습자의 기분과 의욕이 언제 높은지를 모니터링할 수 있으며, 학생 데이터를 통해 특별한 주의가 필요한 시간과 영역을 식별하는 데 도움을 준다. 또한, 개인의 웰빙 요구에 맞는 맞춤형 지원도 제공되어 관심을 받고 있다.[10]

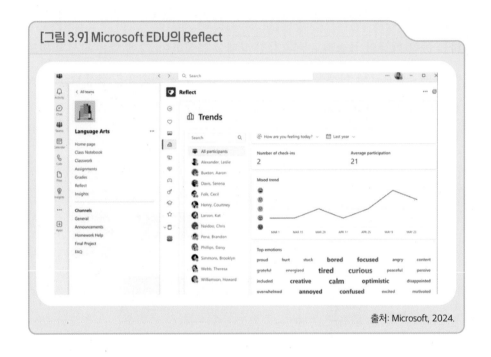

[그림 3.9] Microsoft EDU의 Reflect

출처: Microsoft, 2024.

세 번째로 교사는 상호작용 촉진자로서 중요한 역할을 수행한다. 교사는 상호작용 촉진자로서 학생들 사이의 의미 있는 대화와 협력을 촉진하는 역할을 맡게 되는데, 이 말의 의미는 인공지능 기술이 제공하는 맞춤형 학습의 경험이 학생 자신의 학습 속도와 스타일에 맞춰 학습할 수 있도록 돕는 데에서 머무르

---

10 Microsoft(2024). Microsoft Reflect: A wellbeing app to support connection, expression, and learning. Retrieved from https://reflect.microsoft.com

는 것이 아니라, 학생들이 서로 소통하고 협력하는 과정에서 학습할 수 있도록 격려해야 함을 의미한다. 이를 위해 교사는 학생들이 팀 프로젝트, 토론, 그룹 활동을 통해 아이디어를 나누고 다양한 시각을 이해하도록 지원하는 역할을 맡는다. 즉, AI 디지털교과서를 활용하는 교육은 단순히 개념을 익히는 데 그치지 않고, 배운 내용을 자신의 것으로 내면화하여 실생활에서 협력과 소통을 바탕으로 활용할 수 있도록 지원함으로써 지식의 실질적인 전이와 영속적 이해(persistent understanding)[11]를 촉진하는 것이 목표인 것이다. 이는 영속적 이해를 촉진하기 위해 학생 주도성을 강조하고, 학습자 맞춤형 교육을 제공하며, 교과별 핵심역량을 갖출 수 있도록 하는 2022 개정 교육과정의 방향과도 일맥상통하다 할 수 있다. 학생들이 AI 디지털교과서가 제공하는 일련의 코스워크를 자기주도적으로 학습하고, 서로 협력적인 의사소통을 통해 학습을 더욱 풍부하고 깊이 있는 이해로 발전시키기 위해서는 상호작용 촉진자로서의 교사의 역할이 점점 더 중요해진다.

사실 이외에도 교사에게 필요한 역량은 인공지능 활용 데이터 해석 및 데이터 기반 피드백, 인공지능 및 에듀테크 기술적 문제해결, 인공지능 기반 에듀테크 활용, 인공지능 활용 교육 전문성 개발 등으로 다양하며,[12] 세부적으로 접근하면 이 글에서 모두 다루기 어려울 정도이다.

결국, 교육의 본질로 돌아가면 우리는 '무엇을 어떻게 가르칠 것인가?'라는

---

11 학습자가 학습한 내용을 단순히 암기하는 것을 넘어서서 깊이 있게 이해하고, 그 지식을 새로운 상황에 적용하거나 문제를 해결하는 데 사용할 수 있는 능력을 의미한다.

12 이동국, 이은상, 이봉규(2021). 인공지능(AI) 활용 교육을 위한 교사 역량 도출 연구. 충북교육정책연구소.

질문과 마주하게 된다. 그리고 이 질문은 AI 디지털교과서 시대를 맞아 '인공지능 도구를 활용해 무엇을 어떻게 가르칠 것인가?', '무엇을 가르치는 데 있어서 인공지능 도구가 과연 효과적인가?', '인공지능 도구의 활용이 학생들의 배움과 실제 역량 개발에 도움이 되는가?'라는 질문으로 변화하며, 이에 대한 새로운 답변을 우리에게 요구하고 있다.

❷ 디지털 기반 교육 혁신의 열쇠가 된 교사의 역할

현재 AI 디지털교과서에 탑재된 인공지능 기술이 실제 학생들의 특성을 심도 있고 면밀하게 이해한다고 보기에는 어렵다. 즉, 겉으로 드러난 학생들의 외연적인 증상들에 주의를 기울일 수 있을 뿐이지, 실질적이면서도 다차원의 요소들이 얽혀있는 근본적인 원인을 기반으로 처방을 내려주는 만능의 인공지능 기술은 존재하지 않는다. 이러한 기술의 맹점을 보완하고, 교육적인 판단을 내리기 위해서는 교사의 역할이 중요하다. 교사들이 더욱 훌륭한 교사가 될 수 있도록 돕는 인공지능 활용 도구가 필요하며, 이러한 도구들의 개발을 위해서는 교육자가 단순 사용자로서가 아니라 개발자로 함께 참여하며 만들어갈 수 있어야 한다. 즉, 교육의 변화, 교육의 혁신을 AI 디지털교과서를 비롯한 디지털 기술을 기반으로 이루어내고자 할 때, 교사는 인공지능 기술자나 개발자들이 교육 담론을 주도하지 않도록 주의해야 하며, 인공지능 기술자들이 실제 교육 문제들이 무엇인지 이해할 수 있도록 도울 필요가 있다. 즉, 교사는 교육 혁신의 핵심이자 주체로서 AI 디지털교과서가 교실 수업에 미칠 파급력을 생각하며, 학생들과 교사들을 고양하고, 학생들의 주도성을 촉진할 수 있는 방향으로 AI 디지털교과서 및 에듀테크 기반 서비스를 활용해야 한다.

인공지능은 놀라운 잠재력을 가진 도구임에 틀림없으나, 분명 한계를 가진 도구이기도 하다. 그런 의미에서 특별히 AI 디지털교과서 활용의 관점에서도 근본적인 문제를 잊어서는 안 되며, 교사가 디지털 교육의 혁신에서 중심적인 역할을 하며 주도권을 가져야 한다는 점이 매우 중요하다. 특히 기술이 급속도로 발전하고 있는 현재와 같은 상황에서는 기존의 교사 역량 강화를 위한 하향식 모델이 한계에 부딪힐 수밖에 없다. 인공지능의 핵심 기술 중 하나인 딥러닝은 그 작동 원리가 블랙박스로 남아 있어, 심지어 모델을 설계한 사람들조차도 주요 사용 방법을 제대로 모르는 경우가 많다. 따라서 기술을 활용하는 데 있어서 교육자들이 엔드 유저(End User)이자 지식을 전달하는 사람으로서, 선험적 지식과 경험을 신속하게 축적하는 것이 필수적이다. 이를 위해 자발적인 교육 커뮤니티를 통한 연구, 신속한 기여, 연결 및 성장의 긍정적인 순환을 이루는 것이 중요하다(김진관, 2024).

현재 융합 교육과 소통을 저해하는 요인으로 작용하는 교과별, 직급별, 성별, 연령별 사일로 효과(Silo Effect)를 제거하기 위해서는 서로 공동으로 공유할 수 있는 목표가 필요하며, 인공지능 기술이 이러한 목표가 될 수 있는 잠재력이 있다. 인공지능 기술의 급격한 발전의 시기에는 교육에 접목된 유용한 인공지능 도구와 서비스 활용법 소개 및 공유뿐 아니라 현대 인공지능 기술 발전의 근간인 오픈소스 문화가 가진 개방성, 투명성, 상호공유, 협력 등의 가치에 대한 강조가 못지 않게 필요하다. 인공지능 기술 발전의 근간인 오픈소스(Open Source) 정신은 고착된 교직 문화와 풍토를 혁신하는 데 긍정적인 영향을 줄 수 있다(김진관, 2024). 교사가 인공지능 시대의 교육 혁신을 주도하고 실천할 때, 그 변화가 실현될 수 있음은 물론이다.

4 AI 디지털교과서의 성공적 적용을 위한 제언

이제껏 살펴본 바와 같이, AI 디지털교과서를 활용한 개별 맞춤형 인공지능 활용 교육의 가능성을 공교육 안에서 실현하기 위한 정책적 노력이 전방위적으로 진행되고 있다. 디지털 전환 교육의 당위와 명분에 기반한 정책적인 선언은 이미 충분하며, 정책적 선언과 대의만으로는 설득의 한계가 있다는 점도 명확하다.

학교 현장의 맥락과 상황 속에서 개별 맞춤형 인공지능 활용 교육이 어떤 인공지능 학습 플랫폼 및 AI 코스웨어를 통해 어떻게 운영되고 있는지, 현재의 한계와 앞으로 해결해야 할 과제는 무엇인지를 질문하고 구체화하는 것이 필요하다. 이를 위해서는 현실적인 문제를 인식하고 개선을 추구하는 스톡데일 파라독스의 지혜가 다시 한번 요구된다.

❶ 선택과 집중에 기반한 고도화

AI 디지털교과서가 반드시 수행해야 하는 핵심은 '관찰 - 분석 - 진단 - 추천'의 과정을 통해 학생의 강점과 약점을 파악하여 학생에게 적합한 학습 경험을 추천해주는 것이라 볼 수 있다. 여기에서 인공지능의 추천은 학생의 개별화된 학습 경험을 초안으로 제공한다는 의미이지, 그 자체 그대로 실행되어야 함을 의미하지는 않는다.

AI 디지털교과서의 가치와 효용성은 학생 데이터의 수집 및 명확한 진단으로부터 나온다. 이 부분이 '반드시'의 영역이 될 것이고, 그 외의 기능들은 상대적으로 '심지어 혹은 더불어'의 영역이라 생각해 볼 수 있다. 일례로 학습 콘텐츠, 소통, 창작, 관리는 다른 에듀테크 도구들로도 이미 수행이 가능하다. 다만, AI 디지털교과서가 인공지능을 기반으로 해당 기능들을 올 인원(All-in-one) 으로 통합하여 제공해 주길 바라는 것인데, 이러한 기능은 '심지어 혹은 더불 어'의 영역으로 볼 수 있을 것이다.

학생 데이터의 수집 및 진단이 단순히 문제 몇 개 맞고 틀린 정도를 기반으 로 좀 더 쉽고, 어려운 문제를 단순히 제안해 주는 것이 아니라, 가드너의 다중 지능이론에 근거해 학생의 개별 지능 프로파일을 심층적으로 파악하고, 이에 기반해 학생이 해당 학습 주제를 효과적으로 학습할 수 있는 다양한 방법을 추 천해줄 수 있어야 한다. 이를 위해서는 기술적 상상력과 실제 기술의 점진적 고도화가 필요하다. 이러한 학생 특성에 대한 종합적인 파악이 선행되어야만 '개별화'와 '다원화'에 기반한 학습이 그 효과를 최대로 발휘할 수 있다.

❷ 교수·학습 전(全) 과정을 지원하는 상호작용 촉진의 도구

현재 개발된 프로토타입 형태의 AI 디지털교과서와 기타 인공지능 기반 학 습 플랫폼들은 주로 학생들이 스스로 학습하거나 학습을 보충하는 데에 초점 을 맞추고 있다. 이러한 방식은 사교육 환경에는 적합할 수 있으나 공교육에서 문제풀이식의 인공지능 도구는 궁극적인 방향이 될 수 없다. 따라서, AI 디지 털교과서와 기타 인공지능 학습 플랫폼은 학생과 교사의 상호작용을 돕고, 평 가 및 피드백을 실시간으로 지원해 주며, 다양한 콘텐츠를 생성할 수 있는 기 능을 통해 수업 중에 개념 습득과 역량 함양이 이루어질 수 있도록 최대로 지 원하는 방향성을 가져야 한다.

❸ 2022 개정 교육과정의 방향성에 부합하는 AI 디지털교과서

AI 디지털교과서가 아직 완전한 형태로 등장하지는 않았다. 대략의 희미한 외형을 프로토타입의 형태로 간략히 보여주었을 뿐이다. 기술적으로 고도화해야 할 요소들이 다수 존재한다. 그렇다면 아직 기능적으로 다채롭거나 견고하지 못한 AI 디지털교과서 프로토타입과 AI 코스웨어의 사용법에 초점을 맞추기보다는 AI 디지털교과서의 핵심 기능을 구현해 줄 수 있는 생성형 인공지능 및 기타 에듀테크 도구들을 함께 활용하여 디지털 기반의 수업을 설계하고 실행하는 역량을 먼저 함양해보는 것도 추천할 만하다. 이러한 경우, 관건은 도구들의 연결을 얼마나 효율적으로 통합하여 학생들에게 제시할 수 있느냐에 달려있다. 즉, 접근할 수 있는 경로를 하나로 묶어서 제공할 수 있는 둥지(Nest) 형태의 에듀테크 플랫폼도 사용성의 측면에서 필요해진다.

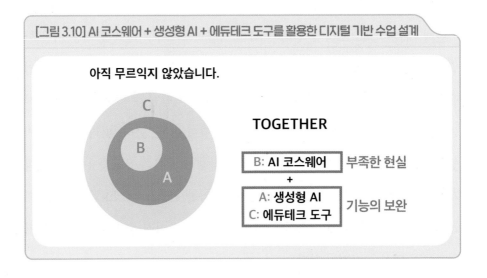

[그림 3.10] AI 코스웨어 + 생성형 AI + 에듀테크 도구를 활용한 디지털 기반 수업 설계

교사가 새로운 기술을 수업에 적용하는 것만으로는 충분하지 않고, AI 디지털교과서를 활용한 수업의 의미와 가치를 이해하고, 이를 자신의 교육 철학과

방법론에 통합하는 것이 필요하다. 이를 위해서는 교사 스스로 AI 디지털교과서를 직접 사용해 보고, 수업에 활용하는 경험이 선행되어야 한다. 교사는 AI 디지털교과서가 제공하는 다양한 기능과 콘텐츠를 직접 경험하고, 이를 통해 학생들의 학습에 미치는 영향을 고민해야 한다. 이 과정을 통해 교사는 AI 디지털교과서의 장·단점을 파악하고, 2022 개정 교육과정이 추구하는 깊이 있는 학습을 위한 효과적인 방안과 수업 노하우를 모색할 수 있을 것이다.

AI 디지털교과서의 활용은 2022 개정 교육과정의 궁극적인 방향성과도 부합한다. 2022 개정 교육과정은 미래사회가 요구하는 역량을 함양하고, 학습자의 삶과 성장을 지원하는 개별화 맞춤형 교육을 지향하고 있다. AI 디지털교과서는 이러한 교육과정의 비전을 실현하기 위한 핵심 도구로써, 학생 개개인의 능력과 수준에 맞는 맞춤형 학습을 제공하고, 교사의 수업 설계를 돕는 역할을 하는 데 충분히 활용될 수 있다. 그러나 AI 디지털교과서를 사용함에 있어서 그 한계와 제한점을 인지하고, 교육의 근본적인 가치를 유지하면서 이를 현명하게 활용하는 것이 필요하다. 예를 들어 AI 디지털교과서는 통계분석 위주의 학생 정보를 제공해 주는데, 이 외에 자기조절능력, 학습 태도 및 습관, 동기, 메타인지 등과 같이 학습분석 데이터만으로는 추출이 어려운 다양한 변인들의 정보 제공을 해주지 못하고 있음을 유의해야 한다(주정흔, 2022).

④ 교사 역량 강화의 체계성 확보

교사의 AI 디지털교과서 활용 역량을 강화하기 위해서는 체계적인 연수 프로그램이 필요하다. 이러한 연수는 이 책에서 전술한 TPACK(Technological

Pedagogical Content Knowledge) 모델[13]을 기반으로, 교과 내용 지식, 교수학적 지식, 테크놀로지 지식을 통합하는 방향으로 설계하여 교사 역량 강화의 체계성을 확보할 수 있다. 무엇보다 중요한 것은 교과 내용, 교수학, 테크놀로지 지식을 통합하여 AI 디지털교과서 활용 교육을 설계하고 실행하는 역량이다. 연수 프로그램은 교사들이 실제 수업 사례를 개발하고 공유하는 과정을 통해 TPACK의 통합을 경험하고 내면화할 수 있도록 지원해야 한다.

이와 같은 TPACK 기반 연수 프로그램을 통해 교사는 AI 디지털교과서를 자신의 교과 특성과 학생들의 요구에 맞게 활용하는 전문성을 개발할 수 있으리라 기대된다. 이를 위해서는 교사 연수 프로그램의 체계적인 설계와 운영, 그리고 교사들의 자발적이고 적극적인 참여가 무엇보다 중요하다 할 수 있겠다.

⑤ 학교 내 디지털 전환을 위한 인프라 구축과 정책적 지원

AI 디지털교과서의 효과적인 적용을 위해서는 학교 내 디지털 전환을 위한 인프라 구축과 정책적 지원이 필수적이다. 학교는 AI 디지털교과서 활용에 필요한 하드웨어와 소프트웨어를 갖추어야 한다. 이는 단순히 컴퓨터나 태블릿 등의 기기 보급을 넘어, 고속 인터넷 환경, 클라우드 기반 학습 플랫폼, 데이터 저장 및 관리 시스템 등을 포함한다. 또한, 학교는 교사들이 AI 디지털교과서를 활용한 수업을 설계하고 실행할 수 있도록 충분한 시간과 공간을 제공해야 한다. 이와 더불어 교사들의 업무 부담을 줄이고, 교사의 연구 활동을 지원하는 제도적 장치가 마련되어야 한다.

---

13   Mishra, P., & Koehler, M. J.(2006). Technological Pedagogical Content Knowledge: A Framework for Teacher Knowledge. Teachers College Record, 108(6), 1017-1054.

교육 당국의 종합적인 지원 정책도 AI 디지털교과서의 성공적인 적용을 위해 중요하다. 교육부와 시·도교육청은 AI 디지털교과서의 개발과 보급을 위한 예산을 확보하고, 교육과정과의 연계성을 고려한 콘텐츠 설계를 지원할 필요가 있다. 나아가 교육 당국은 AI 디지털교과서의 효과적인 활용을 위한 연구와 실험을 지원하고, 우수 사례를 발굴하여 확산하는 노력을 기울여야 한다. 이를 위해 대학, 연구기관, 기업 등과의 협력 체계를 구축하고, 교사들의 자발적인 연구 모임과 학습공동체 활동을 장려해야 한다. 또한, AI 디지털교과서 활용 교육의 성과와 한계에 대한 실증적인 데이터를 수집하고 분석하여, 정책 수립과 개선에 반영하는 선순환의 구조를 만드는 것이 필요하다.

AI 디지털교과서가 교육 현장에 안정적으로 정착되고, 그 효과가 극대화되기 위해서는 학교와 교육 당국의 적극적인 지원과 체계적인 준비가 필요하다. 이를 위해서는 단기적인 성과에 급급하기보다는 장기적인 비전을 가지고, 교육의 본질적 가치를 훼손하지 않는 선에서 AI 기술을 교육에 접목하려는 노력이 절실하다. 학교와 교육 당국이 AI 디지털교과서의 잠재력과 한계를 균형 있게 인식하고, 교수·학습 과정에서의 교사와 학생의 주체성을 존중하는 가운데 디지털 전환을 추진해 나가는 자세가 필요하다.

⑥ 교사를 중심으로 한 학교, 지역사회, 교육 당국 간의 협력

AI 디지털교과서의 성공적인 적용을 위해서는 교사, 학교, 지역사회, 교육 당국 간의 긴밀한 협력이 필수적이다. 이러한 협력은 AI 디지털교과서가 단순한 도구를 넘어 교육 혁신의 촉매제로 작용할 수 있도록 하는 데 핵심적인 역할을 한다.

학교는 교사들의 AI 디지털교과서 활용을 위한 물리적, 제도적 환경을 조성하는 데 주력해야 한다. 학교는 AI 디지털교과서 활용에 필요한 인프라를 구축하고, 교사들의 전문성 개발을 위한 여건을 제공해야 한다. 무엇보다 학교는 교사들이 자발적으로 AI 디지털교과서 활용 연구와 실천을 할 수 있도록 자율성을 보장하고, 이를 위한 시간과 자원을 지원해야 한다. 이를 통해 학교는 AI 디지털교과서를 활용한 디지털 교육의 사례를 축적하고, 그 교육적 가능성을 검증하는 실험의 장이 될 수 있다.

지역사회는 AI 디지털교과서 활용 교육을 위한 다양한 자원과 기회를 제공함으로써 학교 교육을 지원하고 보완하는 역할을 해야 한다. 지역의 대학, 연구기관, 기업, 문화예술 기관 등은 AI 디지털교과서와 연계된 각종 교육을 지원하기 위해 전문 인력, 기술, 콘텐츠 등을 학교에 제공할 수 있다. 또한, 지역사회는 학생들이 AI 디지털교과서를 활용하여 실제 문제를 해결하고, 지역사회에 기여할 수 있는 프로젝트와 활동을 기획하고 지원할 수 있다. 이를 통해 AI 디지털교과서 활용 교육은 학교 울타리를 넘어 지역사회와 연계된 살아있는 교육으로 발전할 수 있다.

교육 당국은 국가 수준에서 AI 디지털교과서 활용 교육을 위한 종합적인 정책을 수립하고, 이를 뒷받침할 수 있는 제도와 예산을 마련해야 한다. 무엇보다 교육 당국은 교사, 학교, 지역사회 간의 협력을 촉진하고 조정하는 역할을 해야 한다. 이를 위해 교육 당국은 AI 디지털교과서 활용 교육을 위한 협의체를 구성하고, 각 주체들 간의 소통과 협력을 지원하는 플랫폼을 운영할 수 있다. 이에 더하여 AI 디지털교과서 활용 교육의 우수 사례를 발굴하고 확산하는 한편, 지속적인 연구와 평가를 통해 AI 디지털교과서 활용 교육의 질을 관리하고 개선해 나갈 필요가 있다.

우리는 이제껏 AI 디지털교과서를 중심으로 한 디지털 교육 혁신의 가능성을 다각도로 살펴보았다. AI 디지털교과서는 교육의 혁신을 가져올 수 있는 잠재력을 가진 강력한 도구이지만, 교실 혁명의 중심에는 기술이 아닌 교사가 있어야 함은 아무리 강조해도 지나침이 없다.

AI 디지털교과서는 교사를 지원하고 학생들에게 맞춤형 교육을 제공하는 데 도움을 줄 수 있지만, 교과의 지식, 기능, 가치 및 태도를 포함하는 핵심역량을 의도하여 AI 디지털교과서를 활용한 교수·학습 활동에 이를 구현하는 것은 교사의 주된 역할임을 결코 잊어서는 안 될 것이다.

AI 디지털교과서를 활용한 교육 혁신은 단순히 기술의 도입에 그쳐서는 안 된다. 교사는 AI 디지털교과서를 효과적으로 활용하여 학생들의 개별 요구에 맞는 교육을 제공하고, 학생들이 주도적으로 학습에 참여할 수 있도록 이끌어야 한다. 이를 위해서는 교사의 전문성 개발과 역량 강화가 필수적이며, 오픈소스의 문화를 탑재한 상향식의 교육 커뮤니티와 전문적 학습공동체를 통해 교사가 자발적으로 AI 디지털교과서의 활용 방안을 탐구하고 내재화하는 과정이 선행되어야 한다.

또한, AI 디지털교과서를 활용한 교육은 전통적 학문의 근본적이고 힘 있는 개념(Powerful concept)과 창조적 전이(Creative transfer)를 기반으로 해야 한다.[14] 이는 AI 디지털교과서가 단순히 지식을 전달하는 도구가 아니라, 학생들이 깊

---

14 J. Stern 외(2017). Tools for Teaching Conceptual Understanding, Secondary: Designing Lessons and Assessments for Deep Learning. Thousand Oaks, CA: Corwin Press.

이 있는 이해를 바탕으로 새로운 상황에 지식을 적용하고 창의적으로 문제를 해결할 수 있도록 돕는 역할을 해야 함을 의미한다. 이를 위해서는 미래사회가 요구하는 역량을 함양하고, 학습자의 삶과 성장을 지원하는 맞춤형 교육을 지향하는 2022 개정 교육과정의 방향과 AI 디지털교과서의 활용이 긴밀히 연계되어야 한다. AI 디지털교과서는 이러한 교육과정의 비전을 실현하기 위한 핵심 도구로써, 학생 개개인의 능력과 수준에 맞는 맞춤형 학습을 지원하고, 교사의 수업 설계를 도울 수 있는 잠재력이 충분하다.

다시 한번 강조하지만, AI 디지털교과서는 교육 혁신의 촉매제로서 큰 잠재력을 가지고 있지만, 그 자체로는 불완전하며 교육적 의미를 찾기 어렵다. AI 디지털교과서의 진정한 가치는 교사 역할에 대한 전문성, 그리고 학생들의 상호작용이 활발한 주도적인 학습을 통해 실현될 수 있다. 따라서 AI 디지털교과서를 활용한 교육 혁신은 기술의 도입을 넘어, 교사의 역량 강화, 교육과정과의 연계, 그리고 학습자 중심의 교육 환경 조성, 학생의 깊이 있는 학습과 역량 함양에 특히 중점을 두어야 한다. 이를 통해 우리는 모든 학습자가 창의적이고 비판적인 사고 능력을 갖춘 미래 인재로 성장할 수 있도록 돕는 지속 가능한 교육의 토대를 마련할 수 있을 것이다.

> "혁신을 위해서는 전통적 학문의 근본적이고 힘 있는 개념(Powerful concept)과 창조적 전이(Creative transfer)가 필요하다."
>
> J. Stern 외, 2017.

이 문구에서의 '창조적 전이'를 가능하게 하는 주체는 누가 뭐래도 바로 교사이다. AI 디지털교과서라는 혁신적인 도구와 새로운 역할을 수행할 수 있는 전문 역량을 갖춘 교사들의 만남(Meet Up)이 디지털 교육 대전환의 시대, 교사가 만드는 교실 혁명의 불꽃(Spark)이 되리라 확신한다.

· 참고문헌

- 교육부(2022). 2022 개정 교육과정 총론. 교육부 고시.
- 김진관(2024). 교육동향 2024-01(통권34호) 생성형 인공지능 교육사례와 지속 가능한 발전 방향. 대전교육정책연구소.
- 나무위키(2023). 제임스 스톡데일. Retrieved March 31, 2024, from https://namu.wiki/w/제임스%20스톡데일?from=스톡데일%20패러독스#s-3
- 뉴시스(2022). '코로나 업무과중' 교사들 번아웃⋯80% "퇴직·휴직 고민". Retrieved from https://mobile.newsis.com/view.html?ar_id=NISX20220512_0001868300
- 박주용(2023). AI 디지털교과서 개발이 우려스러운 이유. 한겨레. Retrieved from https://www.hani.co.kr/arti/opinion/column/1097137.html
- 성기선(2024). 공영형 협약학교, 실패한 미국 차터스쿨을 본 받으려는가. 교육플러스. Retrieved from https://www.edpl.co.kr/news/articleView.html?idxno=9173
- 이동국, 이은상, 이봉규(2021). 인공지능(AI) 활용 교육을 위한 교사 역량 도출 연구. 충북교육정책연구소.
- 이주호, 정제영, 정영식(2021). AI 교육혁명. 시원북스.
- 유영식(2020). 수업 잘하는 교사는 루틴이 있다. 테크빌교육(즐거운학교).
- 주정흔(2022). 개별 맞춤형 인공지능(AI) 활용교육의 가능성과 과제. 서울특별시교육청교육연구정보원.
- 송길영(2023). 시대예보: 핵개인의 시대. 교보문고.
- 한국교육학술정보원(2023). 에듀테크 수업 활용 가이드북 (2023년 개정판). Retrieved from https://www.keris.or.kr/main/ad/pblcte/selectPblcteETCInfo.do?mi=1142&pblcteSeq=13710
- Bloom, B. S. (1984). The 2 sigma problem: The search for mhods of group instruction as effective as one-to-one tutoring. Educational researcher, 13(6), 4-16.

- Imed Bouchrika. (2024). Teacher Burnout Statistics for 2024. Retrieved from https://research.com/education/teacher-burnout-challenges-in-k-12-and-higher-education

- iTalk2Learn consortium. (2015). Talk, Tutor, Explore, Learn: Intelligent Tutoring and Exploration for Robust Learning. Retrieved from https://www.italk2learn.com

- J. Stern 외. (2017). Tools for Teaching Conceptual Understanding, Secondary: Designing Lessons and Assessments for Deep Learning. Thousand Oaks, CA: Corwin Press.

- McLuhan, M. (1964). Understanding Media: The Extensions of Man. McGraw-Hill.

- Microsoft. (2024). Microsoft Reflect: A wellbeing app to support connection, expression, and learning. Retrieved from https://reflect.microsoft.com

- Mishra, P., Koehler, M. J. (2006). Technological Pedagogical Content Knowledge: A Framework for Teacher Knowledge. Teachers College Record, 108(6), 1017-1054.

- OECD. (2018). Learning Compass 2030. Retrieved from https://www.oecd.org/education/2030-project/teaching-and-learning/learning/learning-compass-2030/

- RAND Corporation. (2022). Teacher and Principal Stress Running at Twice the Rate of General Working Public, Hindering Pandemic Recovery. Retrieved from https://www.rand.org/news/press/2022.html

- Wikipedia. (2024). 무릿매. Retrieved March 31, 2024, from https://ko.wikipedia.org/wiki/%EB%AC%B4%EB%A6%BF%EB%A7%A4

저자약력

- 정제영(이화여자대학교 교육학과 교수, 미래교육연구소장)
  서울대학교 교육학박사
  전) 이화여자대학교 기획처장, 호크마교양대학장

- 박준호(화성반송초등학교 교사, 경기도교육감 미래교육분과 교육정책 자문단)
  디지털미디어교육콘텐츠 교사연구협회 몽당분필 대표이사장
  전) 경기도미래교육연수원 디지털 교육 교수요원

- 강주원(이솔초등학교 교사)
  경인교육대학교 인공지능융합교육 석사
  T.O.U.C.H.교사단 1기, 정보교과 AI 디지털교과서 집필, 23~24년 디지털 기반 교육혁신 연구학교 운영

- 김동준(용죽초등학교 교사)
  한국교원대학교 교육대학원 교육학과(교육공학) 졸업
  AIEDAP 마스터교원, 디지털 기반 교육혁신 선도학교 및 AI교육 선도학교 운영, T.O.U.C.H 교사단 연수운영

- 김진관(대전장대초등학교 교사, AI 티처스쿨 대표교사)
  공주교육대학교 소프트웨어교육 석사
  전) 대전교육정보원 대전AI교육지원체험센터 파견교사

- 김효정(서울역삼초등학교 교사)

  서울교육대학교 교육전문대학원 초등음악교육 석사

  교육부 T.O.U.C.H 교사단 1기 및 AIEDAP 리더 교원

- 이성강(이담초등학교 교사, 터치교사단 1기)

  경인교육대학교 초등교육과

  디지털선도학교, 지식샘터 AI 코스웨어 연수 강사

- 이성일(서울영신초등학교 교사)

  서울교육대학교 초등컴퓨터교육 석사

  교육부 T.O.U.C.H. 교사단 1기, 서울시 AI·에듀테크 선도교사

- 이혜림(청계초등학교 교사)

  서울교육대학교 초등컴퓨터교육 석사수료

  전) 경기도 미래교육연수원 교수요원

- 장덕진(교육부 학부모정책과 함께학교팀 파견교사, 청년교사리더)

  우석대학교 소방·안전공학 박사(수료)

  전) 경기도교육청 경기도융합과학교육원 교육연구원(파견교사)

교사가 이끄는 교실혁명 : AI 디지털교과서 100% 활용하기(초등편)

초판발행   2024년 4월 30일
초판6쇄발행 2024년 12월 12일

지은이   정제영·박준호·강주원·김동준·김진관
              김효정·이성강·이성일·이혜림·장덕진

펴낸이   노현

편   집   배근하
기획/마케팅   이선경
표지디자인   권아린
제   작   고철민·김원표

펴낸곳   (주) 피와이메이트
              서울특별시 금천구 가산디지털2로 53, 210호(가산동, 한라시그마밸리)
              등록 2014. 2. 12. 제2018-000080호
전   화   02)733-6771
f a x   02)736-4818
e-mail   pys@pybook.co.kr
homepage   www.pybook.co.kr
ISBN   979-11-6519-959-3 (94370)
              979-11-6519-958-6 (세트)

정 가   25,000원

박영스토리는 박영사와 함께하는 브랜드입니다.